休谟的经济伦理思想研究

杨龙　著

中国经济出版社
CHINA ECONOMIC PUBLISHING HOUSE
·北京·

图书在版编目（CIP）数据

休谟的经济伦理思想研究 / 杨龙著. -- 北京：中国经济出版社，2022.7

ISBN 978 - 7 - 5136 - 7035 - 7

Ⅰ. ①休… Ⅱ. ①杨… Ⅲ. ①休谟（Hume，David 1711 - 1776）- 经济理论 - 研究 Ⅳ. ①B561.291

中国版本图书馆 CIP 数据核字（2022）第 146392 号

责任编辑　严　莉
责任印制　马小宾
封面设计　任燕飞

出版发行　中国经济出版社
印 刷 者　北京富泰印刷有限责任公司
经 销 者　各地新华书店
开　　本　710mm × 1000mm　1/16
印　　张　14
字　　数　187 千字
版　　次　2022 年 7 月第 1 版
印　　次　2022 年 7 月第 1 次
定　　价　78.00 元
广告经营许可证　京西工商广字第 8179 号

中国经济出版社　**网址** www.economyph.com　**社址** 北京市东城区安定门外大街 58 号　**邮编** 100011
本版图书如存在印装质量问题，请与本社销售中心联系调换（联系电话：010 - 57512564）

序言

18世纪的思想启蒙运动，是近代西方历史上的重要转折点之一，现代市场经济正是她的一个产儿。因此，这一运动的思想遗产，至今仍在东西方世界的文化中具有重要影响。在这场运动中，法国启蒙学派是无可争议的核心，不仅造就了笛卡尔、伏尔泰、卢梭等思想巨匠，更导演了震惊世界的法国大革命。而在参与启蒙运动的诸多学派之中，另一个学派的影响也不容小觑，这就是苏格兰启蒙学派。该学派的主要创始人和代表有沙夫茨伯里、哈奇森、休谟和斯密等人。其中，亚当·斯密因其著作《道德情操论》和《国富论》而被后世称为古典政治经济学的领军者和经济学伦理之维的奠基者。而对斯密的经济思想和哲学伦理思想产生极大影响的人正是大卫·休谟。当代著名经济学家熊彼特在《经济分析史》一书中就高度评价道："大卫·休谟特别对亚当·斯密产生了极大影响。"休谟在三个完全不同又几乎互不相关的领域都取得了重要的成就，这三个领域是：经济学、历史学和哲学。休谟的《人性论》是洛克和康德之间最重要的阶梯。"从该书可以看出，休谟的智力远远高于洛克，而几乎与康德平起平坐。"①

熊彼特认为，英国的经验论与哲学上的唯理论一样，不同于以神学理论和其他理论为理性要求的所有那些东西。休谟等人的联结主义心理学实质上是内省的，也就是说，它把分析者对自己心理过程的观察看作知识的有效来源。尽管以人类科学为基础的社会科学正像亚里士多德的

---

① 熊彼特．经济分析史(第一卷)[M]．朱泱，等，译．北京：商务印书馆，1994：192.

学说那样往往过分注重人类行为中的理性因素，但是像休谟这样的杰出人物却反其道而行之，“当社会契约论在卢梭等作家的大力鼓吹下最为深入人心的时候，休谟则把它斥之为十足虚构的而又不为人们所需要的理论”。他认为，“指导生活的不是理性而是习俗”。休谟等人这种强调个人的、内省的最原始的心理学，对于经济学研究的方法论具有特别重要的意义。杰文斯－门格尔－瓦尔拉斯在“边际革命”中创立的边际效用理论指出，主观评价创造了客观价值。一件东西之所以美，是因为中人的意，但一件东西并不会因为“客观上”是美的而中人的意，也即，商品的价值来自市场参与者的主观心理评价。沙夫茨伯里、哈奇森和休谟的心理学为这种主观化做出了特别重要的贡献。①

休谟的伦理学理论也是建构于其内省的心理学基础之上的。他认为，我们的道德区分不能来自理性，只能来自我们本性中非理性的、能内心感知的那些部分，即情绪、情感或情意，是我们做出道德区分的基础。那么，要怎样才能纠正对于同一件事物或行为，各人由于情感不同而做出的道德判断不一样的偏差呢？休谟提出了善的旁观者理论，即哪些特征是善，哪些特征是恶，是由认可了某种普遍观点的旁观者的反应决定的。人性的一个明显例证，就是心灵总是依赖“普遍规则”。在道德领域，这种倾向同样发挥作用，我们做出道德判断的根据是某种普遍观点，而不是“没有规范的”同情心。休谟认为，作为人类某种普遍观点，以下两种行为——一类能给一个人自身带来利益；另一类能使一个人适应社会——都是善的，即善被描述为使我们对自己或对他人有用且有益的特征。能够使我们立刻感觉到愉快的品质包括快乐、宁静和安详；对社会有用的品质包括大度、敬重、善良和勇敢；能够使别人立刻感觉到愉快的品质包括礼貌、风趣、足智多谋、谦逊、体面和清洁。因为以上品质在任何情况下都能通过自然的同情心（同感）为我们这些

① 熊彼特．经济分析史(第一卷)［M］．朱泱，等，译．北京：商务印书馆，1994：195－198.

旁观者带来快乐，休谟称这些为“自然之善”。[①]

休谟的“自然之善”理论成为其经济伦理思想中构建和解释财产权利与正义原则的起源的重要依据。他认为，处于自然状态中的人们，由于人的需求满足的欲望与自然资源的获取之间存在着极大的差距，人们的自然情感又总是倾向于首先关心自身以及与自己关系亲密的那些人，这必然导致社会中的人与人之间存在一种不稳定状态。作为一种补救措施，人们认同某种协议来协调他们的行为，这正像两个人同划一条小船，为自身的生命安全，他们划桨的行为也会依据一种协议或习俗，尽管他们彼此从未做出过任何许诺。所以，这种人为的道德感，就是“由于应付人类的环境和需要所采用的人为措施或设计”。[②] 那么，这种道德感又是怎样被人为建立或设计起来的呢？由于人类社会最初结合的力量是男女两性关系，后来扩大到亲子关系，逐渐形成范围更大、关系更多的社会。人类的个体有不如动物的天然弱点和缺陷，因而只有借助于社会才能生存和发展。但是，在人类的自然本性中有不利于社会结合的性情或情感，这就是自私和所谓“有限的慷慨”——人的最强烈的注意力总是关心自己，次强烈的注意力关心自己的亲属和朋友，最微弱的注意力才投向陌生人。这类情感是与社会利益相抵触的。那么，“补救”的办法是什么呢？这就是人们不但需要社会的利益，而且需要察觉或认识这种利益，即“最短的社会经验，就会使每一个人发现这些利益”。[③] 特别是当人们看到社会动乱的根源在于物质的缺少和争夺时，为了补救人类天性中的自私和贪欲的缺陷，人类缔结了稳定财物占有，互相约束、互相克制的协议。所以，协议实际上就是“以社会的需要和利益为基础的人类的发明”。[④] 这样，正义和非义的观念就借助协议和利益而形成。正义产生于协议，协议产生于利益。所谓“正义”就

---

① 伊丽莎白·S. 拉德克利夫. 休谟[M]. 胡自信,译. 北京:中华书局,2002:117－118.

② 休谟. 人性论[M]. 关文运,译. 北京:商务印书馆,1980:517.

③ 休谟. 人性论[M]. 关文运,译. 北京:商务印书馆,1980:563.

④ 休谟. 人性论[M]. 关文运,译. 北京:商务印书馆,1980:559.

是“使每个人各得其应有物的一种恒常和永久的意志”。[①]

休谟的道德理论还揭示了道德行为的原始动机问题。按照休谟的观点，利益是道德的基础，正义就是“对自己利益和公共利益的关切”。那么，作为道德感和正义的基础的利益，究竟是以个人利益为主，还是以公共利益为主呢？这就是所谓道德行为的原始动机问题。首先，休谟认为，既然“自私是和人性不可分离的”，[②] 那么“自私是建立正义的原始动机”。[③] 履行义务的最初动机，“只是私利”[④]。其次，休谟认为，在天性自私的人类社会中实行正义的原则是可能的，这是因为“利己心才是正义法则的真正根源；而一个人的利己心和其他人的利己心既是自然地相反的，所以这些各自的计较利害的情感就不得不调整得符合于某种行为体系”。[⑤] 也就是说，尽管人的天性自私，但由于利害的驱使，人们在关心自己利益的同时也不得不考虑到交换对方的利益，使交换必然惠及一方但并不损害另一方，否则自身也无利可图。[⑥] 但是，说道德行为的原始动机只能源于私利，并不是说我们认可和遵守正义原则也是以自利为基础的。相反，它只能是以道德上的认可与不认可为基础，因为它扎根于我们在接受了一种普遍观点之后形成的对他人的同情心（同感）。所以，休谟用“自然之善”解释了我们为什么认为遵守正义原则就是善：因为在正义的体系中，我们用于自身的那些道德区分起源于对公众利益的同情心（同感）。[⑦]

由此可见，基于“自然之善”，休谟对于财产权利和正义原则的起源进行了富有建设性的探讨，而这又构成了他的经济伦理学的理论基础。所以，休谟的经济伦理思想是其整个伦理学体系中的重要组成部

---

① 休谟．人性论[M]．关文运，译．北京：商务印书馆，1980：567.
② 休谟．人性论[M]．关文运，译．北京：商务印书馆，1980：625.
③ 休谟．人性论[M]．关文运，译．北京：商务印书馆，1980：540.
④ 休谟．人性论[M]．关文运，译．北京：商务印书馆，1980：584.
⑤ 休谟．人性论[M]．关文运，译．北京：商务印书馆，1980：569.
⑥ 乔洪武，等．西方经济伦理思想研究（第一卷）[M]．北京：商务印书馆，2016：293－295.
⑦ 伊丽莎白·S．拉德克利夫．休谟[M]．胡自信，译．北京：中华书局，2002：125.

分。在我国目前的研究中，大多偏重于休谟的哲学伦理学思想，却鲜有单独系统地研究休谟的经济伦理学理论的专著。我指导的博士研究生杨龙的博士学位论文《休谟的经济伦理思想研究》专门研究了休谟的经济伦理思想。面对前人研究相对薄弱的困局，其克难攻坚，较好地挖掘整理了休谟的经济伦理思想，弥补了当前国内这一研究的不足。作为他的导师，我热切期待该著的成功！

乔洪武

2020 年 11 月 6 日于武汉大学

前言

休谟以哲学家闻名于世，对经济学和经济伦理学也产生了颠覆性的影响。休谟的伦理学以知觉认识论为基础，通过批判传统理性主义的道德观来建立其情感主义的道德观，并将这种道德思想引入经济学，使他的经济伦理思想别具风格，影响深远。

将德分为自然之德和人为之德是休谟经济伦理学的一大特色，休谟将“德”的范围大大扩展。无论在休谟之前还是其后，“德”都是指自然之德，但是休谟在《人性论》第三卷《道德学》里，对人为之德的着墨远远多于自然之德。正义属于人为的德而不是自然的德，正义来源于人们的利益感而不是理性，正义只是起源于人的自私和有限的慷慨以及自然为满足人类需要所准备的稀少供应。休谟提出了稳定财物占有、根据同意转让所有物和履行许诺三条基本正义法则，认为没有这三条法则人类便不可能维持任何一种社会。作为一种行为规则，正义原则主要是由公共利益产生的。如果人们自然地追求私利不是按照正义规则而是按照丛林法则，就会使社会陷入混乱，每一个人的私利也无法得到保障，所以就要订立协议维护全体社会成员的利益。遵守正义规则和确定产权对于全体和个人都有无限的利益，社会上每一成员都能感受到这种利益：每个人都向其他人表达这种感觉，并且表示决心，愿以这种感觉来调整他的行为，假使其他人也照样行事的话。因此，虽然利益构成了休谟伦理学的核心和正义的基础，但休谟所坚持的绝不是内容的功利主义，而是规则功利主义，休谟强调唯有对正义规则的遵守，才能带来社会的利益和秩序。

产权理论是休谟经济伦理学的核心内容，是休谟对经济学最为突出的贡献。划定财产、稳定财物占有的协议，是确立人类社会的一切条件中最必要的条件，也是最主要的工作。休谟认为，财产权不是自然的外在关系，而是人为的内在关系，需要人为地设计、产生出来。这种人为设计就是“稳定财物占有、根据同意转让所有物和履行许诺”这三条基本的正义法则，正义在时间上先于财产权而不是相反，正义决定财产权而不是相反。如果不先假设正义和非义，财产权便是完全不可理解的。自然的情感动机总是因具体的情况不断变化，没有普遍性，不能够成为正义的基础，人们遵循那些自然而易变的原则就会引起纷乱，而正义法则是基于利益而出现的，产生于人类的协议，能避免这些纷乱。对于一个社会而言，正义比这些“自然而易变的原则”更具有基础性，更为重要。休谟的财产权理论对近代以来欧美诸国的民法具有决定性的影响，近代以来发达资本主义国家的私法制度和经济制度都建立在休谟所提出的三个正义法则之上。

休谟批判了重农主义和重商主义两种经济思想。重农主义以亚里士多德为代表，他认为农业是自然的，商业不是出于自然的，也是不正当的，主张重农抑商；休谟并不“抑农”，却大力“扬商”，认为国家的昌盛、黎民百姓的幸福都同商业有着密不可分的关系，只要私人经商和私有财产得到社会权力机构的较大保障，社会本身就会随着私人商业的繁荣发达而相应强盛起来。重商主义在早期的主要表现是禁止商品出口，到休谟时代，重商主义的表现改头换面，从对商品的禁运转向对金银输出的禁运，唯恐金银外流，对贸易失衡有着强烈的戒惧。当时的重商主义的主流观点是贸易差额论，认为金银是一国的真正财富，因此主张一国政府采取贸易保护措施，打破贸易平衡，使国家出口多而进口少，获得贸易顺差，从而使更多的金银流入本国。休谟认为，贸易差额论者对金银外流的担忧实乃杞人忧天，是经济学界的庸人自扰。通过限制进口鼓励出口的措施来保持贸易平衡，防止金银外流，是一种短视的、弊大于利的做法。长远的、利大于弊的做法是提高本国的人力素质，发展本国工业，培养本国产品的竞争力，通过自由竞争使出口大于进口，实现贸易顺差。休谟反对通过人为的贸易保护措施促使均衡或出现顺差，主张自由贸易，这在当时是非常具有远见卓识的经济主张。

休谟是18世纪货币数量论的重要代表人物。他认为货币数量之多寡对于一个国家内部的幸福安乐是无关紧要的。行政当局的上策是尽量保持这股增长的势头，只要当局采取这种措施，就能调动国内的生产积极性，增加劳动产品的储备，而这种储备乃是一切实力和财富的根本。至于利息，他认为利息的降低是工商业大发展而不是货币量增加的结果；至于信用，他认为政府的开支应该来源于工商业的发展所带来的税收而不能靠举债度日，举债在各方面都带来恶劣的后果，使政府丧失信用。

商贸伦理和货币伦理是休谟经济伦理重要的两极。此外，休谟对技艺、赋税、人口等涉及经济伦理方面的问题也有独到的见解。他充分肯定技艺进步，认为技艺所带来的知识和人们的勤劳相结合，就会使社会获利，甚至带来社会制度的进步和法政文明。从人类发展史看，技艺大发展的时代，也是政治文明和道德风尚大进步的时代。

休谟的经济伦理中，产权伦理是重中之重。休谟的产权理论是其对经济伦理的最重要贡献，本书的创新之处是从其情感主义道德观来分析其产权理论，阐明休谟是如何实现经济学和伦理学的有机融合的，论证了休谟经济伦理学的独特性和由此而产生的深远影响力。

休谟在英国经济哲学界具有重要地位。休谟不仅是大哲学家，而且是大经济学家，其人性论构建了西方经济学研究假设“经济人”的哲学基础，他的经济伦理思想体现了经济学和哲学的结合，其伦理思想的最大特点是，通过提出事实、价值二分的休谟问题，改变传统伦理学的方向，颠覆了以亚里士多德为代表的西方德性思想的传统。休谟被认为是近代功利主义的奠基人，但休谟的功利主义是“规则功利主义”，与后来边沁等人的“行为功利主义”有着根本区别，因为休谟非常强调财产权保护的三条自然法则。

休谟对斯密、哈耶克等古典经济学家产生过巨大影响。休谟将善良德性与利益效用相联系，这是为市场经济摇旗呐喊，认为只要人们生产的产品能够给社会和他人乃至自己带来利益效用，就是促进公益的善良之举，是符合道德的。正义行为对社会是有益的，所以才受到赞许，这就把道德和功利结合在一起，这正是市场经济下的伦理观，而在此之前的西方伦理学，视唯利是图的经济活动是反道德的，休谟的颠覆是彻底的。我们出于私利而进行的经济活动，只要接受正义规则的调整，最终是为了公利的。这就是曼德维尔的私恶即公利的命题，也是斯密“看不见的手”的另一种表达。这种表达首先出现在《道德情操论》：“一只看不见的手引导他们对生活必需品作出几乎同土地在平均分配给全体居民的情况下所能作出的一样的分配，从而不知不觉地增进了社会利益，并为不断增多的人口提供生活资料。”“看不见的手”是经济学的经典概念，斯密在《国富论》（又译作《国民财富的性质和原因的研究》）中从经济生产和流通的视角进一步阐发：“在这场合，像在其他许多场合一样，他受一只看不见的手的指导，去尽力达到一个并非他本意想要达到的目的。也并不因为事非出于本意，就对社会有害。他追求自己的利益，往往使他能比在真正出于本意的情况下更有效地促进社会利益。我从来没有听说过，那些假装为公众幸福而经营贸易的人做了多少好事。”由于“看不见的手”对经济的调节作用，市场经济比计划经济有效，有限政府比无限政府有效，政府不应该过多地干预经济。休谟也认为，一旦产权关系确定了，政府就没有多少事可干了。休谟从其怀疑主义认识论来分析经济运行机制，认为人的理性是有限的，不存在一个全能全知的政府将人类的经济活动安排设计得完美无缺，并将政府的主要职责放在产权划分和保护上。这是一种有限政府观，也就是发挥市场在资源配置中的基础性作用，反对全能政府对经济活动的干预，是为现代市场经济立论的，并被哈耶克等当代经济学家所继承。休谟也是古典经济学的奠基人之一，后来的经济学家斯密和哈耶克等都高度推崇休谟的经济思想和经济伦理思想，休谟的经济伦理思想在西方近代经济伦理思想中占有重要位置，有专门研究的学术价值。

当前经济学研究对伦理学极为重视，显现了研究休谟经济伦理思想的重要性。20 世纪以来，随着古典自由主义的复兴，休谟的伦理思想日渐受到高度重视。相比较而言，休谟的经济伦理思想比较容易被忽视，经济发展中的伦理问题被忽视，由此也受到严重的社会不公正和道德的挑战。回顾一下我国经济改革的指导思想，20 世纪 90 年代市场经济刚起步，主导思想是“效率优先，兼顾公平”，经济学被称为“帝国”，经济学不讲道德等观点甚嚣尘上。后来，随着社会的发展而产生的经济伦理问题日趋突出，人们越来越关注经济发展的伦理因素，我们不仅要更加关注公平，还要将公平从二次分配向一次分配领域延伸。尽管经济学研究借鉴了数学、统计学、实验科学等技术性知识，和与价值无涉的自然科学有着相当大的联系，但是，经济学不是自然科学，经济学是社会科学，社会科学是不可能与价值无涉的，社会科学中的政治学、法学都和伦理学密切相关，同样经济学也不能脱离与伦理学的联系。我国经济高速发展的同时，市场竞争的不充分、市场进入的机会不平等等体现出的伦理问题，也是制约经济进一步发展的瓶颈。可以说，我国当前的经济问题，焦点集中在伦理失范上。对经济伦理的研究，不可绕过休谟这个大思想家；休谟对传统美德、亲情、同情、友爱的重视，表明休谟的规则并非冷冰冰的，而是一种德性的规则，这也是当今我国市场经济所欠缺的。

休谟的经济伦理思想实现了当时西方经济伦理思想的重大转向。西方传统的伦理学说强调人们遵守其身份所定的行为规范，视超出“符合身份的维持生计”的经济动机为不正当。传统的基督教更以禁欲主义为主要信条，对经济活动作了种种具体的限制，如对利息和经济合同的道德上的谴责。后来新教伦理的一个内容就是把人们在现世生活中谋求利益的经济活动及其所取得的成功视为被上帝选中的标记，这就赋予人们从谋利出发的经济活动以正当性，这就使经济活动的动机在一定的程度上取得了正当的地位。休谟的经济伦理思想首先为人们的经济利益活动进行理论上的辩护，并表明基于人的自私、有限慷慨和资源稀缺三种因素，人们遵守经济伦理规则，于己、于他人和社会都是有利的。经济伦理充当了经济社会的调节器，斯密将其表达为“看不见的手”。

休谟的经济伦理思想具有划时代的意义，是斯密经济伦理思想的主要来源。亚当·斯密的经济学著作《国富论》所提出的利己原则和伦理学著作《道德情操论》所提出的利他原则，被西方理论界称为斯密问题，这个问题的答案正体现在休谟的经济伦理思想中。休谟的经济伦理学既是对经济发展规律的揭示，也是对人性的揭示和伦理的呼唤。“经济人”在追求利益的同时，必须接受伦理道德约束。缺乏这种约束，那种计较利害的交往就难以为继，人们不能相互服务于对方，也就不能获得利益，“经济人”就成为虚幻。“经济人”道德能力越强，越能促进那种计较利害的交往，越能在彼此间提供最好、最多、最及时的服务，越能获得利益，“经济人”才实至名归。就此而言，市场经济绝不是反道德的，而是强烈呼唤道德的，市场经济必是道德经济，符合道德的经济才具有正当性、持久性和发展性。人们越来越认识到，随着经济的发展，道德越来越成为重要的资源，它比自然资源和知识资源更为重要，它建立了人际交往的信用纽带，减少了交易成本，加快了交易速度，同时减少了经济监控的成本，带来更高的经济效率和更多的经济利益，道德诚信度和经济发达程度应该是成正比例的。这就启示我们，经济建设不能忽视道德建设，道德的沉沦必然导致经济的病态，健全的经济制度就是休谟所言的使“遵守正义成为某些特定的人的直接利益，而违反正义成为他们的辽远利益”。符合道德和取得利益融为一体，才是经济的健康发展之道。休谟以情感主义道德观取代传统的理性主义道德观，将道德建立在情感而非理性之上，将人为之德看作对人们利益的调整，因此休谟开创了功利主义的先河。只是休谟的功利主义是规则上的，他认为只有遵守稳定财物占有、根据同意转移所有物和履行许诺这三条自然法则，才对每一个人和人类社会有利，这对伦理学产生巨大的影响。它与后来边沁的“特定论功利主义或行为功利主义”（a particularistic or act utilitarianism）是不同的，虽然边沁一直自称师承休谟。休谟提出的事实判断与价值判断的问题，被称作“休谟问题”，对当代伦理学产生了巨大影响。休谟是重要的伦理学家和经济学家，其经济伦理思想在经济思想史上也具有重要影响，斯密、哈耶克等著名经济学家都对休谟的经济伦理思想给予很高的评价，休谟的经济伦理思想是自由经济思想的一个重要来源。

当前，我国经济发展的一大问题就是伦理对经济行为的约束力不够，见利忘义、不遵守规则、潜规则盛行、信用缺失等都阻碍了经济的正常发展。山西的黑砖窑事件、河北的三鹿奶粉事件，以及众多的明星为金钱驱使所卷入的虚假广告宣传，都表明经济的正常发展必须接受伦理的规范。市场经济也是道德经济，道德是市场经济的生产力，人们的道德水准提高了，就能够减少监控环节，节约经济成本。这从无人售票车的运行就能看出，如果人们缺乏基本的道德水准，都想逃票，那就只好设置监控的售票员，这必将提高票价。如果人们道德水准提高了，增强了相互的信任度，就可以顺畅地交易了，也可以提高经济效率。在国际经济交往中，休谟明确主张自由贸易，反对贸易保护政策，因为贸易保护政策也是不公平竞争，是违背经济伦理的。尤其是我国企业频频遭到其他国家的贸易壁垒和反倾销调查，我们要理直气壮地予以反击，并继续坚持自由贸易政策。当前值得注意的一个经济问题是，美国实行量化宽松的货币政策，由中央银行通过公开市场操作提高货币供应量，可视为“无中生有”创造出指定金额的货币，也被简化地形容为间接增印钞票。这实际上是美国利用美元的霸主地位向全世界输出通胀，和其他国家进行近似于“空手套白狼”的不公平交易。这是一种以邻为壑的政策、不道德的经济政策，美国经济只是暂时得利，损害的却是世界经济的长远发展。我国在经济实践和对外经济中，都要面对伦理问题，对休谟经济伦理思想的研究可为我国制定内外经济政策和开展经济活动提供借鉴。

休谟的古典经济学既不同于先于他的希腊的经济思想，又不同于后于他的德国历史主义经济学。古典经济学有两大鲜明的特征：一是个人主义，社会的经济活力不在于政府的计划而在于个人追求私利和财富的本性，个人是社会经济活动的主体，个人的私利必须受到重视和保护，休谟的财产权理论说到底是保护个人私利的；二是自由主义，政府的作用在于保护正义规则的施行而非经济管制、干预或垄断，因此要建立自由、法治的经济秩序而非政府主导的计划秩序。但是，现代经济学的发展却偏离正道，正如高全喜指出：“经济学在现代固然变得十分发达，门类繁多，技艺精湛，专业分明，俨然一种经济学帝国主义的气派，但从另一个方面来看，古典经济学的实质却被现代经济学抽空了，它们成为只见树木不见森林的专门技艺。在一些经济行为的局部，在某个狭窄的领域，相关的门类经济学可以得出最佳的结果，但对于整个现代社会的经济学研究，特别是古典经济学传统的政治维度的考察，却被严重地忽视了，或者说现代经济学缺乏一种经济的政治哲学，即古典经济学的政治经济学传统。”高全喜通过对休谟古典经济学的研究，抓住了现代经济学的弊端，他所说的“古典经济学的实质却被现代经济学抽空了”，主要指现代经济学变“薄”了，忽视了经济行为中的道德情感，把经济活动变成了冷冰冰的规则之下的交往。而休谟的正义规则是伴随着道德感的，他指出：“法律和正义的整个制度是有利于社会的；正是着眼于这种利益，人类才通过自愿的协议建立了这个制度。当这个制度一旦被这些协议建立起来，就有一种强烈的道德感自然地随之发生。这种道德感只能由我们对于社会利益的同情而发生。”政府的首要责任并非富国而是富民，通过正义规则维护国民的利益，但公共利益并非像曼德维尔所说的那样仅是一般的社会福利和公共设施，而是法律制度和经济秩序。因此，高全喜指出："如何建立一个稳定的财产权制度，如何约束政府这个最强大的公器，便是政治经济学所要研究的一个重要的问题，所以，休谟在《人性论》中才把财产权问题视为政治社会的核心问题。"保护个人财产权正是现代政府的道义和责任，在休谟看来，通过财富来实现人的尊严和享受是人性的需要，也符合道德规范。当然财富的取得要符合规则，这和儒家所主张的"君子爱财，取之有道"是一致的。经济生活是道德生活的基础，休谟和斯密的古典经济学把经济问题和道德情感结合起来考察，他们并不完全认同曼德维尔的排斥道德和伦理的个人主义经济观。休谟的政治经济学打破"经济人"的经济学假说，呈现出经济活动的道德因素，人们基于共同利益在经济活动中能够有意识地考虑到他人的利益，把道德关怀融进经济活动的正义规则中。经济学和伦理学是密不可分的，而现代经济学的贫困主要是经济学与伦理学的分离造成的。

目录
CONTENTS

第一章
休谟经济伦理思想的时代背景和理论来源

第一节　时代背景

一、休谟简介

（一）生平

大卫·休谟（David Hume，1711—1776）是苏格兰人。休谟 12 岁时被送入爱丁堡大学读书，由于休谟的父亲是律师，家人的希望和他最初的选择都是律师职业。但休谟是天才哲学家，律师职业的形而下性质满足不了休谟的形而上学思维，进入爱丁堡大学后不久，休谟就对哲学产生了浓厚的兴趣。由于休谟家是小地主，家产不多，加上父亲早丧，靠母亲一人独支，在进入爱丁堡大学后的第三年，也就是 14 岁那年，休谟退学还乡自学。家人希望他阅读当时著名法学家的著作，他却阅读西塞罗和维吉尔的哲学著作和其他文学作品。1729 年，也就是休谟 18 岁那年，他阅读洛克、贝克莱等人的著作，很有心得，就改变进修方向，放弃了法学而专攻哲学。可以说，西塞罗的保护私产理论直接影响了休谟的产权理论，而洛克和贝克莱的经验主义哲学又奠定了休谟的基本哲学立场。也就是在这一年，在洛克和贝克莱哲学的鼓舞下，休谟开始探讨新的思维境界，参照牛顿力学的研究方法，试图将实验推理法用于精神科学，这一设想后来成为《人性论》的副标题——在精神科学中采用实验推理方法的一个尝试，这实际上是《人性论》的酝酿阶段。1733 年，22 岁的休谟计划撰写《人性论》。1736 年，25 岁的休谟集中精力撰写《人性论》。1737 年，26 岁的休谟完成了《人性论》前两卷，并开始着手出版事宜。1739 年，《人性论》第一卷和第二卷匿名出版于伦敦，1740 年，《人性论》第三卷匿名出版于伦敦，此时的休谟年仅 29 岁。大多数哲学家都是在中青年之后进入成熟阶段，如康德在 50 岁之后才完成三大批判，黑格尔在 37 岁写出《精神现象学》，但休谟在 26 岁至 29 岁之间就完成了其代表性著作，这在哲学史上非常罕见。尽管休谟在 26 岁时就写出了其代表作，但绝不是说他此后就江郎才尽了，他改编的《道德原则研究》和《人类理解研究》亦有一些新思想，后来他写的政治和经济短论结集出版，影响甚大。休谟晚年还写了《自然宗教对话录》，这是休谟非常重要的哲学著作，它有力地批判了当时流行的宗教假说——宇宙设计论，对宗教是沉重的打击。“休谟对宗教的批判既影响了法国启蒙思想家，为他们所利用和受到他们的重视；也影响了康德，把康德‘从独断的迷梦中惊醒’，康德也认为上帝的存在与否不能从理性上得到证明，它只能是信仰的对象。设计论流行于十八世纪，经过休谟的批判、康德的传播，设计论在学术思想界再也站不住脚。此后也就不再有人以这一类的论证来证明上帝的存在”。[①] 休谟在晚年，即 1752—1767 年，撰写了长达 100 万字的六卷本《英国史》，该书在时间跨度上从公元前恺撒入侵一直写到 1688 年光荣革命，是休谟所有著作中耗时最长和篇幅最多的著作。《英国史》再版 100 余次，休

① 休谟．自然宗教对话录(中译本序言)[M]．陈修斋，曹棉之，译．北京：商务印书馆，1962：3.

谟单凭这部著作就跻身世界一流历史学家之列，法国启蒙思想家伏尔泰称它“是迄今所有的语言文学中写得最好的”，而吉本也称休谟为“苏格兰的塔西佗”。《英国史》是开创性的历史巨著，其历史研究不限于政治军事，还注重经济和社会的演变；以经济变化取代王朝更迭，作为历史划界的标准，反映了休谟作为哲学家和经济学家对历史的独特认识，这些现在已经变成了正统的观念，但在当时还是独创。

曾经，休谟因为《人性论》在当时的反应平淡，对这本书很失望，就将它以轻松的文笔和短论的形式改编为《道德原则研究》和《人类理解研究》。这两本书出版后引起强烈的反响，并给休谟带来可观的收入。休谟也认为《道德原则研究》是其最好的著作。其实，改编的这两部著作尽管在当时的反响超过《人性论》，但经过历史和时间的沉淀，确立休谟在哲学史上重要地位的仍然是《人性论》。相比《人性论》，《道德原则研究》和《人类理解研究》的重要性要小得多。休谟总结《人性论》在反响上的平淡和销售上的暗淡后认为，表达方式出现了问题。当时报刊流行，用清新文笔写就的短文更能吸引读者，于是休谟于1741年匿名出版由12篇短文组成的《伦理和政治短著集》，印数1500册，大大超过《人性论》的发行量。1742年，休谟又将由15篇短文组成的《伦理和政治短著》第二集在爱丁堡出版，得到稿费200镑，他的经济状况有了明显的改善，个人生活有了保障。后来，休谟还做过家庭教师和驻欧各国外交官，在欧洲结识了卢梭和百科全书派的学者，曾在生活上照顾卢梭，但最终和卢梭交恶。1767年，休谟任国务大臣助理，这是一个报酬丰厚的职位，但休谟在这个职位上的任期仅仅为八个月。随后，他回到故里，度过余生，终生未婚。

休谟天生思想高贵，少年早成，认识境界远远超出当时平庸的大学教授，并对他们不屑一顾。休谟的敏锐洞察力和心直口快的性格给其一生带来不少麻烦。站在经验主义和怀疑主义的立场，休谟不仅怀疑知识的绝对性、因果关系的必然性，而且对宗教也予以怀疑，这在当时是讳莫如深的领域。休谟把历史上关于上帝存在的证明排除在知识之外：第一，上帝的观念不能通过经验证明；第二，上帝的存在不能通过必然推理证明，存在是一个“事实”，而“事实”的反面总是可能的，不能先天地证明一个事实问题；第三，上帝存在的道德证明也不可靠，人类的不幸和痛苦提供了反证。休谟认为，形成“上帝”观念的心理根源是无知和幻想。宗教的错误是危险的，哲学的错误只是可笑而已。[①] 在休谟那个年代，批评宗教信仰的人仍然须持谨慎的态度，在休谟出生的15年前，年仅18岁的大学生Thomas Aikenhead因为评论基督教是“胡说八道”便被教会起诉，最后还被定为亵渎罪处以绞刑。休谟的宗教怀疑主义和无神论思想使其在生活中处处碰壁。当时休谟被教会指控为异端，一位年轻的朋友以教士身份为其辩护，虽被判无罪，但其却被格拉斯哥大学拒绝了哲学教授的申请。还有一次，休谟掉到泥潭里，向路过的一些卖鱼妇人求救，她们认出休谟并因为他是无神论者拒绝对其救援，直到休谟答应要成为一名基督徒，并且被迫在泥沼中朗读主祷文和信经之后，才被拉起。休谟事后向朋友开玩笑道，这些卖鱼妇是“他所遇过最聪明的神学家了”。休谟以曲折的方式表达对宗教的看法，直到去世那一年才承认自己是《人性论》的作者。

（二）休谟的著作和影响

休谟最主要的著作是《人性论》，由《论知性》《论情感》和《道德学》三个部分组成。休谟认为，哲学研究应该直接进入人性本身，一切科学总会通过这样或那样的途径回到人性，数学、自然哲学、自然宗教、逻辑、道德学、批评学和政治学等的研究都和人性相关，《人性论》主要考察人的知性、情感和道德这三者的来源和运行轨迹。休谟的经济伦理思想最有创建的部分就在《人性论》第三卷《道德学》里，休谟从人性的“自私和有限的慷慨”再加上自然所提供的稀少供应这

① 赵敦华．西方哲学简史[M]．北京：北京大学出版社，2001：229，232.

三个因素论述正义的起源，然后论述正义三原则，即稳定财物占有、根据同意转移所有物和履行许诺，并强调这三条正义原则是为了保护产权，以此从法权理论上说明了私有财产保护的重要性和途径，成为资本主义经济制度的理论基石。

1734 年，年仅 23 岁的休谟在法国居住期间开始撰写《人性论》，并直言不讳地告诉一位朋友："你根本不能从教授身上学到任何东西，那些东西在书里都有了。"休谟天生就有思想大家的气质，俯视他人且被他人仰视。1737 年，经过五年的艰苦思考和写作，三卷本的《人性论》完成，前两卷于 1739 年出版，第三卷于 1740 年出版。休谟是个很自信又很重视名声的人，《人性论》的副标题是"在精神科学中采用实验推理方法的一个尝试"，他受到当时牛顿力学的启发，决心做精神领域的牛顿。但是，人们并没有像欢迎牛顿科学一样欢迎休谟的《人性论》，等待休谟的不是他所希望的喝彩，也不是猛烈的攻击，然后自己堂堂正正地予以反驳，而是无人理睬。书从印刷机死产下来，对休谟是沉重的打击，但快乐的天性使休谟很快恢复过来。休谟对《人性论》的失败进行总结，认为原因不在于表达的思想，而是表达思想的方式。于是，他将《人性论》用简练优美的语言改写为两个小册子《人类理解研究》和《道德原则研究》。休谟的改变从某种意义上是成功的，这两本小册子在当时给休谟带来巨大的声誉，休谟成为被关注的人物。这种假象使得休谟对自己的著作作出错误的判断，他在评论《道德原则研究》时说它在"所有不论历史的，哲学的，或文学的著作中是无与伦比的最优秀的著作"。[①]《人类理解研究》在很长时期内比《人性论》出名得多，康德就说："自从洛克《人类理智论》和莱布尼茨《人类理智新论》出版以来，甚至尽可能追溯到自从有形而上学以来，对于这一科学的命运来说，它所遭受的没有什么能比休谟所给予的打击更为致

① 休谟．道德原则研究[M]．曾晓平，译．北京：商务印书馆，2001：2.

命。休谟并没有给这一类知识带来什么光明，不过他却打出来一颗火星，如果这颗火星遇到一个易燃的火捻，而这个星星之火又得到小心翼翼的护养并且让它着起来的话，从这个火星是能得出光明来的。”① 休谟所提出的问题是：因果关系“这个概念是否能先天地被理性所思维，是否具有一种独立于一切经验的内在真理，从而是否具有一种更为广泛的，不为经验的对象所局限的使用价值：这才是休谟所期待要解决的问题”。② 休谟改变了西方传统理性主义对因果关系的必然性理解，站在经验主义立场上对因果关系做或然性的理解，这种观点在当时是石破天惊的，以至康德说：“我坦率地承认，就是休谟的提示在多年以前首先打破了我教条主义的迷梦，并且在我对思辨哲学的研究上给我指出来一个完全不同的方向。我根本不赞成他的结论……多亏他的第一颗火星，我们才有了这颗光明。”③ 实际上，“把康德从‘独断的睡梦’中唤醒过来的就是这本书；康德好像并不知道《人性论》。”④ 但现在看来，确立休谟地位的只是《人性论》。

罗素称休谟“是哲学家当中一个最重要的人物，因为他把洛克和贝克莱的经验主义哲学发展到了它的逻辑终局，由于把这种哲学作得自相一致，使它成了难以相信的东西。从某种意义上讲，他代表着一条死胡同：沿他的方向，不可能再往前进。自从他著书以来，反驳他一向是形而上学家中间的一种时兴消遣”。⑤ 我们可以比较罗素对另一位哲学家康德的评价：“伊曼努尔·康德（Immanuel Kant，1724—1804），一般认为是近代哲学家当中最伟大的。我个人不同意这种评价，但是若不承

① 康德．任何一种能够作为科学出现的未来形而上学导论[M]．庞景仁，译．北京：商务印书馆，1978：5－6.

② 康德．任何一种能够作为科学出现的未来形而上学导论[M]．庞景仁，译．北京：商务印书馆，1978：6.

③ 康德．任何一种能够作为科学出现的未来形而上学导论[M]．庞景仁，译．北京：商务印书馆，1978：9－10.

④ 罗素．西方哲学史（下册）[M]．马元德，译．北京：商务印书馆，1976：196－197.

⑤ 罗素．西方哲学史（下册）[M]．马元德，译．北京：商务印书馆，1976：196.

认他非常重要也可说是愚蠢无知。”① 罗素不同意康德“是近代哲学家当中最伟大的”的评价，是因为他认为休谟“是哲学家当中一个最重要的人物”。笔者认为，把休谟和古代的哲学家如柏拉图、亚里士多德、老子、孔子相比是没有意义的，也没有可比性。至于休谟和康德，两人代表着不同的哲学进路，虽基本上是同一时代人，但也不能说孰高孰低。罗素是站在英国人立场上抬高休谟，而当代一些德国思想家如哈贝马斯等则站在德国人的立场并没有给休谟过高的位置。罗素认为，休谟学说最重要的是《人性论》第一卷，这一卷所提出的因果关系论对西方哲学具有颠覆性的影响。但是进入20世纪后，休谟的伦理学受到高度重视，他提出的“事实与价值”问题在被误解后成为实证主义的来源，《人性论》第三卷《道德学》的影响力越来越大，在伦理学、经济学、政治学和法律领域都振聋发聩，这是罗素始料未及的。

休谟不是一举成名的大家，他举足轻重的地位主要是在其去世后的几百年间逐渐形成的。休谟刚发表《人性论》时默默无闻，这本书后来却给他带来巨大声望。由《人性论》改写的两本小册子——《人类理解研究》和《道德原则研究》给休谟带来一定的声誉，以及经过康德给予休谟较高评价，休谟才逐渐被人们认识。但是长期以来人们对休谟的认识局限于其怀疑主义认识论，休谟以经济、政治、法律为对象的伦理学价值远远未得到发掘。正如哈耶克所言，是卢梭而不是休谟的思想主导了18世纪，成为法国大革命的精神指南。“二战”以后，随着人们对政治、经济、法律的哲学基础进一步反思，从理性出发对有限政府的呼唤和对计划经济、无限政府的反思，哈耶克等人从休谟哲学中发现了现代社会对休谟哲学的渴求，休谟的温和怀疑主义在政治、经济和法学等方面开始产生巨大影响。

除上述著作外，休谟还写下《英国史》《宗教和自然史》和相当数

---

① 罗素．西方哲学史（下册）［M］．马元德，译．北京：商务印书馆，1976：247.

量的政治、经济论文，休谟是哲学家、逻辑学家、伦理学家，也是历史学家、政治学家、经济学家和法学家，休谟是一个永不过时的人物。

二、休谟经济伦理思想产生的时代背景

休谟诞生于1711年，在此前后发生的一系列政治、经济、宗教事件和发表的哲学、经济学著作对休谟的经济伦理思想的产生有决定性的影响。

（一）宗教上

13世纪即开始的文艺复兴，其宗旨就是恢复人的尊严，揭露宗教的邪恶，这奠定了休谟《人性论》的基调和其宗教怀疑主义立场，路德和加尔文的宗教改革也影响了休谟对宗教的看法。休谟时代宗教势力仍然很大，休谟也遭到了教会的指控，但教会毕竟没有中世纪的势力，当年的布鲁诺被处以火刑，而休谟则幸免于牢狱之灾。如果在中世纪，对上帝持怀疑思想的人被查出来之后会被处以极刑的，休谟就可能是另一种命运——闭口或死亡，像《人性论》《自然宗教对话录》这样的伟大著作是不可能诞生的。

（二）政治上

15世纪初期，葡萄牙和西班牙成为当时最强盛的帝国。1588年，英国海军击败西班牙的无敌舰队，但随即陷入内乱，荷兰成为当时最强盛的国家。英国1640年发生资产阶级革命，1688年发生光荣革命，此后则保持着稳定的政局，为英国的强盛奠定了政治基础。英国通过三次英荷战争（1652—1654年、1662—1667年、1672—1674年），击败荷兰成为海上霸主，此后又在和法国的争霸中取胜，成为世界上最大的殖民地宗主国，殖民地遍布全球各地，因此被称为“日不落”帝国。在休谟出生的4年前，也就是1707年，苏格兰才合并到英格兰，而此前的苏格兰是独立的国家，并与英格兰的敌人法兰西保持着良好的关系。

合并前的苏格兰一直对英格兰抱有戒心，经济文化都大幅度地落后，人均财富不及英格兰的五分之一，苏格兰的大学如爱丁堡大学等更不能与英格兰的牛津大学、剑桥大学等相提并论。合并后，巨大的经济文化差异刺激了苏格兰的文化精英，并引发了1740年到1790年半个世纪的苏格兰启蒙运动，休谟是这场运动的主导者，这对休谟的思想创新也是极大的刺激。国家的合并大大提高了苏格兰人的政治经济地位，作为苏格兰人的休谟自然从中受益。

（三）经济上

当时的英国最先发生了“羊吃人”的圈地运动，完成了资本主义发展所需要的原始积累。随后，英国工人哈格里夫斯发明珍妮纺纱机，瓦特改良了蒸汽机，英国最先步入“工业革命”。工业革命促进了英国的经济发展，使英国成为当时最发达的经济强国。当时资本主义的发展为休谟的理论奠定了物质基础，休谟的产权关系理论只能产生于资本主义背景下。而且生产率的提高导致英国大量的工商业产品在本国无法销售完，必须寻找海外市场，所以休谟主张自由贸易，反对贸易保护政策，这与当时英国资本主义工商业的发展要求也是一致的。

（四）思想上

当时哲学和自然科学的发展也给休谟提供了思想平台。牛顿科学的成功激发了休谟的雄心壮志，牛顿反对假说，推崇以实验为基础的归纳，甚至建议把自然科学领域的观察实验方法推广到社会科学领域，这对休谟写作《人性论》是巨大的诱导和推动。霍布斯和洛克各自设想的虚拟的自然状态促使休谟进行理论反思，它们是休谟《人性论》的直接来源，霍布斯在《利维坦》中所虚拟的自然状态下，认为人性极端邪恶，加上自然条件恶劣，充满着弱肉强食的丛林法则；而洛克在《政府论》中所虚拟的自然状态下，认为人性是极为善良的，贪婪、野心、残忍、自私就不曾有过，人们所熟悉的只有慈爱、怜悯和同情，甚至你、我、他的区别也不存在，再加上自然条件优越，人们很容易解决衣食住行，因而又被称为“黄金时代”。休谟认为，自然状态和黄金时代都不可能产生“正义”，因而也就不可能出现产权。曼德维尔的“私利即公益”的思想推动了休谟经济伦理思想的萌芽，可以说没有这些前人的思想，也就不可能诞生休谟的思想。休谟和当时兴起的苏格兰常识哲学展开了长期的论战，在论战中发展了自己的思想。今天休谟的影响远在苏格兰常识哲学之上，但在当时情形正好相反，在他的家乡，苏格兰常识哲学影响更大。虽然常识哲学也把经验当作认识的基础，但却对经验作出了与休谟相反的解释，例如常识哲学的代表人物里德就批评以前的经验主义者混淆了思想的内容和思想对象的区别，“作为人类构造的一部分，常识原则是天赋的，而不是后天获得的。里德说，它们‘来自全能的主的灵感’，‘纯粹是苍天的礼物’。只是由于这些先天的原则的作用，我们才能通过感官的作用获得常识。里德所肯定的常识原则，相当于唯理论者所坚持的天赋观念。在这一点上，他与英国经验论者的分歧是十分明显的”。[①] 常识哲学认为常识原则是不可以证明的，是靠直觉得到的知识，这是为当时上层人士的宗教信仰和道德准则辩护，受到休谟的批判。康德也认为，在休谟与常识哲学的争论中，休谟的反对者文不对题，“偏偏把他所怀疑的东西认为是他所赞成的，而反过来，把他心里从来没有想到要怀疑的东西却大张旗鼓地，甚至时常是厚颜无耻地加以论证”。[②] 当时西欧的伦理学和经济学已经有了很大的发展，荷兰的哲学家斯宾诺莎著有影响深远的《伦理学》，英国的经济学家配第和坎蒂隆都在货币等经济领域有所建树，这些对休谟的经济伦理思想也有所启发。

① 赵敦华．西方哲学简史[M]．北京:北京大学出版社,2001:234.

② 康德．未来形而上学导论[M]．庞景仁,译．北京:商务印书馆,1978:7.

第二节　理论来源

一、休谟伦理学的来源

西塞罗（公元前106—公元前43）是古罗马的哲学家和政治家，以雄辩演讲著称于世。西塞罗处在轴心时代（公元前800—公元前200年）刚刚落下帷幕的时期，在哲学思想上，西塞罗是无法与轴心时代的古希腊三贤苏格拉底、柏拉图和亚里士多德相比的。但休谟是一个尊重传统而又对传统的伦理学极为反叛的人，古希腊三贤所确立的传统的理性主义道德观正是他极力批判的，而他对西塞罗极为推崇，“我因为好学、沉静而勤勉，所以众人都想，法律才是我的适合的行业。不过除了哲学和一般学问的钻研而外，我对任何事情都感到一种不可抑制的嫌恶。因此，当他们以为我正在披阅屋埃特（Voet）和维尼乌斯（Vinnius）的时候，我实际是在暗中贪读西塞罗（Cicero）和维琪尔（Virgil）诸位作家”。[①] 西塞罗的《论义务》对休谟影响甚大，被休谟多次引用，该书所提及的美德如公正、正直、博爱、仁慈、宽厚、勇敢、刚毅、体谅他人、自制等，被休谟重新阐述和发展。西塞罗的德性效用论对休谟影响最大，“你们的诸神，无论你们可能假定他们赋有什么想象的完美性，都不能正当地声称值得人们的任何崇拜或敬仰。他们完全是无用的和非能动的”。[②] 后来休谟将道德的来源分为对社会有用、对自己有用、令自己愉快、令他人愉快，并把正义规则的起源建立在社会效用的基础上，应该是受到西塞罗的影响。另外，西塞罗对德性的范围有所扩大，他将令人愉快、受人尊敬的品质称为德性，如勇敢、端庄等，

---

① 休谟．人类理解研究[M]．关文运，译．北京：商务印书馆，1957：1. Voet 和 Vinnius 是当时英国的法学家。

② 西塞罗．西塞罗三论[M]．徐奕春，译．北京：商务印书馆，1998：96.

不再把德性局限于仁爱、友善等传统的狭小范围内，这也影响了休谟，休谟的“人为的德”比西塞罗的德性范围还广。

霍布斯的“自然状态”和洛克的“黄金时代”。休谟不满意以往学者对社会问题和人性的分析，这些分析大都建立在某种先验的假设之上，以霍布斯和洛克为代表。洛克代表的是诗人虚构的“黄金时代”，描述了一个最为美好、最为安宁的环境。霍布斯代表的是哲人虚构的“自然状态”，描述了人人相互争斗和充满暴力的状态。在‘黄金时代’里，“四季温和（如果我们相信这些神话），人类根本无须衣着和房舍防寒抗暑，河中流的是酒和奶，橡树产出蜂蜜，原野自然生产最佳美食。这一切还不是那个幸福时代的主要好处。这个时代不仅自然界不见风暴，人类心中也不识那些在当今世界引起如许动荡、产生如许混乱的风暴。贪婪、野心、残酷、自私从来闻所未闻，诚挚的爱慕、怜悯和同情乃是心灵业已熟识的行动，甚至斤斤你我之分在当时幸福的人类中亦被废弃，而财产、责任、公正和不公正这些概念也随之抛到九霄云外去了”。①

在霍布斯的“自然状态”下，会发生一切人对人的战争，人们处在险恶、短促而残酷的世界，没有财产和正义，只有战争，武力和欺诈成了战争中的基本美德。休谟认为，“黄金时代”和“自然状态”在想象上是一回事，只不过前者被描述为人们可能想象到的最为美好最为安宁的环境，后者则被描述为极为贫困和充满暴力的状态；前者是由于自然界的物质和人的公道的极大丰富而不需要正义，后者是由于人的极端野蛮自私不受约束而不可能产生正义。对于这两种状态下的人性是否存在或者即使存在能否延续，休谟都是怀疑的。

从休谟的正义三要素来看，“黄金时代”的虚构之错误在于把自然的供应和人类自身的道德想象得太高了，“诗人们容易地就看到了，如

---

① 休谟．休谟政治论文选[M]．张若衡，译．北京：商务印书馆，2010：180.

果每一个人对其他人都有一种慈爱的关怀，或者如果大自然大量供应我们的一切需要和欲望，那么作为正义的前提的利益计较，便不能再存在了，而且现在人类之间通行的财产和所有权的那些区别和限制也就不需要了。把人类的慈善或自然的恩赐增加到足够的程度，你就可以用更高尚的德和更有价值的幸福来代替正义，因而使正义归于无用”。① 而实际上，自然不可能提供极大丰富的产品，而人类慈善也是有限的，所以要通过正义规则判定你、我、他的财产之别。“自然状态”之错误在于把人的道德看得太低，实际上在于己有利的情况下，人们是能够遵守正义的规则的，人人都遵守正义规则，那么人人都是赢家；反之，都奉行丛林规则的人对人的战争，那么人人都是输家。从前面休谟所分析的人所受的自然的虐待来看，人们要改变不利局面，就要变各自为战为全体合作，合作的前提就是对正义规则的遵守。“甚至每一个人在核算起来的时候，也会发现自己得到了利益；因为如果没有正义，社会必然立即解体，而每一个人必然会陷入野蛮和孤立的状态，那种状态比起我们所能设想到的社会中最坏的情况来，要坏过万倍。因此，当人们有了充分的经验，观察到单独一个人所做出的单独的一个正义行为不论可以有什么不良的结果，可是全体社会所共同奉行的全部行为体系对于全体和个人都有无限的利益：于是不久就有正义和财产权发生了”。② 所以人们从自身利益出发，也会制定和遵守正义规则，确定产权。在人类自私和有限的慷慨的本性下，要想更为安全地活动，就要加于正义规则约束，正是利益的考虑诱导每个人将正义规则加于自己身上并加以遵守，因此人类必然以协议取代战争，以正义取代强权，将人对人的战争变为人与人之间的互利协作。

---

① 休谟．人性论(下册)[M]．关文运，译．北京：商务印书馆，1980：535.
② 休谟．人性论(下册)[M]．关文运，译．北京：商务印书馆，1980：538.

二、休谟经济伦理学的来源

荷兰医生曼德维尔于1711年发表的精神病学著作《论忧郁情绪和歇斯底里情绪》在当时一版再版，很有影响力。但是他的另一本著作《蜜蜂的寓言》却使他在思想界臭名昭著。在这部论著里，他提出："芸芸众生中的首恶，亦有襄助公益的善举。"[①] "私恶即公益"是反传统伦理学的观点，曼德维尔一直受到指责和背负恶名。曼德维尔发现蜂群里的每只蜜蜂都是自私的，但是整个蜂群却是繁荣的，"因此，每个部分虽都被恶充满，然而整个蜂国却是一个乐园"。[②] 人类社会也类似，人类社会相当于蜂巢，每个人相当于每只蜜蜂，每个人追求私利的结果导致公益的出现和社会的繁荣。曼德维尔对休谟的影响无疑是很大的，哈耶克称："曼德维尔由此提供了使休谟有所建树的基础"，[③] "我不想对曼德维尔作过高的评价，我只想说，是他使休谟成为可能。我对休谟的评价是，在近代所有研究精神与社会的人中间，他大概是最伟大的一位。这使曼德维尔在我看来非常重要。只是在休谟的著作里，曼德维尔努力的意义才完全得以彰显，而且正是通过休谟，他才产生了持久的影响。"[④] 休谟的正义三要素涉及人的道德就是：自私与有限的慷慨，自私要甚于慷慨，人的行为是出于私利而不是公益，但是只要遵守正义规则，这种出于私利的行为最后却是为公益服务的，就此而言，休谟与曼德维尔的经济伦理确实是一脉相承。休谟还说："在设计任何政府体制和确定该体制中的若干制约、监督机构时，必须把每个成员都设想为无

---

① 哈耶克．经济、科学与政治——哈耶克论文演讲集[M]．冯克利，译．南京：江苏人民出版社，2003：573.

② 曼德维尔．蜜蜂的寓言：私人的恶德，公众的利益[M]．肖聿同，译．北京：中国社会科学出版社，2002：17.

③ 哈耶克．经济、科学与政治——哈耶克论文演讲集[M]．冯克利，译．南京：江苏人民出版社，2003：587.

④ 哈耶克．经济、科学与政治——哈耶克论文演讲集[M]．冯克利，译．南京：江苏人民出版社，2003：588.

赖之徒，并设想他的一切作为都是为了谋求私利，别无其他目标。我们必须利用这种个人利害来控制他，并使他与公益合作，尽管他本来贪得无厌，野心很大。不这样的话，他们就会说，夸耀任何政府体制的优越性都会成为无益空谈，而且最终会发现我们的自由或财产除了依靠统治者的善心，别无保障，也就是说根本没有什么保障。”① 也就是通过正义的规则和制度，使人们从私利出发，以公益结尾。

当然休谟的思想并不是曼德维尔思想的复制，他的思想比曼德维尔温和且更为深刻：首先，休谟非常强调私利导致公益的前提和条件，就是遵守规则，在遵守规则的前提下，人们的自利行为才能导致公益，所以休谟的理论属于规则功利主义，这正是休谟的高明之处，违背规则的私利不仅不能带来公益，还会极大地损害公益，如偷盗、抢劫、诈骗、贪污、受贿等追求私利的行为都站在公益的对立面，这些私恶并不会带来公益，因为这些私恶违背规则。其次，曼德维尔的人性之中只有自私这一极，休谟的人性中则有自私和慷慨两极，自私受到慷慨的限制而不至于走向极端，完全邪恶自私的人根本就不会遵守正义规则，也不可能带来公益。休谟虽然也承认自私是人性中主要的，但又说：“自私这个性质被渲染得太过火了，而且有些哲学家们所乐于尽情描写的人类的自私，就像我们在童话和小说中所遇到的任何有关妖怪的记载一样荒诞不经，与自然离得太远了。我远不认为人类除了对自己以外，对其他事物没有任何爱情。”② 在休谟那里，慷慨与自私一样，都是正义规则不可或缺的要素。最后，在其他方面，休谟也克服了曼德维尔思想的极端性，如曼德维尔极力鼓吹奢侈，反对节俭，认为节俭导致失业和贫困，休谟却不把奢侈当作美德鼓吹，对奢侈和节俭都是有保留的。因此，休谟的经济伦理思想并没有停留在曼德维尔的水平，而是大大地发展了。

---

① 休谟．休谟政治论文选[M]．张若衡，译．北京：商务印书馆，2010：27.

② 休谟．人性论（下册）[M]．关文运，译．北京：商务印书馆，1980：527.

另外，休谟推崇古罗马的哲学家西塞罗，西塞罗强调保护私有财产，而且主张用正义规则保护私有财产，这直接启发了休谟产权理论中的正义三原则。

第二章

休谟的伦理思想及其与经济伦理思想的区别与联系

休谟的经济伦理思想是其伦理思想的组成部分，因此先对它们分别介绍，然后进行比较。

第一节 休谟的伦理思想

休谟的伦理思想有着自己的鲜明特色并对伦理史有重大影响，正如研究者指出：“休谟伦理思想的特征大致可以概括为相互关联的四个方面：在道德的根源上，表现为理性辅助下的情感论；在道德的基础上，表现为环境影响下的人性决定论；在道德评价的依据上，表现为温和动机论；在道德价值的标准上，表现为规则功利论。休谟伦理学有着重要的历史地位，它削弱了传统德性伦理学的纯粹性，而不是如麦金泰尔所言颠覆了传统德性伦理学；休谟自身并不是功利主义者，但启发了近代规范伦理学的思路；所以休谟伦理学在性质上既不属于传统德性伦理学，也不属于近代规范伦理学，它是前者向后者转变的中间形式。休谟还为源于莎甫茨伯里的道德情感论提供了认识论基础，使它获得了完备的理论形态。休谟的伦理思想对后世的功利主义、当代情感主义伦理学、罗尔斯的政治哲学以及女性主义伦理学都产生了重要影响。”[①] 本章主要从以下几个方面论述休谟的伦理思想。

一、情感主义道德观

休谟在《人性论》引论中就指出：“关于人的科学是其他科学的唯一牢固的基础，而我们对这个科学本身所能给予的唯一牢固的基础，又必须建立在经验和观察之上。”[②] 我们对心灵的认识依然不超出仔细和精确的实验。超越经验的人性假设是狂妄和虚幻的，应该予以抛弃。在《人性论》第一卷，休谟再次强调这个观点：“充分考察这个问题，就是本书的主题；因此，我们在这里就只限于确立一个概括的命题，即我们全部的简单观念在初出现时都来自简单印象，这种简单印象和简单观念相印，而且为简单观念所精确地复现。”[③] 休谟这个观点贯穿全书，所以在第三卷中，休谟讨论道德的来源时，仍然坚持道德的感觉主义来源，这与西方传统的理性主义道德观是不同的。

（一）西方传统的理性主义道德观

苏格拉底认为，德性指过好生活或做善事的艺术，是一切技艺中最高尚的技艺，这是每一个人都能够学会并确切知道的原则，因此德性等同于知识，“如果一个人自称知道一件事是善，但又不去实现这件事，这恰恰说明，他实际上并未真正知道这件事的好处（善），他并没有关于这件事的知识”。[④] 基于这种德性论，苏格拉底认为“无人有意作恶”，例如苏格拉底被雅典法庭判处死刑，尽管有多次逃生机会，他却都放弃了，因为他认为正义就是遵守法律，逃跑是不正义的，宁可承受

① 张钦．休谟伦理思想研究[D]．长沙：湖南师范大学，2005.
② 休谟．人性论（上册）[M]．关文运，译．北京：商务印书馆，1980：8.
③ 休谟．人性论（上册）[M]．关文运，译．北京：商务印书馆，1980：16.
④ 赵敦华．西方哲学简史[M]．北京：北京大学出版社，2001：35.

不正义的惩罚，也不愿意做逃跑这样不正义的事。苏格拉底身上体现出了“德性就是知识”，但若把这句话当做普遍性的真理，就太天真了，如与苏格拉底同时代的孔子就提出“巧言令色，鲜仁矣”，这比苏格拉底深刻得多。亚里士多德是古希腊德性论的集大成者，那时的德性比现在的意义要宽泛得多，也是古希腊伦理学的根本性概念，是指出色的公民所表现出来的令人赞叹的美德或品质。德性不仅指人，而且也指动物或器物，如亚里士多德称赞眼睛的德性、马的德性等。现在的德性只指人的美德，而不指勇敢这样的品质。亚里士多德还认为，德性就是“中道”（适度）的品性，“我们已经详尽地说明了道德德性是适度，以及它是这种适度的意义，即第一，它是两种恶即过度与不及的中间；第二，它以选取感情与实践中的那个适度为目的，就是由于道德德性是这样的适度，做好人不是轻松的事”。[①] 过度或不及中道就不是德性，例如中道“勇敢、节制、慷慨、明智”是德性，那么分别相对应的不及“怯懦、冷漠、吝啬、单纯”和过度“鲁莽、放纵、挥霍、狡猾”就不是德性。所以说，西方传统的德性观是理性主义德性观，它建立在人的理性认识基础上。

（二）休谟的情感主义道德观

休谟的德性观是对西方传统的颠覆。站在感觉经验主义的立场上，休谟不是从“知识”而是从“知觉”上分析德性。休谟首先对传统的德性观进行怀疑，传统的德性观主张德性符合理性，“道德也和真理一样，只是借着一些观念并借着一些观念的并列和比较被认识的”。[②] 按照传统的观点，单单是理性就能区别道德上的善恶，休谟对此是怀疑的，他想考察的是，善恶的区别是否还要借助其他的一些原则。如果把哲学分为思辨和实践两部分，道德当然是实践部分，影响我们的情感和

---

① 亚里士多德．尼各马可伦理学[M]．廖申白，译．北京：商务印书馆，2003：55.

② 休谟．人性论（下册）[M]．关文运，译．北京：商务印书馆，1980：496.

行为，“道德准则既然对行为和感情有一种影响，所以当然的结果就是，这些准则不能由理性得来；这是因为单有理性永不能有任何那类的影响，这一点我们前面已经证明过了。道德准则刺激情感，产生或制止行为。理性自身在这一点上是完全无力的，因此道德规则并不是我们理性的结论”。[①] 由于理性对人的行为和情感没有影响，所以理性推论不出道德，道德情感是主动的，而理性是被动的，主动的原则不能建立在被动的原则之上。在《人性论》的第二卷，休谟专门论述了理性是完全没有主动力的。传统的精神哲学认为理性超越情感，情感应该为理性所控制，理性的永恒性、不变性是神圣的，而情感则是具有盲目性、变幻性和欺骗性的。针对传统的错误观点，休谟认为，理性既不能单独成为意志活动的动机，也不能在指导意志方面反对情感，相反，“理性是并且也应该是情感的奴隶，除了服务和服从情感之外，再不能有任何其他的职务”。[②] 这里，在理性和情感的关系中，休谟又过于抬高情感的作用，也是笔者所不赞成的。休谟还认为，理性的作用是发现真伪，也就是观念和实际存在的事实符合或不符合，而情感意志并不是那种符合或不符合的关系，不存在真伪，不能说情感违反或符合理性，行为的功过也不取决于它符合或违反理性。进而休谟指出：“理性既然永不能借着反对或赞美任何行为，直接阻止或引生那种行为，所以它就不能是道德上善恶的源泉，因为我们发现道德的善恶是有这种影响的。”[③] 休谟提出了惊世骇俗的反传统观点——道德善恶的区别不是理性的产物，目的是驳倒传统的理性主义道德观，论证他的情感主义道德观：第一，道德的善恶只属于心灵的活动，由我们对外界的立场而致，道德区别所发生的那些关系，必然只存在于内心活动和外在的对象之间。第二，道德的善恶之间并没有一种抽象的“知识就是德性”“无人有意作恶”的观

① 休谟．人性论(下册)[M]．关文运，译．北京：商务印书馆，1980：497.
② 休谟．人性论(下册)[M]．关文运，译．北京：商务印书馆，1980：453.
③ 休谟．人性论(下册)[M]．关文运，译．北京：商务印书馆，1980：498.

点是错误的。理性差异，也没有那种自然的适合性或不适合性。

二、道德的区别和道德感的形成

道德并不是单纯地被理性或观念的比较所发现，德或恶的区别来自我们的印象或情绪，这是休谟对于善恶区别的基本观点。

（一）道德的认识论基础：知觉

休谟认为，“我们关于道德的邪正的判断显然是一些知觉”。[①] 休谟断言，“心灵中除了它的知觉以外，永远没有任何东西存在；视、听、判断、爱、恨、思想等一切活动都归在知觉的名称之下。心灵所能施展的任何活动，没有一种不可以归在知觉一名之下；因此，知觉这个名词就可以同样地应用于我们借以区别的道德善恶的那些判断上，一如它应用于心灵的其他各种活动上一样”。[②] 当然，知觉又分为印象和观念，印象是“进入心灵时最强最猛的那些知觉”，[③] 如感觉、情感、情绪；观念“用来指我们的感觉、情感和情绪在思维和推理中的微弱的意象”。[④] 在确定知觉作为道德来源之后，休谟又提出这个问题：“我们还是借我们的观念，还是借印象，来区别德和恶，并断言一种行为是可以责备的或是可以赞美的呢？我们将从这个问题开始我们关于道德学的现在这种研究。”[⑤] 休谟将知觉分为印象和观念，这二者除了强烈程度和活跃程度之外，其他每一方面都极为相似，“当我闭目思维我的房间时，我所形成的观念就是我曾经感觉过的印象的精确的表象，观念中的任何情节也无一不可在印象中找到”。[⑥] 这种区分是有创造性的，休谟

① 休谟．人性论(下册)[M]．关文运，译．北京：商务印书馆，1980：510.
② 休谟．人性论(下册)[M]．关文运，译．北京：商务印书馆，1980：496.
③ 休谟．人性论(上册)[M]．关文运，译．北京：商务印书馆，1980：13.
④ 休谟．人性论(上册)[M]．关文运，译．北京：商务印书馆，1980：13.
⑤ 休谟．人性论(下册)[M]．关文运，译．北京：商务印书馆，1980：496.
⑥ 休谟．人性论(上册)[M]．关文运，译．北京：商务印书馆，1980：14.

就说“我在此处所用印象和观念这两个名词，其含义与通常的意义不同，我希望能有这种用词的自由。洛克先生曾用‘观念’一词表示我们的全部知觉，违反了它的本义；我现在应用这个词，或者宁可说是恢复了它的本义。我所谓印象，读者请勿误会我是用以表示生动的知觉产生于心灵中时的方式，我只是指知觉的本身；无论在英语中或在我所知的其他任何语言中，对于这些知觉都没有专有的名词”。[①] 休谟还将知觉分为简单知觉和复合知觉，简单知觉亦即简单的印象和观念，不容易再行区分或分析；复合知觉则相反，可以区分为许多部分。简单知觉能够形成印象和观念的对应和相似关系，但复合知觉却不是这样，许多复合观念不曾有相对应的印象，例如我能设想耶路撒冷那样一个黄金铺道、红玉砌墙的城市，但我不曾见过这样的城市，它是我设想的，我对它有观念而没有印象，作家写神侠小说也是这样；许多复合印象也没有精确地复现在观念中，例如我到过巴黎，对巴黎有了印象，难道可以因此断言说对巴黎形成了这样的一个观念，“使它按照真正的和恰当的比例完全复现那座城市的全部街道和房屋吗”？[②] 所以说，简单印象和简单观念之间有着相似的对应性，复合印象与复合观念之间不一定有着相似的对应性。简而言之，“我们的全部简单观念在初出现时都是来自简单印象，这种简单印象和简单观念相应，而且为简单观念所精确地复现”。[③] 虽然简单印象和简单观念相互伴随，但毕竟有一种决定关系。休谟从恒常的经验观察出发，认为简单印象总是先于简单观念出现，而不可能有相反的次序，“要给一个儿童以深红和橙黄或甜味和苦味的观念，我就把这些对象呈现于他，换句话说，就是把这些印象传达给他；但我不会荒谬地试图通过激起这些观念来产生这些印象。我们的观念在出现时并不产生它们的相应的印象，我们也不能单借思维任何颜色或其

① 休谟．人性论（上册）［M］．关文运，译．北京：商务印书馆，1980：14.
② 休谟．人性论（上册）［M］．关文运，译．北京：商务印书馆，1980：15.
③ 休谟．人性论（上册）［M］．关文运，译．北京：商务印书馆，1980：16.

他的东西，就知觉那种颜色或感到其他的感觉”。[①] 一言以蔽之，印象是观念的原因，观念不是印象的原因。如一个盲人，没有红颜色的印象，也不可能有红颜色的观念；一个感觉器官正常的人，如果没有见过或尝过苹果，也不能形成关于苹果滋味的恰当观念。休谟反复论证这一点，就是为其经验论立论，为其经验主义的道德哲学立论，并且休谟对这个发现极为重视，“这是我在人性科学中建立的第一条原则；我们也不应该因为它显得简易而加以鄙视。因为我们可以注意到，现在这个关于印象或观念的先后问题，正是和哲学家们争论有无先天观念，或我们的全部观念是否都从感觉和反省得来的那种在不同的名词下大为争吵的问题一样”。[②] 印象先于观念，在广袤、颜色、情感、欲望等观念之前已经有了更为生动的知觉，“这些知觉是观念的来源，并被观念所复现”。[③] 那么人的道德观念自然也来自知觉，来自知觉中的印象部分。

（二）道德的善恶区别在于知觉中的印象

观念和印象构成知觉，而印象又是观念的来源。在这两者中，对道德起决定作用的是印象而不是观念，“由德发生的印象是令人愉快的，而由恶发生的印象是令人不快的”。[④] 即由知觉中的印象而不是观念来区别善恶。我们赞美高贵慷慨的行为、厌恶残忍奸恶的行为，以和自己所尊敬爱戴的人在一起为快乐、和自己所憎恨鄙视的人在一起为煎熬，说明德带来的是快乐的感觉、恶带来的是痛苦的感觉，所以道德善恶的区别不过是特殊的痛苦或快乐的印象，我们所赞美的善就是带来快乐的行为，我们责备的恶就是带来不快的行为。“只要说明快乐或不快的理由，我们就充分地说明了恶与德。发生德的感觉只是由于思维一个品格感觉一种特殊的快乐。正是那种感觉构成我们的赞美或敬羡。我们不必

---

① 休谟．人性论(上册)[M]．关文运，译．北京：商务印书馆，1980：16－17.
② 休谟．人性论(上册)[M]．关文运，译．北京：商务印书馆，1980：19.
③ 休谟．人性论(上册)[M]．关文运，译．北京：商务印书馆，1980：19.
④ 休谟．人性论(下册)[M]．关文运，译．北京：商务印书馆，1980：510.

再进一步远求；我们也不必探索这个快感的原因。我们并非因为一个人品格令人愉快，才推断那个品格是善良的；而是在感觉到它在某种特殊方式下令人愉快时，我们实际上就感到它是善良的”。[①] 这句话鲜明地表现出休谟的情感主义道德观，也就是说一种行为让我们感到愉快或不快时，我们就会知道这种行为是善良还是邪恶，我们的赞许或厌恶就涵摄在行为所带来的快乐或不快中，而不能反过来说行为所带来的快乐或不快涵摄在我们的赞许或厌恶中。如果道德来自传统的理性是非标准体系，那么这种理性的是非关系也能够在外界发现，因此“道德如果永远伴着这些关系，那么无生物也可以成为善良的或恶劣的了”。[②] 休谟指出小树成长后导致母株死亡并不是什么道德上的善恶问题，而是自然规律问题，这就批驳了传统的理性主义道德观。当然休谟也注意到人们会反驳他所提出的这个体系，他说：“如果德和恶是被快乐和痛苦所决定的，那么这些善恶性质必然永远是由感觉而发生的；因而任何对象，不论是有生或无生，有理性的或无理性的，只要能刺激起快感或不快，都可以在道德上成为善的恶的了。”[③] 这种反驳对休谟的道德学说看起来是很有力的，但休谟不以为然。休谟的回答是：第一，快乐这个名词包括了很多不相同的感觉，例如美好的乐章和美酒同样产生快乐，两者的美好同样由快乐引起，但我们不能说酒是和谐的或音乐是美味的，而只能说，酒的美味引起我们的快乐是美好的，音乐的和谐引起我们的快乐是美好的。一个玩具能给儿童带来快乐却不能归于德一类，而父母和儿童玩耍带来快乐可以归于德一类。休谟还说：“一个和谐的声音虽然确实只是自然地给人以一种特殊快乐的声音，可是一个人却难以觉察到一个敌人的声音是悦耳的，或者承认它是和谐的。”[④] 原因是我们对敌人印象不好，难以形成善的感觉，所以敌人的声音也是不和谐的。第

① 休谟．人性论(下册)[M]．关文运，译．北京：商务印书馆，1980：511.
② 休谟．人性论(下册)[M]．关文运，译．北京：商务印书馆，1980：511.
③ 休谟．人性论(下册)[M]．关文运，译．北京：商务印书馆，1980：511－512.
④ 休谟．人性论(下册)[M]．关文运，译．北京：商务印书馆，1980：512.

二，一件事物呈现于我们面前，德与恶刺激快乐与不快乐，骄傲、谦卑、爱、恨这四种情感就被激发出来，由德与恶刺激的快乐与不快清楚地区别于那些与我们没有关系的无生命物所发生的那些苦乐。

（三）道德感

休谟的情感主义道德观表明，是关于道德的感觉而非理性决定了道德的善与恶。导致“乐”感觉的行为是善，导致“苦”感觉的行为是“恶”，那么必然进一步追问：“这种苦乐是由什么原则发生的，它是由什么根源而发生于人类心灵中的呢?”① 休谟认为，把这种苦乐情绪归结于原始的性质和最初的结构所产生的想法是荒谬的，“我们的原始本能就不可能扩及于每一种义务，不可能从我们最初的婴儿期起在心灵上印入最完美的伦理学系统中所包含的那一大堆的教条”。② 也就是说，道德的天赋论和理性论这条路不通。于是，有人提出从“自然”中寻找道德的起源，休谟对此的看法是，自然是一个相当模糊的词，自然通常有以下三种含义：①自然与神迹相对应，善恶的区别是自然的，世界中所发生的每一事件，除宗教所依据的神迹之外，都是自然的。休谟是无神论者，当然不会把善恶之别放在宗教信仰上。这种观点虽然正确，但休谟认为这并非什么了不起的发现，因为传统的理性主义道德观也是这么认为的。②自然与稀少、不常见的意义相对立。就此而言，道德感一定可以被称为是自然的，因为没有一个人完全没有道德感，没有一个人从来不曾对习俗和行为表示过丝毫的赞许和憎恨，除非是疾病或疯狂使心灵陷入混沌。③自然和人为相对立，某些道德感是人为的，而另一些道德感是自然的。因此休谟说：“那些主张德与自然同义、恶与不自然同义的体系是最违反哲学的。因为在‘自然’一词与神迹对立的第一个意义下，恶和德是同样自然的；而在它与不常见的事物对立的第二

① 休谟．人性论(下册)[M]．关文运，译．北京：商务印书馆，1980：513.

② 休谟．人性论(下册)[M]．关文运，译．北京：商务印书馆，1980：513.

个意义下，那么德或许会被发现是最不自然的。至少我们必须承认，勇德和最野蛮的暴行一样，因为是不常见的，所以同样是不自然的。至于自然的第三个意义，那么恶与德确实同样是人为的，同样是不自然的。”① 自然和不自然在这三种意义下都不能标出恶与德的界限。在否定前面两种解决方案后，休谟说：“德和恶是被我们单纯地观察和思维任何行为、情绪或品格时所引起的快乐和痛苦所区别的。这个论断是很适切的，因为它使我们归结到这样一个简单的问题，即为什么任何行为或情绪在一般观察之下就给人以某种快乐或不快，借此就可以指出道德邪正的来源，而无需去找寻永不会存在于自然中的，甚至也并不（借任何清楚和明晰的概念）存在于想象中的任何不可理解的关系和性质。”② 也就是说，道德感来自苦乐之感觉，引起快乐的感觉的行为是善，引起痛苦的感觉的行为是恶。但是，由于感觉总是相对的，所以休谟的道德观是犀利的，也是片面的，并且有相对主义之嫌。例如一个十恶不赦的歹徒被绳之以法，大部分人认为处罚行为带来快乐但多半会给歹徒带来痛苦，当然也不怀疑在极少数情况下，歹徒良心发现自愿受到惩罚；另一种情况下，歹徒通过贿赂逃离法网，这种行为给大部分人带来不快却给歹徒带来快乐。对这个问题，休谟的情感主义道德观是难以解释的。

休谟时代，对道德起源有着激烈的争论：“道德是导源于理性，还是导源于情感，我们获得对于道德的知识是通过一系列论证和归纳，还是凭借一种直接的感受和较精致的内在感官，道德是像对于真理和谬误所有健全判断一样对一切有理性的理智存在物应当相同，还是像对于美和丑的知觉一样完全基于人类特定的组织和结构？”③ 在这一组选择性答案中，休谟否定前者而肯定后者。传统的道德研究偏重于假设和体

---

① 休谟．人性论(下册)[M]．关文运，译．北京：商务印书馆，1980：513.
② 休谟．人性论(下册)[M]．关文运，译．北京：商务印书馆，1980：515－516.
③ 休谟．道德原则研究[M]．曾晓平，译．北京：商务印书馆，2001：22.

系，休谟则认为道德研究应当建立在事实和观察的基础上。

三、道德区别的四个来源

（一）对社会有用

我们分析休谟的上述观点，苦乐的感觉是道德的源泉。但是，快乐又来自什么呢？休谟的答案是“效用”，“把我们所赋予社会性的德性的称赞归因于它们的效用，这似乎是如此自然的想法，以致人们会期望在道德作家们那里到处碰见这条原则，作为他们推理和探究的主要基础”。[①] 效用这个因素在日常生活中总是被求助的，对一个人的颂扬就在于他对公众的有用性和对人类社会的贡献。当然休谟的效用涉及多方面，包括物质、精神、审美等，有时需要它们之间的平衡，它们之间能够协调最好，“甚至一种无生命的形式，如果其各部分的规则性和优雅性并不破坏其对任何有用的目的的适合性，将受到何等称赞”![②] 如果不能协调，似乎又以物质效用为先，以一种效用的丧失来满足更有价值的另一种效用也是可取的，“任何失调的比例或外表的丑陋，如果我们能够表明这个特定的构造对我们所意向的用途的必要性，为它辩护又将是何等令人满意”![③] 在英文中，virtue 一词有多种含义，指德性、优点、功效、效验等。有德是因为有用，这种观点开创了功利主义的先河。当然，休谟也认为，只有人才配称为“德性”，我们不能说一首好听的歌、一头干活的牛有德性，尽管它们也有效用。但是传统的伦理学拒绝用效用解释德性，而宁可用其他原则，例如有人认为：“一切道德区别都起源于教育，是通过政治家们的诡计首先发明出来，而后鼓励起来的，为的是使人们驯服和抑制他们那种使他们不能适应于社会的天然

---

① 休谟. 道德原则研究[M]. 曾晓平,译. 北京:商务印书馆,2001:63.
② 休谟. 道德原则研究[M]. 曾晓平,译. 北京:商务印书馆,2001:63.
③ 休谟. 道德原则研究[M]. 曾晓平,译. 北京:商务印书馆,2001:63.

的残暴性和自私性。”[①] 休谟认为这种观点是荒谬的，像“光荣的”和“耻辱的”“可爱的”和“可恨的”这样的词语，是大自然基于心灵的原始构造而作出的，并非政治家的诡计发明。休谟总结说：“社会的德性具有一种自然的美和亲切，这种自然的美和亲切最初先于一切训导或教育，把这种社会性的德性推荐给未受教化的人类的尊敬，并博得他们的好感。由于这些社会性的德性的公共效用是它们由以派生出它们的价值的主要因素，因而，它们所趋向于促进的目的必定是某种令我们感到愉快的方式，必定抓住我们的某种自然的情感。这个目的或者出于对自我利益的考虑，或者出于更慷慨的动机和考虑而使人快乐。”[②] 道德演绎源自自爱和对私人利益的尊重，甚至古希腊的历史学家、道德学家波里比阿也认为德性情感起源于自私性，他认为对父母不孝顺是人们所不赞成的，因为那会最终降临到自己的头上。休谟评论说：“或许这位历史学家只是表明，我们的同情和人道在较大程度上是经由我们考虑我们的情形与那个遭受痛苦的人的情形相似而激发出来的；这种考虑是一种正当的情感。”[③] 有用引起愉快，与德相连。德性有一种增加人类幸福感的趋向，恶行有一种增加人类苦难的趋向。

虽然道德起源于自爱，但是当私人利益与公共利益出现冲突时，道德情感依然继续，这就说明自爱理论不足以说明一切道德情感，公共利益并非与我们毫不相关。道德起源首先是对社会有用，“如果有用性是道德情感的一个源泉，如果这种有用性并不总是被关联于自我来考虑，那么结论就是，凡是有助于社会的幸福的东西都可以直接成为我们赞许和表达善意的对象。这是一条在很大程度上说明道德性之起源的原则；当有一个如此清楚明白和自然的体系时，我们何必去寻求玄奥而渺茫的体系呢?”[④] 休谟还举了很多例子，意在说明，道德起源于社会效用所

① 休谟．道德原则研究[M]．曾晓平，译．北京：商务印书馆，2001：64.
② 休谟．道德原则研究[M]．曾晓平，译．北京：商务印书馆，2001：65.
③ 休谟．道德原则研究[M]．曾晓平，译．北京：商务印书馆，2001：66.
④ 休谟．道德原则研究[M]．曾晓平，译．北京：商务印书馆，2001：70.

带来的幸福与痛苦，“对我们人类利益的热情关怀伴随着一种对所有道德区别的细腻感受，一种对施于人们的伤害的强烈愤恨，一种对他们的福利的热烈赞许”。[①] 我们总会对一切有益自己、他人和社会的行为给予赞许，对损害自己、他人和社会利益的行为给予谴责。一个人勤劳节俭对自己有益、乐施好善对他人有益、创业慈善对社会有益，是受人们赞扬的。反过来，一个人懒散奢侈对自己有害、巧取豪夺对他人有害、一毛不拔对社会有害，这些行为的损益总能引起人们的道德情感。甚至在这个时代为国家效劳的政治家或爱国者，总比一个遥远时代或遥远国家的政治家或爱国者，更能受到人们的尊重，因为遥远的时代或国家的人的慷慨人道所产生的好处与我们联系较少，显得较模糊，因而只以一种较不活跃的同情感动我们。休谟还认为，虽然每个人都有自己的特殊利益，但是由特殊利益所引起的厌恶和欲望不能假定对他人具有同样的影响力，语言必须契合于社会一般利益所产生情感的称赞或谴责，从而使情感具有一种公共利益的倾向，“同情远比我们对自己的关怀微弱，对远离我们的人的同情远比靠近和毗邻我们的人的同情微弱；但是正因为这个理由，我们在对于人们性格的平静的判断和讨论中必须忽略所有这些差异，使我们的情感变成更公共和更社会的”。[②] 尽管各人的私人利益不同，但是对公共利益的情感却能够达成较为一致的意见。例如看《渴望》，人人都被“好人一生平安”这样的歌词感动，似乎人人都变成了好人；绝大多数都赞美贤惠的刘慧芳，虽然赞美者并非一定贤惠；绝大多数都谴责冷酷的王沪生，虽然自己可能也是冷酷的。虽然就个别而言，施予我们自身的小恩小惠可能比施予他人或社会的大恩大德更能让我们感受到积极强烈的感情，但是置身事外的大多数人还是会对后者给予更强的感情。“因此，无论我们从什么眼光来考察这个主题，所赋予社会性的德性的价值看来仍然是始终一致的，这种价值主要产生于天

---

① 休谟．道德原则研究［M］．曾晓平，译．北京：商务印书馆，2001：76.

② 休谟．道德原则研究［M］．曾晓平，译．北京：商务印书馆，2001：82.

然的仁爱情感使我们对人类和社会的利益所怀抱的那种尊重”。[①] 人们会天然地主张促进他们幸福的就是善，加重他们苦难的就是恶，将善恶之评价建立在和利益相关的幸福感上。效用是受赞许的源泉，是道德评价所必须予以考虑的，它是正义、正直、忠实、忠诚和贞洁所受到尊重的源泉，它和诸如慷慨、博爱、怜悯、自我克制等社会德性密不可分，“对公共利益的趋向，和对促进社会和平、和谐和秩序的趋向，总是通过影响我们本性结构中的仁爱原则而使我们站在社会的德性一边”。[②] 促进社会利益的东西传达快乐，代表着善；损害社会利益的东西产生不安，代表着恶，善恶的第一个来源就是是否对社会有用，对社会有用即善，对社会有害即恶。

（二）对自己有用

我们赞成优良的品质而谴责恶劣的品质，因为好的品质有助于人的发展，对个人有用；恶劣的品质损害个人发展，对个人有害。懒散、粗心、固执、乖戾、莽撞、轻信都与性格相关，且是有害的品格。休谟还赞赏亚里士多德所提出的中道品格，并认为“这种适中主要是由效用所规定的。例如，办事时适当的迅速和快捷是可称许的。如果不足，要实现任何目的就总是没有进展；如果过度，则使我们陷入仓促而不协调的措施和事业中；通过这样的推理，我们就在所有关于道德和明智的研究中确立起一种适当的和可称许的中庸，而决不忽略掉任何性格或习惯所产生的好处”。[③] 休谟之所以称赞中道为德性，是因为适中能带来效用。幸福使人产生快乐，苦难使人产生不安，这似乎和我们的构造组织相关，但是一种美德虽然让所有人赞美，却未必能够使所有人行动，例如慷慨的人视同情为美德并乐于助人，吝啬的人也可以视同情为美德，但是“这种同情则超不出想象力的微弱的感受。这种微弱的感受仅仅

① 休谟．道德原则研究[M]．曾晓平，译．北京：商务印书馆，2001：81.
② 休谟．道德原则研究[M]．曾晓平，译．北京：商务印书馆，2001：82.
③ 休谟．道德原则研究[M]．曾晓平，译．北京：商务印书馆，2001：84.

有助于激起满足和责难的情感，和使这些情感把光荣和耻辱的名称运用于对象而已”,[①] 却不足以促进一件善行的产生。例如守财奴也会赞美别人的勤奋和省俭，将这二者放在其他德性之上，他知道它们产生的好处，但并不会拿出一个先令来让他所高度称赞的勤奋的人去发财。休谟说明，道德具有实践的特性，如果你仅知道某种行为是道德的，并且赞成这样一种道德，但却不将其付诸实践，那么仍然算不上一个有德性的人。休谟这个观点是对苏格拉底“美德即知识”的伦理学的批判。因此对我们有用的品质也不能仅仅停留在观念上，还应该付诸实践，才能够成为美德。休谟着重分析了几种对我们有用的品质：①审慎。“成就任何有用的事业所最必需的品质是审慎；通过审慎，我们保持与他人的安全的交往，给予我们自己的性格和他人的性格以适当的注意，权衡我们所肩负的各个因素，并采用最可靠和最安全的手段来达到任何目的或意图”。[②] 审慎是最必不可少的德性，获得成功靠审慎，避免致命的失败和挫折也是靠审慎，即使拥有最好的才华，如果缺少审慎的品格也会失败，正如希腊神话中的独眼巨人波吕斐摩斯因为不够审慎被奥德修斯弄瞎后，其巨大的力量和庞大的身躯只能使他更加暴露而已，使他不但不再具有强大的攻击力量，反而更容易被攻击。②权变。休谟认为，不能抽象地说某性格的优劣，而要根据具体情况分析，“最佳的性格，如果不毋宁说对人类本性是太完美的，其实就是不为任何情绪所动摇，而依照有用于所打算的特定目的而交替运用大胆进取和小心谨慎”。[③] 胡适所说的大胆假设、小心论证也是这个意思。费边小心谨慎，西庇奥大胆进取，他们的军事风格迥异，但都适合当时的军事状况。如果这些状况颠倒过来，那么曾经给他们带来胜利的性格则会导致失败，当然如果状况改变，他们也可能会改变性格，所以休谟说：“环境适合于其性情

① 休谟．道德原则研究[M]．曾晓平，译．北京：商务印书馆，2001：85.
② 休谟．道德原则研究[M]．曾晓平，译．北京：商务印书馆，2001：87.
③ 休谟．道德原则研究[M]．曾晓平，译．北京：商务印书馆，2001：88.

的人是幸运的，但是能够使其性情适合于任何环境的人则是更优秀的。”[①] 三思而后行通常是对的，但也要看当时的情境。在急需决断的情况下，优柔寡断必然是“当断不断反受其乱”，性格应该和情境结合起来才能够判定其优劣。③省俭。省俭的一极是贪婪，另一极是挥霍，省俭是介于它们之间的中间状态。放荡淫逸的挥霍在休谟看来是可恶的德性，通常有害于自己，挥霍无度的人常常使自己陷入生活的窘迫。当然休谟也反对省俭的另一极——贪婪，“贪婪由于既剥夺一个人对其财富的一切使用，又阻碍殷勤好客和每一种社交性的享受，出于双重的理由正当地受到责难”。[②] 按照休谟的这个解释，“贪婪”应该用“吝啬”一词更为准确。休谟已经敏锐地意识到，人类进入资本主义社会后，随着生产力的大幅提高，消费的作用日趋明显，消费有助于产品的售出从而促进生产，消费对于自己或客人都是合理的享受，所以休谟也反对吝啬的人，对自己和他人分文不出，把钱袋握得紧紧的。这样做对社会的经济发展不利，对个人和朋友的生活享受也不利。④诚实、忠实、真实。这些品质对个人也是有益的，是使人们在生活中受到尊敬和信赖的品质。这些是心灵的力量，使人们有能力抵御当前的舒适和快乐的诱惑，推动人们追求更长远的利益和享受。没有这些品性，我们可能会优先选择一种微不足道的享受，留下永远的羞惭和悔恨。一个人不为自己眼前的快乐的魅力所诱惑，也不为眼前痛苦的威胁所恫吓，而是着眼于确保自己幸福和荣誉的那些长远追求上。以上三“实”非常重要，林肯当年跑了很远的路将顾客落在商店的东西送还，正是这种诚实的品性使他成为总统和美国历史上伟大的政治家。总结起来，休谟说：“且不论审慎、小心谨慎、大胆进取、勤奋、刻苦、省俭、节约、理智健全、明智、明辨，我是说，且不论单单其名称就直接表明其价值的这些禀赋，还有许多其他禀赋，它们甚至是最坚决的怀疑主义者任何时候都不

---

① 休谟．道德原则研究[M]．曾晓平，译．北京：商务印书馆，2001：88.

② 休谟．道德原则研究[M]．曾晓平，译．北京：商务印书馆，2001：88.

能拒绝予以称赞和赞许的。自我克制、冷静、忍耐、坚贞、坚毅、深谋远虑、周密、保守秘密、有条理、善解人意、殷勤、镇定、思维敏捷、表达灵巧，这些以及成千上万的此类德性，没有人会否认是卓越的品质和优点。”[①] 休谟认为，这些价值具有为德性拥有者个人服务的趋向，也就是说“对我们自己有用的品质”，而不纯粹是为公共和社会的价值主张。

身体禀赋也是对自己有用的重要品质。身体的美在有些方面类似于心灵的美，例如动物美的源泉在于因自身肢体和器官的特定结构而获得的好处。马宽阔的后背、精瘦的腰腹、坚实的关节、矫健的四肢，“所有这些在人类中是美的，因为它们是力量和活力的标志。效用及其对立面的观念，尽管它们并不完全规定什么是漂亮或丑陋，却显然是相当大一部分赞许或厌恶的源泉”。[②] 在古代科技不发达的情况下，身体的力量和灵巧性在战争中有着更大的用途，古希腊的许多英雄传说是专门赋予大力士的。在中国，像项羽和岳云这样历史上的大力士和《隋唐演义》中塑造的李元霸这样的大力士也一直为人们所敬仰。当然，随着科学的发展，大力士在现代器械面前简直是不值一提。男人的性无能和女人的不育也都因为无“效用”而成为受人嘲笑的品性，虽然这种嘲讽也是不对的。

财富和权力也是受人尊敬的品性，对财富和权力的尊重来源于繁荣、幸福、舒适、富足、权威以及各种欲望的满足等。财富仅仅作为满足我们现在或某一未来时期的欲望时，它们才受人尊敬，“这其实正是它们的本性或本质；它们与生活的满足、便利和快乐直接地关联着”。[③] 财富的受尊敬品性正在于有用。例如，在通常的情况下，一碗黄金比一碗饭更有用，能使拥有者得到更多的东西，拥有一碗黄金比拥有一碗饭

---

① 休谟．道德原则研究[M]．曾晓平，译．北京：商务印书馆，2001：94.
② 休谟．道德原则研究[M]．曾晓平，译．北京：商务印书馆，2001：99.
③ 休谟．道德原则研究[M]．曾晓平，译．北京：商务印书馆，2001：99.

更受人尊敬。但是假如一群人流落到荒岛上，一碗饭可能比一碗黄金更有用，一个拥有一碗饭的人可能比拥有一碗黄金的人更受人尊敬，效用和尊敬是结合具体情况而定的。富贵的东西令人尊敬，如惬意的住房、雅致的陈设、周到的服务以及饮食或穿着；贫贱的东西会刺激人们的鉴赏力，如肮脏的家具、褴褛的衣衫、倒胃口的食物和败胃的烈酒等。

（三）令自己愉快

我们和呆板、抑郁的人在一起会消沉，和幽默、活泼的人在一起会快乐，因为幽默、活泼等就是使人愉快的品质，这些令人愉快的品质的光芒照耀着交际圈，将人们的满脸愁云驱散，甚至抑郁的人也喜欢欢乐的人。休谟的道德观是建立在知觉之上的，所谓令自己愉快的德性也就体现在知觉上，“我们可以知觉到还有另一系列的心理品质，它们毋需有对社会或对它们的拥有者自身的任何效用或任何更大利益取向，就给予旁观者以一种满足，并赢得他们的友谊和尊重”。[①] 和性情抑郁的人相比，一个性情开朗的人更能激发我们的活力，使我们获得更多的愉悦和享受，所以开朗的性格是受到赞许的，而抑郁的性格是受到谴责的。休谟认为，卡西乌斯的性格是令人不快的：“他从不喜欢娱乐，正如你安东尼；他从不听音乐；他偶尔露出微笑，笑容却又那般仿佛在嘲笑自己，嘲弄自己那可以驱动来讥笑一切的心灵。”[②] 这种性格是阴暗的，被恺撒认为是危险的，因为他们自己是不快的，纵使偶尔有些欢乐，也不能感染他人，因为他们的微笑仿佛在嘲笑自己，非常勉强和不自然。

对情感的升华、对奴役的轻蔑以及高贵的骄傲，都是令人震撼和称赞的品性。美狄亚危难时面对“以什么来支持她面对为数众多的死敌”的问话，只简单地说：“我是说就我自己，我自己足矣。”显示出令人崇敬的自信。高贵的伏西翁在行刑时，对身旁哀叹命运不济的难友说：

① 休谟．道德原则研究[M]．曾晓平，译．北京：商务印书馆，2001：101.
② 休谟．道德原则研究[M]．曾晓平，译．北京：商务印书馆，2001：102.

“你同伏西翁一道死，这难道不是你莫大的荣耀吗?” 休谟认为上述两人都有受人尊敬的高贵气质，张扬了人的尊严，与之相对应，缺少气概和尊严之举就是恶行。“这种恶行构成我们恰当地称谓的卑贱，例如一个人为了达到自己的目的而可忍受最低贱的奴役，巴结那些凌辱他的人，和亲近那些不值得交往的低贱之辈而降低自己。一定程度的慷慨的骄傲或自重是如此不可缺少，以致心灵中没有它就使人感到不快，其情形正如同脸上没有鼻子、眼睛，或任何最关键的部分，或身体没有任何最关键的肢体一样”。[①] 人的高贵和尊严当然也是令人肃然起敬的品格。中国的孔子也说过“三军可夺帅也，匹夫不可夺志也”，孟子所言的“富贵不能淫，贫贱不能移，威武不能屈”，中国人常说的“士可杀不可辱”“人不可有傲气，但不可无傲骨”等，都说明人格尊严是伟大的品性。

勇敢是一种伟大的德性，对拥有者具有巨大效用，但是休谟也反对在这个问题上极端化。例如西徐亚人把敌人剥剐之后将他们的皮肤当作皮革一样穿戴，或当作手巾使用，手巾越多者越受尊重。休谟对此批评道，“对战争的英勇的过分崇尚毁灭了人道的情感，这一肯定更有用和更魅人的德性”。[②] 勇敢一旦变成凶残暴戾就不是一种伟大的德性了，勇敢是尚未经验到仁爱和正义的未开化的民族最优秀和最受钦佩的品质，但在文明的社会，勇敢不能与正义、良知、礼节等最根本的德性相违背，所以孔子说：“恭而无礼则劳，慎而无礼则葸，勇而无礼则乱，直而无礼则绞。”（《论语·泰伯》）勇敢就是敢于做一件正确的事，而不是敢于做一件邪恶的事。当一个人以做邪恶的事为勇敢时，那必然成为社会的动乱之源，如战争狂人敢于发动战争、独裁者敢于向手无寸铁的人民开枪、强盗敢于在光天化日之下抢劫无辜者，就不能算作令人敬佩的“勇敢品质”，而是为人所不齿的邪恶品质，带给人的不是效用和愉快。

---

① 休谟．道德原则研究[M]．曾晓平，译．北京：商务印书馆，2001：105.

② 休谟．道德原则研究[M]．曾晓平，译．北京：商务印书馆，2001：107.

和勇敢相媲美的德性是超然，也就是“那种超越于痛苦、悲伤、焦虑以及命运的各种打击之上，不受干扰的哲学的宁静”。[①] 哲学家超然于人生之偶然，稳坐智慧圣殿之悠然，俯视凡夫俗子们追逐荣誉、权势、财富、名望之必然，内心之高贵足以弥补外在之贫贱，因而处之坦然，就像孔子称赞颜回“贤哉，回也！一箪食，一瓢饮，在陋巷，人不堪其忧，回也不改其乐”（《论语·雍也》）。当然，休谟也认识到这种超然之心态只有哲学家能做到，大部分人做不到，因而不适合人类的本性，这种宁静只是恢宏大度的一个分支。但是，这种淡泊明志宁静致远的超然心态确实显示出伟大的心灵。如苏格拉底和艾尔比泰德坦然面对贫困，轻视财富而渴望自由。还有仁爱、仁慈、秩序、安定等价值，都能给拥有者以快乐。

（四）令他人愉快

正如正义在维护社会中相互冲突的利益和自爱的对立具有重要意义，礼貌对于维护交际中人们的骄傲和自负所引起的矛盾也具有重要意义，有利于心灵的交流和不受干扰的交往和谈话。“在素有教养的人中，相互的敬重装做出来，对别人的轻蔑掩饰起来，权威含而不露，注意力轮流给予每一个人，谈话保持流畅自如，没有激动、没有打断，没有对胜利的渴望，没有高人一等的神情”。[②] 上述这些对他人的注意和尊重就是很好的礼节，即使不从效用来考虑也能够直接令他人感到愉快。礼节的形式多样，但内容都是对对方的尊重。在西班牙，主人先走出房屋，以示一切由客人做主；很多国家是主人最后走出房屋，以示客人为先；主人无论是先出屋还是后出屋，这种礼节都是对客人的尊敬。

机趣就是一种直接令他人感到愉快，一出现就传达给每个对它有感

---

① 休谟．道德原则研究[M]．曾晓平，译．北京：商务印书馆，2001：108.

② 休谟．道德原则研究[M]．曾晓平，译．北京：商务印书馆，2001：114.

受的人的强烈的欢乐和满足，幽默、活泼、机敏、灵活、轻松等应该是机趣的具体表现。当然休谟也看到，礼貌机趣在那些把大部分时间花在谈话、访问和聚会的国家是受到高度评价的品质，例如法国，对于陌生人的第一印象是他讲礼貌或有机趣吗？而对于那些以家庭生活为主，不论工作或娱乐都停留在狭窄的熟人圈子的国家，稳重敦厚的品质更受推崇，例如英国，受人称赞的首要品性是通情达理。

饶舌会剥夺其他人讲话的机会，是一种不大好的品性。无害的谎言使人快乐并被容忍，一旦被理解为真实的对立面就会招人指责；但若放在幽默的故事中，真实性就无关紧要，只会使人感到有趣和愉快。雄辩被用于精神玄奥的主题时，具有排山倒海的说服力量，是一种稀缺而又高贵的品性。

谦逊是与轻率和傲慢相对应的品性，对自己的评判表示谨慎，给他人以适当的注意，一个谦逊的人会避免过分表现自己而去关注他人的表现，对于年轻人，谦虚能使其在取得成就后依然保持进取心从而理智处事；而对于旁观者，谄媚一个人的虚荣心，看起来是对他恭顺，实际上是向他展示他说得很好、很重要，因此也具有魅力。而且，一个人更倾向于高估而不是低估自己，因此习俗为日常社会定下这样的规矩：“人们不应当放纵自己的自我称赞，甚或不应当过分谈论自己；只有在亲密的朋友或男子汉大丈夫之间，一个人才容许公正地看待自己。”① 例如，著名的军事家莫里斯在回答他尊崇谁为当代第一位将军时说：“斯比诺拉侯爵是第二位。”这种回答所蕴含的自我称赞较之于直白地说“我莫里斯是第一位的”更多，但是莫里斯是男子汉大丈夫，他这种自豪的回答并不会像一般的傲慢那样引起他人的反感。尽管人们有对于谦逊的偏向，但并不排除高贵的骄傲和气概在一个人不论遭受何种中伤和压迫时都可以公开地、充分地显露出来。例如苏格拉底在雅典法庭上面对法

① 休谟．道德原则研究[M]．曾晓平，译．北京：商务印书馆，2001：117.

官的指控，显示出的高贵气概：“一种基础稳固、掩饰得体、勇敢地承受着痛苦和中伤的慷慨的气概和自重是一种伟大而卓越的品质，其价值似乎导源于其情感的高贵的升华。”①

对名誉的欲求也是值得肯定的，甚至对琐事给予社会所期望的关注，在社交场所比在自己家中更注重衣着的高雅和谈吐的儒雅，这样更令人愉快，一副邋遢的样子且言语粗鲁，必然致人反感。例如，公共场所不能穿拖鞋、背心，和人谈话不可有骂人的口头禅，这两种情况都可能导致交际不欢而散。

正派——对年龄、性别、性格和世俗地位的一种适当的尊重，也是一种令人愉快的品质。娇弱对于男人、粗鲁对于女人，都相悖于他们的性格，都是丑的，不是我们所期望的品性。娇弱放在男人身上、粗鲁放在女人身上都显得很不协调。男人应该豪放，女人则应该含蓄，因性别不同，性格应该是各得其宜、各得其所。清洁也是令人愉快的品性，这个品性并没有男女之别，当然对女人的要求可能比男人更高。

上述令人愉快的品性能够说得清楚，对其起源也可以做出明晰的解释，有一定的量化或标准，也即上述是可以言说的令人愉快的品质，还有不可言说的令人愉快的品质。“某种神秘的和不可解释的东西，它传达给旁观者一种直接的满足，但是对于其作用方式、根源，或理由，旁观者不能妄谓可以规定。有一种风度、一种优雅、一种自在、一种从容、一种我不知其为何物的东西，一些人超越于他人之上而拥有着它，他非常不同于外在的美和秀丽，而是几乎陡然地和有力地抓住我们的感情”。② 品性应该说是高贵的气质和风度，能够震撼人心却不能用语言描述，但也是重要的。

休谟总结说：“个人价值完全在于拥有一些对自己或对他人有用的

① 休谟．道德原则研究[M]．曾晓平，译．北京：商务印书馆，2001：118.

② 休谟．道德原则研究[M]．曾晓平，译．北京：商务印书馆，2001：120.

或令自己或他人愉快的心理品质。”[①] 一切有用的或令人愉快的事情必定拥有这些与自己或他人有关的性质，是我们谴责或赞扬一种行为的依据。休谟总结了一个值得成为女婿的名叫克利安提斯的人的良好品性：①拥有对他人有用的品质，体面而又仁厚，公平和友好地对待每一个与之交往的人；②拥有对自己有用的品质，学习法律刻苦用功，对人和事都具有敏锐的洞察力和超前的认知；③拥有直接令人愉快的品质，在交际圈里，他能主导谈话，机趣而优雅、殷勤而不做作；④拥有直接令自己愉快的品质，志存高远而又淡泊明志，处变而不惊，大度而从容，天生的精神贵族。这四种品质结合在克利安提斯身上，构成一个完美的形象。上述四种品质是个人价值的一部分，在它们之外的其他品质如“独身、斋戒、苦行、禁欲、克己、谦卑、沉默、孤独以及整套僧侣式的德性”，不能使人获得快乐，也无助于提高人的价值，都是没有用处的品性，受到休谟的批判。

第二节　休谟的经济伦理思想

一、特点：将经济伦理思想的研究建立在人性上

休谟也有伦理学专著《道德原则研究》和一些经济论文，但使休谟成为思想巨擘的是《人性论》。正是在这部巨著里，休谟不像他的继承者斯密那样，基于研究对象不同而建立了伦理学和经济学不同的逻辑起点，休谟将经济伦理建立在同一个逻辑起点上——人性。按照通识的理解，人性仅关涉善恶的道德能力，而休谟的人性还关涉知性和情感，是道德能力、意志能力、认知能力三者的统一，如此宽泛地理解人性，伦理学和经济学就具有交叉点，经济伦理思想就具有融贯性。休谟认为

① 也就是前文分析的四种品质。

关于人的科学是其他科学的唯一基础，人性本身是“这些科学的首都和心脏”①，当然休谟也认识到各门科学与人性的关系也有所不同，数学、自然哲学和自然宗教“这些科学是在人类的认识范围之内”②，而经济学则在“那些和人性有更密切关系的其他科学中”③，经济学不仅关乎人的认识能力，也关乎人的道德能力。休谟对经济伦理的研究就放在《人性论》第三卷《道德学》中。

作为一个彻底的经验主义者，休谟强调人的科学“必须建立在经验和观察之上”④，而反对在此之前的两种人性假设：一是诗人虚构的“黄金时代”，物质极大丰富和人心极大善良，“财产、责任、公正和不公正这些概念也随之抛到九霄云外去了”⑤；二是哲人设想的“自然状态”，物质极大匮乏和人心极大邪恶，“一切人反对一切人的不断战争，是人类自私和野蛮的本性未受约束的必然后果”⑥。休谟认为这两种假设对于人性的认识都是不适当的，“这样一种人性状态是否总是存在，假若它确已存在，能否延续相当长一段时期以致可以称之为一种状态，这是完全值得怀疑的”。⑦ 在这两种极丰富或极匮乏的经济状态下，伦理规范和法则也就不存在了，人们都不受法律的约束，就此而言，二者“是一回事”⑧。但是休谟从经验主义立场出发，认为人的本性是趋利避害，追求幸福，“人类的幸福乃是这一切法则和规章的唯一目的。为了社会的安定和利益，不仅必须划分人们的财物，而且划分财物时我们所遵循的一切法则还应制定得尽可能完善，从而进一步促进社会利益”。⑨

---

① 休谟．人性论(上册)[M]．关文运，译．北京：商务印书馆，1980：7.
② 休谟．人性论(上册)[M]．关文运，译．北京：商务印书馆，1980：6.
③ 休谟．人性论(上册)[M]．关文运，译．北京：商务印书馆，1980：7.
④ 休谟．人性论(上册)[M]．关文运，译．北京：商务印书馆，1980：8.
⑤ 休谟．休谟政治论文选[M]．张若衡，译．北京：商务印书馆，1993：177.
⑥ 休谟．休谟政治论文选[M]．张若衡，译．北京：商务印书馆，1993：177.
⑦ 休谟．休谟政治论文选[M]．张若衡，译．北京：商务印书馆，1993：177－178.
⑧ 休谟．休谟政治论文选[M]．张若衡，译．北京：商务印书馆，1993：177.
⑨ 休谟．休谟政治论文选[M]．张若衡，译．北京：商务印书馆，1993：180.

在此，休谟将经济和伦理连为一体，显示出理论的融贯性。

休谟的道德哲学是对西方传统道德哲学的颠覆，因为他将道德建立在知觉而非理性之上。休谟说：“心灵中除了它的知觉以外，永远没有任何东西存在；视、听、判断、爱、恨、思想等一切活动都归在知觉的名称之下……知觉这个名词就可以同样地应用于我们借以区别道德善恶的那些判断上。”[①] 休谟将知觉分为印象和观念两种，那么这两种之中用哪一种来区别善恶呢？西方传统的道德观就是把道德看作理性的产物，观念区别善恶，古希腊哲学家苏格拉底有句名言，即德性就是知识，提出“无人有意作恶”这一断言，“没有人会明知而去做与善相反的事，除非不知，那么就完全不存在不能自制的情形”。[②] 道德符合理性，和真理一样，“只是借着一些观念并借着一些观念的并列和比较被认识的”。[③] 这种道德观受到休谟的强烈批判。休谟认为，理性的作用在于发现真或伪，真或伪在于对观念的实在关系以及它是否符合事实，“凡不能有这种符合或不符合关系的东西，也都不能成为真的或伪的，并且永不能成为我们理性的对象”。[④] 道德情感不存在这种符合或不符合的关系，理性或科学只是观念的比较和观念的发现。善恶则是不同的性质，不是由观念而是由印象区别的，道德是情感的对象而非理性的对象，“恶和德可以比作声音、颜色、冷和热，依照近代哲学来说，这些都不是对象的性质，而是心中的知觉；道德学中这个发现正如物理学中那个发现一样，应当认为是思辨科学方面的一个重大进步，虽然这种发现也和那种发现一样对于实践都简直没有什么影响。对我们最为真实，而又使我们最为关心的，就是我们的快乐和不快的情绪；这些情绪如果是赞成德而不赞成恶的，那么在指导我们的行为和行动方面来说，就不

① 休谟．人性论(下册)[M]．关文运，译．北京：商务印书馆，1980：496.
② 亚里士多德．尼各马可伦理学[M]．廖申白，译．北京：商务印书馆，2003：194.
③ 休谟．人性论(下册)[M]．关文运，译．北京：商务印书馆，1980：496.
④ 休谟．人性论(下册)[M]．关文运，译．北京：商务印书馆，1980：498.

再需要其他条件了”。[①] 这个发现就是著名的休谟问题。休谟认为道德体系的命题不再是通常的“是”与“不是”等联系，而是由“应该”或“不应该”联系起来的，德或恶不是单纯地由理性发现，或者由观念的比较所发现，我们是借着它们所引起的某种印象或情绪来区别它们的。道德可以说是由印象被人感觉到的，而不是由观念被人判断出来的，“由德发生的印象是令人愉快的，而由恶发生的印象是令人不快的”。[②] 高贵和慷慨的行为是美好的，而残忍奸恶的行为令人厌恶，经济行为的明智选择就是与道德相符合。

二、重要观点：以三条正义规则为核心铸造产权理论

经济和伦理之所以可以结合并产生正义规则，是由利益决定的，确立正义法则的乃是对自己利益和公共利益的关切。休谟认为，自然赋予人类无数的欲望，却给它薄弱的能力，既不如狮子雄壮，又不像牛羊那样容易取得食物，就本能而言，人的生存能力还赶不上动物。所以人只有依靠社会，才可以弥补自身缺陷，和其他动物势均力敌甚至取得优势，人类的福利主要来自社会。人类的福利有三种：一是我们内心的满意；二是我们身体外在的优点；三是我们凭劳动和幸运而获得的物质享受。第一种是绝对安全的；第二种一般情况下也是安全的，虽然他人可以从我们身上夺取它，但却不会从中受益，也不值得这样做；第三种不仅可以被他人暴力夺取，而且在转移中没有损失和变化，因此可以给夺取者带来利益，而财物相对匮乏，并不能满足每个人的欲望和需求。因此，“正如这些财物的增益是社会的主要有利条件一样，它们的占有的不稳定和它们的稀少却是主要的障碍所在”。[③] 休谟特别强调：“我们不可能希望在未受教化的自然状态中给这种不利条件找到一种补救方法；

---

① 休谟．人性论(下册)[M]．关文运,译．北京:商务印书馆,1980:509.
② 休谟．人性论(下册)[M]．关文运,译．北京:商务印书馆,1980:510.
③ 休谟．人性论(下册)[M]．关文运,译．北京:商务印书馆,1980:528.

我们也不能希望，人类心灵中有任何一个自然的原则，能够控制那些偏私的感情，并使我们克服由我们的外在条件所发生的那些诱惑。”① 补救的方法不是由“自然”而得来，而是“人为”措施保证的，也就是由全体社会成员缔结协议用来稳定对那些外物的占有，保证每个人安享凭幸运和勤劳得来的财物。人们对财物不仅有安全感，而且其情感的偏私和矛盾的活动方面也受到约束。

正义就起源于人类的协议，用以补救人类心灵的某些性质——自私和有限的慷慨，和外界对象的情况——稀少和容易转移，二者结合起来所产生的不便。对于前者，休谟认为，如果人们极度慈爱和善良，只追求公益，就不会想到用规则来相互约束；反之，如果人类极度邪恶和贪婪，只追求私利，就会横冲直撞地陷入非义和暴行，也无需正义规则了。一言以蔽之，人没有私心或过于自私，都不会产生正义规则。休谟批判了占支配地位的性恶论，“自私这个性质被渲染得太过火了，而且有些哲学家们所乐于尽情描写的人类的自私，就像我们在童话和小说中所遇到的任何有关妖怪的记载一样荒诞不经，与自然离得太远了”。② 对于后者，休谟认为，当所有东西多到足以满足人类的一切欲望时，财产的区别便消失了，如空气就充足到无需人们宣布对它的所有权，自然的恩赐到了足够的程度也可以使正义归于无用。我们想要的多却得到的少，这才刺激自私，“为了限制这种自私，人类才被迫把自己和社会分开，把他们自己的和他人的财物加以区别”。③ 完成这种区别的是正义规则，正义规则是人为的而非自然的。

按照上述分析，“正义只是起源于人的自私和有限的慷慨，以及自然为满足人类需要所准备的稀少供应”。④如果物质极大丰富，人们想要什么就有什么，人们的经济行为确实无需伦理规范的约束，你拿取任何

① 休谟. 人性论(下册)[M]. 关文运,译. 北京:商务印书馆,1980:528.
② 休谟. 人性论(下册)[M]. 关文运,译. 北京:商务印书馆,1980:527.
③ 休谟. 人性论(下册)[M]. 关文运,译. 北京:商务印书馆,1980:535.
④ 休谟. 人性论(下册)[M]. 关文运,译. 北京:商务印书馆,1980:536.

东西都不会损害他人和社会的利益，不存在也不违背“你不该如何”的伦理规范；如果人们极度善良，都能够公而忘私、舍己为人，就不会和他人有经济上的纠纷，也就无需法律来规范了。有一种较有影响的观点认为，西方的法治建立在“人性恶”的判断上，中国的“德治”建立在“人性善”的判断上，这种观点是经不起推敲的。首先，在儒家思想中，孟子主张性善，荀子主张性恶，孔子则提出“性相近，习相远”，不能把孟子的思想作为代表性思想。再者，说法律产生于人性恶也是武断的，人性的“至善”不会产生法律，这一点容易理解，人性的“至恶”也不会产生法律，这一点常被人忽视，休谟则敏锐地观察到并明确地提出了这一点。绞刑架不能使强盗止步收手，如果人性只是胆大包天、杀人不眨眼的邪恶，法律也是没有用的，也不会得到遵守。人性是善恶相交的，并非至善或至恶，休谟所说的“人的自私”固然不是利他之善，但也并非损他之恶。慷慨当然是善，毕竟是有限的，这一判断对人性是准确的，这样的人性对法律提出了要求。所以休谟既非性善论者，又非性恶论者，“公道或正义的规则完全依赖于人们所处的特定的状态和状况，它们的起源和实存归因于对它们的严格规范的遵守给公共所带来的那种效用。在任何值得考虑的环境下，倒换一下人们的状况如：生产或者极端丰足或者极端必需，根植于人类胸怀中的或者是完全的温良和人道，或者是完全的贪婪和恶毒，即通过使正义变成完全无用的，则你们由此就完全摧毁它的本质，终止它所加于人类的责任”。① 由于资源稀缺，供应少于需求，这一方面刺激了人的自私，另一方面又要求人们通过交往互通有无，“利己心才是正义法则的真正根源；而一个人的利己心和其他人的利己心既是自然地相反的，所以这些各自的计较利害的情感就不得不调整得符合于某种行为体系”。② 这种行为体系就是法律规则，它通过限制人们私欲的膨胀和贪婪，来保证人

① 休谟．道德原则研究[M]．曾晓平，译．北京：商务印书馆，2001：39.

② 休谟．人性论（下册）[M]．关文运，译．北京：商务印书馆，1980：569.

们自私的实现，因为人一旦实现自私，就要免受他人的不当侵害，如抢劫、偷盗、欺诈等，法律规则保证每个人安享凭幸运和勤劳所获得的财物。因此，正义感不是建立在观念上而是印象上，这种印象不是人类心灵自然就有的，而是来自人为的措施和协议。例如，休谟认为，空气和水极大丰富，所以不存在以空气和水作为财产的正义法则，但是随着社会的发展，优质的水和空气对于人类不再丰富而变得稀缺，所以人类逐渐制订了关于水和空气的使用和保护的协议。正义规则必然是人为的，是为人类利益而制订的，正义的约束力产生了利益，“他们最初只是由于利益的考虑，才一般地并在每个特殊例子下被诱导了以这些规则加于自己的身上，并加以遵守；而且在社会最初成立的时候，这个动机也是足够地强有力的”。[①] 从利益出发，“我们把德的观念附于正义，把恶的观念附于非义”。[②] 非义的行为损害我们的利益，使我们不快，纵使不直接损害我们的利益，但它是危害人类的，仍然使我们不高兴。“人类行为中令人不快的每样事情都被称为恶，而凡产生快乐的任何事情同样也被称为德；所以道德的善恶的感觉就随着正义和非义而发生”。[③] 为了保护人们正当的私利建立了正义规则，遵守正义规则对公益是有利的，人们普遍都有对公益的同情心，因此，遵守正义规则引起道德赞许，破坏正义规则引起道德谴责，公众的毁誉激起了我们的道德感和对正义的尊重。除舆论的引导外，休谟非常重视教育对道德荣誉感的培养，“父母们既然容易观察到，一个人越是正直和高尚，他就越是对自己和他人有利，而且他们也观察到，当习惯和教育对利益和反省加以协助的时候，那些原则便越有力量：由于这些理由，他们就乐于从他们的子女的最初婴儿时起，把正直的原则教导他们，教导他们把维持社会的那些规则的遵守看成是有价值的、光荣的，而把那些规则的破坏看成是

① 休谟．人性论（下册）［M］．关文运，译．北京：商务印书馆，1980：539.
② 休谟．人性论（下册）［M］．关文运，译．北京：商务印书馆，1980：539.
③ 休谟．人性论（下册）［M］．关文运，译．北京：商务印书馆，1980：540.

卑鄙的、丑恶的”。[①] 休谟称赞“荣誉感”是人性中的重要原则，我们关切自己的名誉，“而我们的名誉在最大程度上决定于我们对他人财产的行为”。[②] 如果破坏正义规则来取得他人财产，如抢劫、偷盗、诈骗，那无疑会使自己声名狼藉；反之，君子爱财，取之有道，利以义取，中国人津津乐道的“志士不饮盗泉之水，廉者不受嗟来之食”也正是对荣誉的珍惜。荣誉感之存在和发生作用，是休谟人性论的必然逻辑，也是对西方传统的性恶论的有力批判，因为一个极恶的人是不会顾及荣誉感的，就像路易十五所言：“在我死后，哪管它洪水滔天。”他不怕留给后人的恶魔形象被咒骂。荣誉感的存在，使人们主动遵守法律规则，“顾到自己的品格，或想与他人和好相处的人们，都必须给自己立一条不可违犯的法则，即不受任何诱惑的驱使，去违犯一个正直而高尚的人所必须具备的那些原则”。[③] 人具有“有限的慷慨”，有善良的一面，所以具有荣誉感，视遵守规则为荣，以违背规则为耻，荣誉感使人们对规则的遵守具有主动性、自觉性，这也就使经济伦理成为可能。可见，休谟的正义概念是伦理原则和经济原则的有机统一，“人的自私和有限的慷慨”也是有机的统一，利己和利他也是有机统一的，斯密的问题在休谟那里是不存在的。

休谟认为正义是人为之德，它和人类社会的产生相伴而行，没有它就不会有人类社会：“人类虽然可以维持一个没有政府的小规模的不开化的社会，可是他们如果没有正义，如果不遵守关于稳定财物占有、根据同意转让所有物和履行许诺的那三条基本法则，他们便不可能维持任何一种社会。因此，这三条法则是在政府成立以前就已存在，并被假设为在人们还根本没有想到对民政长官应该有忠顺的义务之前，就给人们加上了一种义务。”[④]前两条法则属于人类对经济的认识能力，第三条则

---

① 休谟．人性论(下册)[M]．关文运,译．北京:商务印书馆,1980:541.
② 休谟．人性论(下册)[M]．关文运,译．北京:商务印书馆,1980:541.
③ 休谟．人性论(下册)[M]．关文运,译．北京:商务印书馆,1980:541.
④ 休谟．人性论(下册)[M]．关文运,译．北京:商务印书馆,1980:581－582.

属于人类对经济的道德能力。遵循许诺是符合伦理的，同时“许诺是以社会的需要和利益为基础的人类的发明”。[①] 在休谟看来，由于天性的自私或有限的慷慨，人们不容易被诱导为陌生人的利益做出任何行为，除非他们想得到某种交互的利益，而且这种利益只有在自己做出有利于别人的行为后才有希望得到。但是，由于这种交互行为并非同时进行，一方处于不确定状态，冒着极大的风险，如果一方因此而取消了交往，那对经济是不利的。这三条法则层级推进，缺一不可，“关于稳定财物占有的那条自然法的发明，已使人们彼此可以相安，而通过同意转移财产和所有物的那条自然法也开始使人们互相受益；不过这些自然法不论怎样被严格地遵守，仍不足以使他们互相服务，如他们可以天然变得那样”。[②] 遵循承诺才能实现人与人之间的相互服务和取得利益，才能维持人与人之间的正常交往。一个人服务于另一个人并非出于“真正的好意”，而是期望得到同样的另一次服务，这是一种自私的交往或称作计较利害的交往，休谟认为这种交往在社会中占主导地位。当然还有一种慷慨和高尚的交往，不以得到任何利益为出发点，但这种交往是较少的。许诺是针对计较利害的交往，人们给这种交往“发明了某种语言形式，借以束缚自己去实践任何某种行为”。[③] 一旦许诺就要下决心去履行，失约将会受到不被信任的处罚，“许诺是人们的协议，协议创造出了新的动机来，因为经验教导我们，如果我们制定一些符号或标志，借以互相担保我们在任何特殊事情中的行为，那么人事的进行将会调整得对彼此都有利益”。[④] 履行许诺，不仅是道德义务的要求，也是利益的要求，利益和道德构成了正义和非正义的两个不同基础。“利益所以成为这个基础，是因为人们看到，如果不以某些规则约束自己，就不可能在社会中生活；道德所以成为这个基础，则是因为当人们一旦看

① 休谟．人性论（下册）［M］．关文运，译．北京：商务印书馆，1980：559.
② 休谟．人性论（下册）［M］．关文运，译．北京：商务印书馆，1980：560.
③ 休谟．人性论（下册）［M］．关文运，译．北京：商务印书馆，1980：562.
④ 休谟．人性论（下册）［M］．关文运，译．北京：商务印书馆，1980：562.

出这种利益以后，他们一看到有助于社会的安宁的那些行动，就感到快乐，一看到有害于社会的安宁的那些行动，就感到不快”。[①] 从利益出发，履行承诺作为正义的三法则之一是人为的，而一旦利益建立起来并被公认，“则对于这些规则的遵守自然地并自动地发生了一种道德感”。[②] 这样，休谟基于“自私和有限的慷慨”的人性判断和资源稀缺的经济状况判断，将利益和道德融于正义的三法则中，保持了其经济伦理的融贯性，这是休谟经济伦理学的鲜明特色。

休谟的经济伦理学既是对经济发展规律的揭示，也是对人性的揭示和伦理的呼唤。“经济人”在追求利益的同时，必须接受伦理道德约束，缺乏这种约束，那种计较利害的交往就难以为继，人们不能相互服务于对方，也就不能获得利益，“经济人”就成为虚幻。“经济人”道德能力越强，越能促进那种计较利害的交往，越能在彼此间提供最好最多最及时的服务，越能获得利益，“经济人”才是实至名归。就此而言，市场经济绝不是反道德的，而是强烈呼唤道德的，市场经济必是道德经济，符合道德的经济才具有正当性、持久性和发展性。人们越来越认识到，经济越发展，道德也越来越成为重要的资源，它比自然资源和知识资源更为重要。它建立了人际交往的信用纽带，减少了交易成本，加快交易速度，同时减少了经济监控的成本，带来更高的经济效率和更多的经济利益，道德诚信度和经济发达程度应该是成正比的。这就启示我们，经济建设不能忽视道德建设，道德的沉沦必然导致经济的病态，健全的经济制度就是使“遵守正义成为某些特定的人的直接利益，而违反正义成为他们的辽远利益”。[③] 符合道德和取得利益融为一体，才是经济的健康发展之道。

---

① 休谟．人性论（下册）[M]．关文运，译．北京：商务印书馆，1980：574.
② 休谟．人性论（下册）[M]．关文运，译．北京：商务印书馆，1980：562.
③ 休谟．人性论（下册）[M]．关文运，译．北京：商务印书馆，1980：577－578.

第三节　休谟的伦理思想与经济伦理思想的区别与联系

休谟将“德”分为自然的德和人为的德，自然的德是其伦理思想，人为的德是其经济伦理思想，二者都是“德”的组成部分，都来自“印象”而不是观念，都是对利益的情感，但二者仍有很大的不同。

一、自然的德

和“人为的德”相对应，“自然的德”不是依靠人为措施而是由自然情感产生出来的。休谟把道德的区别建立在苦乐感上，任何事情，引起我们愉快的就是善良的，引起我们不快的就是丑恶的，愉快是令人喜爱的，不快是令人痛恨的。所以，“凡引起爱或骄傲的任何心理性质是善良的，而凡引起恨或谦卑的性质是恶劣的”。[①] 心理性质是自然的德的真正根源，它与人为的德是相区别的。

（一）自然的德的起源：同情原则

“同情”是伦理学的一个重要概念，孔子所言的“推己及人”，孟子所言的“恻隐之心”和“君子远庖厨”，实际上都是建立在同情心之上的。休谟也很重视同情，“人性中任何性质在它的本身和它的结果两方面都最为引人注目的就是，我们所有的同情别人的那种倾向，这种倾向使我们经过传达而接受他们的心理倾向和情绪，不论这些心理倾向和情绪同我们是怎样的不同，或者甚至相反”，[②] “一切人的心灵在其感觉和作用方面都是类似的。凡能激动一个人的任何感情，也总是别人在某种程度内所能感到的”。[③] 正如若干条弦线均匀地拉紧后，一根弦的运

---

① 休谟．人性论（下册）[M]．关文运，译．北京：商务印书馆，1980：617.
② 休谟．人性论（下册）[M]．关文运，译．北京：商务印书馆，1980：352.
③ 休谟．人性论（下册）[M]．关文运，译．北京：商务印书馆，1980：618.

动就会传到其他弦上，同样，情感也会由一个人传到另一个人，在每一个人心中产生相应的共鸣。又如在进行外科手术时，医疗器械、绷带、刀剪乃至人们焦急和忧虑的心情，都会对我们的心灵产生强烈的刺激，“我们由这些原因或效果才推断出那种情感来，因此，产生我们的同情的，就是这些原因或结果”。① 同情原则产生美感：“当任何对象具有使它的所有者发生快乐的倾向时，它总是被认为美的；正像凡有产生痛苦倾向的任何对象都是不愉快的、丑陋的一样。例如一所房屋的舒适，一片田野的肥沃，一匹马的健壮，一艘船的容量、安全性和航行迅速，就构成这些个别对象的主要的美。在这里，被称为美的那个对象只是借其产生某种效果的倾向，使我们感到愉快。”② 美产生愉快，是符合道德的，同情原则不仅产生美感，也产生道德感。“没有一种德比正义更被人尊重，没有一种恶比非义更被人厌恶；而且在断定一个性格是和蔼的或可憎的时候，也没有任何性质比这二者的影响更为深远。但是正义之所以是一种道德的德，只是因为它对于人类的福利有那样的一种倾向，并且也只是为了达到那个目的而做出的一种人为的发明”。③ 所以说，同情是我们对一切人为的德表示尊重的根源，是一个强有力的原则，对鉴别美有巨大作用，产生了对人为的德的道德感，产生了其他的德，正是同情，使我们跳出自我的小圈子，对他人的性格感到快与不快，广泛的同情是我们道德感的依据。

（二）自然的德的倾向：社会福利

一些性质获得我们赞许，就是因为它们趋向于人类的福利，许多自然的德都具有这种社会福利的倾向，“柔顺、慈善、博爱、慷慨、仁厚、温和、公道，在所有道德品质中占着最大的比例，并且通常被称为

---

① 休谟．人性论(下册)[M]．关文运,译．北京:商务印书馆,1980:618.

② 休谟．人性论(下册)[M]．关文运,译．北京:商务印书馆,1980:618.

③ 休谟．人性论(下册)[M]．关文运,译．北京:商务印书馆,1980:619.

社会的德，以标志出它们促进社会福利的倾向”。[1] 以小悦悦事件为例，两岁的小悦悦在家门口的巷子里玩耍，一辆迎面驶来的面包车将悦悦撞倒卷到车底。司机停了一下，又加油门开走了，后轮再次从小悦悦身上碾过。两名路人先后路过，均对倒地的悦悦不予理睬，接着悦悦被一辆小型货柜车再次碾压。之后5分钟往来的十余个路人均不闻不问，直到被拾荒阿姨陈贤妹看到，她把小悦悦抱到路边并找到她的妈妈，后小悦悦在医院抢救无效死亡。陈贤妹的博爱和仁厚受到人们的赞扬，陌生的路人则受到谴责，陈贤妹的善举带来社会福利，路人的冷漠无助于社会福利。道德的区别很大程度上在于一种行为或性格是否具有促进社会利益的倾向，正因为我们关心这种利益，才赞许或谴责一些行为和性格。“当任何性质或性格有促进人类福利的倾向时，我们就对它表示高兴，加以赞许；因为它呈现出一个生动的快乐观念来”。[2]

（三）自然的德的特点：独自性

“自然的德与正义的德唯一差别只在于这一点，就是：由前者所得来的福利，是由每一单独的行为发生的，并且是某种自然情感的对象；至于单独一个的正义行为，如果就其本身来考虑，则往往可以是违反公益的；只有人们在一个总的行为体系或制度中的协作才是有利的”。[3] 人为之德和自然之德尽管都能增进人类福利，但区别甚大：自然之德直接作用于人类，是无条件的，出于人类的本能，无需制度和体系作保证，也无需他人合作，直接产生特定的“善”的后果，是由每一个单独的行为发生的，并且是某种自然情感的对象，例如母亲在慈爱之心支配下不顾一切地减轻孩子的痛苦并立刻使孩子获得利益；人为之德则以迂回的方式服务于社会，是有条件的，要制度作保证，需他人之合作，未必直接产生特定的“善”的后果，甚至恰恰相反。但是就局部而言，

---

① 休谟．人性论(下册)[M]．关文运，译．北京：商务印书馆，1980：621.

② 休谟．人性论(下册)[M]．关文运，译．北京：商务印书馆，1980：623.

③ 休谟．人性论(下册)[M]．关文运，译．北京：商务印书馆，1980：621.

就整个人类而言，正义的法则是人类的生存和繁荣所必需的，总体上有利于人类，尽管正义规则的实施带来某些不想要的后果，尽管它不能防止某些特定的苦难和罪恶。休谟特别强调指出：“我们如果允许在各种场合下，随着应用这个规则时所发现的各种特殊效用，各不相同地来应用这个规则，那么我们就永不能达到防止争端的这个目的了……因此，必然的结果就是，所有物必须稳定的那个一般规则，不是根据特殊的判断而被应用，而是被必须扩展到整个社会的，不能由于好恶而有改变的其他一些一般规则而被应用的。”① 出于自然之德的仁爱，我们把钱赠给一个正直的青年而不是一个败家子；但出于人为之德的正义，法官恰恰应该把父亲的遗产判给哪怕是败家子的儿子继承而不是另一个不相关的品行端正的年轻人，哪怕他比败家子更需这笔钱，哪怕他得到这笔钱比败家子得到这笔钱对社会更有益处。自然之德体现人性的光辉和伟大，但正义之德对人类社会的作用更大，是人类智慧的显现。

二、人为的德

将德分为自然之德和人为之德是休谟经济伦理学的一大特色。休谟将“德”的范围大大扩展，无论在休谟之前还是之后，“德”都是指自然之德，但是休谟在《人性论》第三卷《道德学》里，对人为之德的着墨远远多于自然之德，休谟的经济伦理学贡献主要体现在这一部分，这一部分所阐述的产权理论构成了休谟经济伦理学的核心，对西方的产权经济理论产生了深远的影响。

《道德学》第二章第一节的标题就是“正义是自然的还是人为的德”。虽然是问答式的标题，休谟的解答却是明确的：正义是人为的德。“我们对于每一种德的感觉并不都是自然的：有些德之所以引起快乐和赞许，乃是由于应付人类的环境和需要所采用的人为措施或设计。

① 休谟．人性论（下册）[M]．关文运，译．北京：商务印书馆，1980：543.

我肯定正义就属于这一种；我将力求借一种简短和（我希望）有说服力的论证，来为这个意见进行辩护，然后再来考察那种德的感觉所由以发生的那种人为措施的本性”。[①] 休谟举了一个例子：一个人以我几天内归还为条件借我一笔钱，到了期限之后，他索要那笔钱，那么我有什么理由和动机还这笔钱呢？一些人归因于诚实、责任感、对无赖行为的憎恨等，这些都是天然的情感。休谟逐一分析，认为上述归因是错误的，“正义和非正义的感觉不是由自然得来的，而是人为地（虽然是必然地）由教育和人类的协议发生的”。[②] 正义是人类为了自身的生存和发展而制定的规则，所以是人为的；正义规则一旦制定下来，遵守规则就被认为是道德的美，忽视规则就被认为是道德的丑。那么正义何以产生呢？休谟的解答是：“正义只是起源于人的自私和有限的慷慨，以及自然为满足人类需要所准备的稀少供应。”[③]自然的一个条件和人类自身的两个条件都是正义缺一不可的因素，“公道或正义的规则完全依赖于人们所处的特定的状态和状况，它们的起源和实存归因于对它们的严格规范的遵守给公共所带来的那种效用。在任何值得考虑的环境下，倒换一下人们的状况如：生产或者极端丰足或者极端必需，根植于人类胸怀中的或者是完全的温良和人道，或者是完全的贪婪和恶毒，即通过使正义变成完全无用的，则你们由此就完全摧毁它的本质，终止它所加于人类的责任”。[④]

（一）自然条件：稀缺

如果物质极大丰富，人们想要什么就有什么，人们的经济行为确实无需伦理规范的约束，你拿取任何东西都不会损害他人和社会的利益，不存在也不违背“你不该如何”的伦理规范。在休谟看来，正义规则是为了维护产权的，财产权的出现是因为财富无法满足人们的欲望，也

① 休谟．人性论（下册）[M]．关文运，译．北京：商务印书馆，1980：517.
② 休谟．人性论（下册）[M]．关文运，译．北京：商务印书馆，1980：523.
③ 休谟．人性论（下册）[M]．关文运，译．北京：商务印书馆，1980：536.
④ 休谟．道德原则研究[M]．曾晓平，译．北京：商务印书馆，2001：39.

就是自然条件所提供的资源不足。在诗人所预设的“黄金时代”里，“大自然已经赐予人类许许多多的一切外界的便利，每一个人对事物的结局充满信心，无需忧虑或勤奋，即可自己找到充分满足他所需要的任何最为贪婪的欲望，或者最为丰富的想象所能提出的一切向往和愿望。我们还可以假设人的天姿俊美超过一切人为的装饰，而四季常温的气候不需任何衣着和遮盖。野生植物给他提供了最美的食物，清泉则是他最丰富的饮料。人们根本无需辛勤劳作、无需耕种、无需航运”。[①] 也就无需分工和协作，结成社会，也无需正义，无需财产权，无需使个人和社会区分开来，作为正义前提的利益计较也就不存在了，自然的恩赐只要达到足够的程度，正义就归于无用了。“当任何东西多到足以满足人类的一切欲望时，财产的区别便完全消失，而一切东西都成为共有的了”。[②] 例如，休谟认为，空气和水是极丰富的，不存在关于空气和水作为相区别财产的正义法则，但是随着社会的发展，优质的水和空气对于人类不再是丰富的而是稀缺的，所以人类逐渐制定了关于水和空气的使用和保护的协议。正义规则必然是人为的，是为人类利益而制定的，正义的约束力产生了利益，“他们最初只是由于利益的考虑，才一般地并在每个特殊例子下被诱导了以这些规则加于自己的身上，并加以遵守；而且在社会最初成立的时候，这个动机也是足够地强有力的”。[③] 从利益出发，“我们把德的观念附于正义，把恶的观念附于非义”。[④] 非义的行为损害我们的利益，使我们不快，纵使不直接损害我们的利益，但它是危害人类的，仍然使我们不高兴，“人类行为中令人不快的每样事情都被称为恶，而凡产生快乐的任何事情同样也被称为德；所以道德的善恶的感觉就随着正义和非义而发生。”[⑤]

① 休谟．休谟政治论文选[M]．张若衡，译．北京：商务印书馆，2010：175.
② 休谟．人性论（下册）[M]．关文运，译．北京：商务印书馆，1980：517.
③ 休谟．人性论（下册）[M]．关文运，译．北京：商务印书馆，1980：539.
④ 休谟．人性论（下册）[M]．关文运，译．北京：商务印书馆，1980：539.
⑤ 休谟．人性论（下册）[M]．关文运，译．北京：商务印书馆，1980：540.

（二）人类自身的条件：自私和有限的慷慨

休谟认为，如果人们极度慈爱和善良，只追求公益，就不会想到用规则来相互约束；反之，如果人类极度邪恶和贪婪，只追求私利，就会横冲直撞地陷入非义和暴行，也无需正义规则了。一言以蔽之，人没有私心或过于自私，都不会产生正义规则。休谟批判了占支配地位的性恶论，认为自私这个性质被渲染得太过火了，与自然离得太远了。由于资源稀缺，供应少于需求，这一方面刺激了人的自私，另一方面又要求人们通过交往互通有无，“利己心才是正义法则的真正根源；而一个人的利己心和其他人的利己心既是自然地相反的，所以这些各自的计较利害的情感就不得不调整得符合于某种行为体系”。[①] 这种行为体系就是法律规则，它通过限制人们私欲的膨胀和贪婪，来保证人们自私的实现。因为人一旦实现自私，就要免受他人的不当侵害，如抢劫、偷盗、欺诈等，法律规则保证每个人安享凭幸运和勤劳所获得的财物。因此，正义感不是建立在观念上而是印象上，这种印象不是人类心灵自然就有的，而是来自人为的措施和协议。

休谟认为，在地球上所栖息的一切动物中，被自然虐待最多的莫过于人类了。自然赋予人类无数的欲望，却给它薄弱的力量，既不如狮子雄壮，又不像牛羊那样容易取得食物。就本能而言，人的生存能力还赶不上动物。当人单独地、只为自己劳动时，就有三个缺陷：“（1）他的力量过于单薄，不能完成任何重大的工作；（2）他的劳动因为用于满足他的各种不同的需要，所以任何特殊技艺方面不可能达到出色的成就；（3）由于他的力量和成功不是在一切时候都相等的，所以不论哪一方面遭到挫折，都不可避免地要招来毁灭和苦难。”[②] 所以人只有依靠社会，才可以弥补自身这三种缺陷，和其他动物势均力敌甚至取得优

---

① 休谟．人性论(下册)[M]．关文运,译．北京:商务印书馆,1980:569.

② 休谟．人性论(下册)[M]．关文运,译．北京:商务印书馆,1980:526.

势。“社会给这三种不利情况提供了补救。借着协作，我们的能力提高了；借着分工，我们的才能增长了；借着互助，我们就较少遭到意外和偶然事件的袭击”。[①] 无论协作、分工还是互助，都是建立在人为制定正义规则并遵守的前提之上。

（三）人类的三种福利需要正义规则维系

人类的福利有三种：一是我们内心的满意；二是我们身体外在的优点；三是对我们凭劳动和幸运而获得的物质享受。第一种是绝对安全的；第二种一般情况下也是安全的，虽然他人可以从我们身上夺取它，但却不会从中受益，也不值得这样做；第三种不仅可以被他人暴力夺取，而且在转移中没有损失和变化，因此可以给夺取者带来利益，而财物的相对匮乏并不能满足每个人的欲望和需求，因此，“正如这些财物的增益是社会的主要有利条件一样，它们的占有的不稳定和它们的稀少却是主要的障碍所在”。[②] 休谟特别强调：“我们不可能希望在未受教化的自然状态中给这种不利条件找到一种补救方法；我们也不能希望，人类心灵中有任何一个自然的原则，能够控制那些偏私的感情，并使我们克服由我们的外在条件所发生的那些诱惑。”[③] 补救的方法不是由“自然”而得来，而是由“人为”措施保证的，也就是由全体社会成员缔结协议来稳定那些外物的占有，保证每个人安享他凭幸运和勤劳得来的财物。人们对财物不仅有安全感，而且其情感的偏私和矛盾的活动方面也受到约束。

（四）遵守正义规则何以成为美德

1. 荣誉感

休谟非常重视教育对道德荣誉感的培养，“父母们既然容易观察到，一个人越是正直和高尚，他就越是对自己和他人有利，而且他们也

---

① 休谟．人性论（下册）[M]．关文运，译．北京：商务印书馆，1980：526.
② 休谟．人性论（下册）[M]．关文运，译．北京：商务印书馆，1980：528.
③ 休谟．人性论（下册）[M]．关文运，译．北京：商务印书馆，1980：528.

观察到，当习惯和教育对利益和反省加以协助的时候，那些原则便越有力量：由于这些理由，他们就乐于从他们的子女的最初婴儿时起，把正直的原则教导他们，教导他们把维持社会的那些规则的遵守看成是有价值的、光荣的，而把那些规则的破坏看成是卑鄙的、丑恶的”。[①] 休谟称赞“荣誉感”是人性中的重要原则，是我们关切自己的名誉，“而我们的名誉在最大程度上决定于我们对他人财产的行为”。[②] 如果以破坏正义规则来取得他人财产，如抢劫、偷盗、诈骗，那无疑会使自己声名狼藉；反之，君子爱财，取之有道，利以义取，中国人津津乐道的“志士不饮盗泉之水，廉者不受嗟来之食”也正是对荣誉的珍惜。荣誉感之存在和发生作用，是休谟人性论的必然逻辑，也是对西方传统的性恶论的有力批判。因为一个极恶的人是不顾及荣誉感的，就像路易十五所言：“在我死后，哪管它洪水滔天。”他不怕留给后人的恶魔形象和咒骂。荣誉感的存在，使人们主动遵守法律规则，“顾到自己的品格，或想与他人和好相处的人们，都必须给自己立一条不可违犯的法则，即不受任何诱惑的驱使，去违犯一个正直而高尚的人所必须具备的那些原则”。[③] 人具有“有限的慷慨”，有善良的一面，所以具有荣誉感，视遵守规则为荣，以违背规则为耻，荣誉感使人们对规则的遵守具有主动性、自觉性，这也就使经济伦理成为可能。

2. 利益感

作为一种行为规则，正义原则主要是由公共利益产生的。人们如果自然地追求私利，不按照正义规则而是丛林法则，就会使社会陷入混乱，每一个人的私利也无法得到保障，所以就要订立协议维护全体社会成员的利益。“正义就是借一种协议或合同而确立起来，也就是借那个假设为全体所共有的利益感觉而确立起来；在这种感觉的支配之下，人

---

① 休谟．人性论(下册)[M]．关文运，译．北京：商务印书馆，1980：541.
② 休谟．人性论(下册)[M]．关文运，译．北京：商务印书馆，1980：541.
③ 休谟．人性论(下册)[M]．关文运，译．北京：商务印书馆，1980：541.

们在做出每一个单独的正义行为时，就都期待其他人也会照样行事”。[①] 只有这种协作才能使正义成为有利或给予我们以遵守正义规则的任何动机。全体社会成员所共同奉行的行为体系对于全体和个人都有无限的利益：于是不久正义和财产权就产生了，“社会上每一成员都感觉到这种利益：每个人都向其他的人表示出这种感觉，并且表示决心，愿以这种感觉来调整他的行为，假使其他人也照样行事的话”。[②]

三、休谟的伦理学与经济伦理学的区别

二者之间的区别也就是自然的德和人为的德的区别。休谟的伦理学将德性分为自然之德和人为之德，从一般伦理学的观点看，伦理学研究的是自然的德而不是人为的德。但是，在《人性论》第三卷《道德学》中，休谟对道德的论述分为三章：第一章“德与恶总论”（《人性论》下册第 495 ~ 516 页）；第二章“论正义与非义”（《人性论》下册第 517 ~ 615 页）；第三章“论其他的德与恶”（《人性论》下册第 616 ~ 665 页）。第一章和第三章讨论的是“自然的德”，第二章讨论的是“人为的德”，但从中译本的篇幅来看，第一章、第三章的篇幅加起来也不及第二章多，休谟的经济伦理学在其整个伦理学中占据显赫的位置，这在其他伦理学著作中是不存在的，也违背了人们对于伦理学的一般认识。因为一般伦理学的中心是“善与恶”，而不是“正义与非义”，而在《人性论》中，休谟显然将“正义与非义”作为中心来看待，这在当时是不为人们所接受的。《人性论》出版后，休谟幻想自己的“人学”体系能像牛顿体系那样受欢迎，但在当时这本书并不被看好，他的幻想成为泡影。休谟认为《人性论》的失败在于其表述不适合人们理解，为了获得掌声，他将《人性论》的第一卷、第三卷分别改写为

① 休谟．人性论（下册）[M]．关文运，译．北京：商务印书馆，1980：538.
② 休谟．人性论（下册）[M]．关文运，译．北京：商务印书馆，1980：538.

《人类理解研究》《道德原则研究》，改写版一出版就受到人们的高度关注，为休谟赢得一阵喝彩，休谟自己也称《道德原则研究》是自己最好的著作。但从今天的研究看，《道德原则研究》在伦理学史上的位置远不及《人性论》第三卷《道德学》，《道德原则研究》是休谟为迎合读者而降低自己的思想高度而作的，确立休谟在伦理学上顶尖位置的只是《人性论》中的《道德学》。《道德原则研究》中，休谟对伦理学的研究与前辈相比并无超越，也符合当时人们的一般理解，也就是将研究的中心放在“善恶”上，“正义”虽也提及，但并不占重要位置。也就是说，在《道德原则研究》中，休谟所研究的仍是一般伦理学，也就是自然的德；而在《人性论》第三卷《道德学》中，休谟着重研究的却是人为的德，也就是经济伦理学，休谟将对经济伦理学的研究划归到第三卷《道德学》之下，将“正义”而非善恶作为这一卷的主要内容，与当时的主流伦理学的研究大相径庭，但这也正是休谟伦理学的独特之处，是他对伦理学、经济伦理学的贡献。休谟还有关于两种德性区别的鲜明观点：“人类的幸福和繁荣起源于仁爱这一社会性的德性及其分支，就好比城垣筑成于众人之手，一砖一石的垒砌使它不断增高，增加的高度与各位工匠的勤奋和关怀成正比。人类的幸福建立于正义这一社会性的德性及其分支，就好比拱顶的建造，各个单个的石头都会自行掉落到地面，整体的结构唯有通过各个相应部分的相互援助和联合才支撑起来。”[①] 这里又回到他在《人性论》中的观点，关于仁爱的德性是自然的德，关于正义的德性是人为的德，前者是一般伦理学，后者则是经济伦理学。

四、休谟的伦理学与经济伦理学的联系

休谟的经济伦理学是其伦理学的深化和具体，与其伦理学仍是一脉相承，并非根本背叛。即使在《人性论》第三卷《道德学》中，休谟

① 休谟．道德原则研究[M]．曾晓平，译．北京：商务印书馆，2001：156－157.

也是在第一章先谈“德与恶”，这正是一般伦理学研究的对象，然后分两节讲述“道德的区别不是从理性得来的”“道德的区别是由道德感得来的”。休谟的伦理学与经济伦理学有以下联系。

（一）伦理学中“善恶”和经济伦理学中的“正义”的来源都是“印象”

休谟反复论证，道德不是源自理性而是源自情感，人们借着知觉中的印象来区分“德与恶”，“恶与德既然不是单纯被理性所发现的，或是由观念的比较所发现的，那么我们一定是借他们所引起的某种印象或情绪，才能注意到它们之间的差别”。[①] 印象是自然的德的来源，那么人为的德的来源是什么呢？休谟认为它们的来源是同一的：“正义感不是建立在我们的观念上面，而是建立在我们的印象上的。”[②] 以知觉中的印象为来源，这就是它们的联系。这就是说，休谟思想的基石是其认识论中的知觉论。休谟认为，人的认识不超出知觉之外，这是将洛克、贝克莱的经验主义发展到极致的彻底经验主义思想。休谟进一步将知觉分为观念和印象，认为印象先于观念，观念来源于印象。休谟把这种“印象”来源论的认识论观点贯彻到伦理学中，必然认为，伦理学的善恶道德观念来自印象；贯彻到经济伦理学中，必然认为，经济伦理学中的正义观念也是来自“印象”。

（二）休谟的伦理学和经济伦理学都是以利益为核心

如果说，“印象”如一根红线贯穿于休谟的认识论哲学、伦理学和经济伦理学三者之间，那么“利益”就是休谟经济学和经济伦理学联系的纽带。休谟认为，苦乐的感觉是道德的源泉，快乐又来自“效用”，“把我们所赋予社会性的德性的称赞归因于它们的效用，这似乎是如此自然的想法，以致人们会期望在道德作家们那里到处碰见这条原

① 休谟．人性论（下册）[M]．关文运，译．北京：商务印书馆，1980：510.
② 休谟．人性论（下册）[M]．关文运，译．北京：商务印书馆，1980：510.

则，作为他们推理和探究的主要基础”。[①] 在英文中，virtue 一词有多种含义，指德性、优点、功效、效验等，有德是因为有用，这种观点开创了功利主义的先河。休谟总结说：“由于这些社会性的德性的公共效用是它们由以派生出它们的价值的主要因素，因而，它们所趋向于促进的目的必定是某种令我们感到愉快的方式，必定抓住我们的某种自然的情感。这个目的或者出于对自我利益的考虑，或者出于更慷慨的动机和考虑而使人快乐。”[②] “如果有用性是道德情感的一个源泉，如果这种有用性并不总是被关联于自我来考虑，那么结论就是，凡是有助于社会的幸福的东西都使自己直接成为我们的赞许和善意的对象。这是一条在很大程度上说明道德性之起源的原则；当有一个如此清楚明白和自然的体系时，我们何必去寻求玄奥而渺茫的体系呢?”[③] 休谟还举了很多例子，意在说明，道德起源于社会效用所带来的幸福与痛苦，“对我们人类利益的热情关怀伴随着一种对所有道德区别的细腻感受，一种对施于人们的伤害的强烈愤恨，一种对他们的福利的热烈赞许。”[④] 促进社会利益的行为传达快乐，代表着善；损害社会利益的行为产生不安，代表着恶，善恶的第一个判断标准就是是否对社会有用，对社会有用即善，对社会有害即恶。

在休谟的经济伦理学中，论述正义和财产权的起源时，开宗明义地提出两个问题：“一个问题是：关于正义规则在什么方式下被人为措施所确立的问题，另一个问题是：什么理由决定我们把遵守这些规则认为是道德的美，把忽视这些规则认为是道德的丑?”[⑤] 休谟的回答是利益，正义规则是因为利益而产生的，遵守正义规则是有利的，所以被认为是道德的美，违背正义规则是不利的，所以被认为是道德的丑；由于正义

① 休谟．道德原则研究[M]．曾晓平，译．北京：商务印书馆，2001：63.
② 休谟．道德原则研究[M]．曾晓平，译．北京：商务印书馆，2001：65.
③ 休谟．道德原则研究[M]．曾晓平，译．北京：商务印书馆，2001：70.
④ 休谟．道德原则研究[M]．曾晓平，译．北京：商务印书馆，2001：76.
⑤ 休谟．人性论（下册）[M]．关文运，译．北京：商务印书馆，1980：525.

规则能够给人类带来利益，因此被视作一种善，被称为人为的德。

对于正义规则为何会带来利益，休谟分析认为，由于人类欲望多而自身的力量薄弱，单独一个人的生存能力可能赶不上狮虎和牛羊，人类只能依赖社会，弥补自身的缺陷，才能在和其他动物的竞争中胜出。人类有三种不利情形，唯有借助社会的协作、分工和互助，才能补救，“社会就借着这种附加的力量、能力和安全，才成为对人类有利的”。[①]而且社会之所以对人类有利，就是因为社会建立起了正义规则，对财产权实施保护，休谟非常精辟地说：“当他们注意到，社会上主要的乱源起于我们所谓的外物，起于那些外物可以在人与人之间随意转移而不稳定的；这时他们就一定要去找寻一种补救方法，设法尽可能地把这些外物置于和身心所有的那些固定的、恒常的优点相等的地位。要达到这个目的，没有别的办法，只有通过社会全体成员所缔结的协议使那些外物的占有得到稳定，使每个人安享他凭幸运和勤劳所获得的财物。”[②] 正义规则保护我们自己的财物，也禁止我们侵占他人的财物，这二者是统一的，因为一个人如果随意侵犯“他人”的财物，那么他也会相应地被别人当作“他人”而受到财产权的侵犯，所以说：“我们戒取他人的所有物，不但不违背自己的利益或最亲近的朋友的利益，而且还只有借这样一个协议才能最好地照顾到这两方面的利益；因为我们只有通过这种方法才能维持社会，而社会对于他们的福利和存在也和对于我们自己的福利和存在一样，都是那样必要的。”[③]

那么遵守正义规则为何是有利的而且被视作善呢？休谟认为，人们根据正义规则缔结协议，协议是共同利益的表现，是社会成员互相表示出来的：“我观察到，让别人占有他的财物，对我是有利的，假如他也同样地对待我。他感觉到，调整他的行为对他也同样有利。当这种共同的

---

① 休谟．人性论(下册)[M]．关文运，译．北京：商务印书馆，1980：526.
② 休谟．人性论(下册)[M]．关文运，译．北京：商务印书馆，1980：530.
③ 休谟．人性论(下册)[M]．关文运，译．北京：商务印书馆，1980：530.

利益感觉互相表示出来，并为双方所了解时，它就产生了一种适当的决心和行为。”① 也就是决心遵守正义规则和戒取他人财物的行为。休谟认识到：“对于陌生人的慈善是太微弱了，不足以达成这个目的；至于其他情感，则它们反而会煽动这种贪心，因为我们看到，我们的财富越大，则我们越有满足我们一切欲望的能力。因此，没有一种情感能够控制利己的感情，只有那种感情自身，借着改变它的方向，才能加以控制。”②这种感情就是“共同利益的感觉”，为了自己的利益，恰恰要遵守正义规则，改变利己的方向，即戒取他人的财物，因为在正义规则面前，戒取他人的财物才能保护自己的财物，才是对自己有利的。如果没有正义，社会就会解体，对每个人都是不利的，“社会上每一个成员都感觉到这种利益：每个人都向其他的人表示出这种感觉，并且表示决心，愿以这种感觉来调整他的行为，假使其他人也照样行事的话。无需再有其他条件来诱导社会中任何一个人在某种时机下便做出正义行为。这就给其他人确立了一个榜样。于是，正义就借一种协议或合同而确立起来，也就是借那个被假设为全体所共有的利益感觉而确立起来；在这种感觉支配下，人们在做出每一个单独的正义行为时，就都期待其他人也会照样行事。如果没有这个协议，就没有一个人会梦想到有正义那样一种德，或者会被诱导了去使自己的行为符合于正义”。③ 遵守正义规则就是对社会成员有利的，因此被视作一种善。休谟就是想说明，人们之所以遵守正义，甚至是在对自己的某些利益有所损害的情况下遵守正义规则，并不是因为他太高尚了没有私利，而正是因为他有私利，唯有人人遵守正义规则才能保护自己的私利。因此，遵守正义就是善良的，违背正义就是邪恶的。利益不仅是休谟伦理学的核心，也是其经济伦理学的核心，通过“利益”这一概念，休谟的伦理学和经济伦理学就联系起来了。

---

① 休谟．人性论(下册)[M]．关文运,译．北京:商务印书馆,1980:530.

② 休谟．人性论(下册)[M]．关文运,译．北京:商务印书馆,1980:532－533.

③ 休谟．人性论(下册)[M]．关文运,译．北京:商务印书馆,1980:538.

第三章
休谟的产权伦理观

产权理论是休谟经济伦理学的核心内容，是休谟对经济学最为突出的贡献，对近代以来欧美诸国的民法具有决定性的影响。近代以来发达资本主义国家的私法制度和经济制度都是建立在休谟所提出的三个法则之上的。

休谟的产权理论的突出特点是，根据共同的利益感觉和人的自私、有限慷慨以及自然提供的稀少供应这三个特性的结合来论述正义的起源，进而论述产权的重要意义和保护产权的具体方案。

第一节　稳定财物占有的伦理观

休谟认为，稳定财物占有不但对人类有利，而且是绝对必需的。问题是，凭什么将某财产划归某人而将其他人排除在外，“显而易见，那些理由的成立，并不是由于特殊的个人或公众在享有任何特殊的财物时比在其他任何人占有那些财物时，具有更大的效用或利益”。[1] 如果财物的归属模糊不定，人类社会难以安宁，人们缔结财物稳定的协议，就

---

① 休谟．人性论(下册)[M]．关文运，译．北京：商务印书馆，1980：542.

是为防止纠纷争执，财物划分的依据是正义规则而不是特殊的效用。“我们如果允许在各种场合下，随着应用这个规则时所发现的各种特殊效用，各不相同地来应用这个规则，那么我们就永不能达到防止争端的这个目的了……因此，必然的结果就是，所有物必须稳定的那个一般规则，不是根据特殊的判断而被应用的，而是被必须扩展到整个社会的，不能由于好恶而有改变的其他一些一般规则而被应用的”。[①] 出于自然之德的仁爱，我们把钱赠给一个品质好的人而不是一个品质坏的人；但出于人为之德的正义，法官恰恰应该把父亲的遗产判给哪怕是品质坏的儿子继承而不是另一个不相关的品质好的年轻人，尽管后者得到这笔钱对社会更有益处。自然之德体现人性的光辉和伟大，但正义之德对人类社会的作用更大，是人类智慧的显现。

在这三条法则之前，人们发现，社会上主要的乱起源于我们所谓的外物，那些外物可以随意转移而不稳定，因而我们也生活在不安定之中，补救的办法就是，“设法尽可能地把那些外物置于和身心所有的那些固定的、恒常的优点相等的地位。要达到这个目的，没有别的办法，只有通过社会全体成员所缔结的协议使那些外物的占有得到稳定，使每个人安享他凭幸运和勤劳所获得的财物。通过这种方法，每个人就知道什么是自己可以安全地占有的；而且情感的在其偏私的、矛盾的活动方面也受到了约束”。[②] 只有制定这些协议，才能维护社会，维护每一个人的利益。这种协议来自共同利益，它在全体社会成员中表现出来，诱导人们根据规则调整行为，让协议的对方也能接受，“我观察到，让别人占有他的财物，对我是有利的，假如他也同样地对待我。他感觉到，调整他的行为对他也同样有利。当这种共同的利益感互相表现出来，并为双方所了解时，他就产生了一种适当的决心和行为”。[③] 也就是签订

① 休谟．人性论（下册）[M]．关文运，译．北京：商务印书馆，1980：543.
② 休谟．人性论（下册）[M]．关文运，译．北京：商务印书馆，1980：529－530.
③ 休谟．人性论（下册）[M]．关文运，译．北京：商务印书馆，1980：530.

对双方有利并且都有约束的协议，稳定财物占有，使人们过上安定的生活。

一、财产权与正义

（一）正义观念先于产权

在休谟之前，一些经济学家认为产权先于正义，先有产权观念，然后为了保护产权，才产生正义观念，休谟批判了这种观点。在休谟看来，划定财产权必须建立正义规则，而正义规则来源于三个要素，即自然条件所提供的稀缺供应和人类自身的自私与有限的慷慨，这三个条件缺一不可。“公道或正义的规则完全依赖于人们所处的特定的状态和状况，它们的起源和实存归因于对它们的严格规范的遵守给公共所带来的那种效用。在任何值得考虑的环境下，倒换一下人们的状况如：生产或者极端丰足或者极端缺乏，根植于人类胸怀中的或者是完全的温良和人道，或者是完全的贪婪和恶毒，即通过使正义变成完全无用的，则你们由此就完全摧毁它的本质，终止它所加于人类的责任”。[①] 自然条件的稀缺供应是不可改变的，在休谟时代，空气和水还不是稀缺的，所以休谟说：“在空气和水方面，我们可以看到这种情形，虽然这些是一切外界对象中最有价值的东西；因而我们可以容易地断言，如果每样东西都同样丰富[②]地供给人类，或者每个人对于他人都有像对自己的那种慈爱的感情和关怀，那么人类对正义和非正义也就都不会知道了。”[③] 实际上，这两种假设都不可能变为现实，相反，自然条件甚至还在恶化。休谟时代的水和空气还是足够丰富的，但今天水已经成为稀缺资源，人们早已围绕着水划分产权归属，签订协议了；至于空气，由于人类对环境

① 休谟. 道德原则研究[M]. 曾晓平，译. 北京：商务印书馆，2001：39.
② “同样丰富”指水和空气，休谟的意思是只有水和空气是丰富的，其他都是稀缺的。笔者注。
③ 休谟. 人性论（下册）[M]. 关文运，译. 北京：商务印书馆，1980：536.

的污染日趋严重，尽管空气丰富，优质空气却变得稀缺了，我们也不怀疑有一天，优质空气也具有产权而在市场上交易了。就人性而言，对于自私这一面，休谟说："在自然性情方面，我们应该认为自私是其中最重大的。"[①] 对于慷慨这一面，休谟说："但是我们虽然必须承认人性中具有慷慨这样一种美德，可是我们同时仍然可以说，那样一种高贵的感情，不但使人不能适合于广大的社会，反而和最狭隘的自私一样，使他们几乎与社会互相抵触。因为每个人既然爱自己甚于爱其他任何一个人，而且在他对其他人的爱中间，对于自己的亲戚和相识又有最大的爱，所以这就必然产生各种情感的对立，因而也就产生了各种行为的对立；这对于建立起来的结合不能不是有危险的。"[②] 人们的慷慨总是有限的，对于稀缺的物品，总是先满足自己，其次是亲人，然后是朋友和邻里，最后才是陌生人。自然稀缺是改变不了的，并刺激着我们的自私。为了防止人与人之间自私的相互伤害，人们就制定正义规则，把自己和他人的财物区别开来，所以休谟称正义是人为的德。正义的起源说明了财产的起源，而不能反过来说，一个人的财产是与他有某种关系的某种物品，这种关系不是自然的而是道德的，即人为的德是建立在正义上面的。人们在缔结了戒取他人所有物的协议，并获得属于自己的稳定的所有物之后，立刻产生了正义与非义的观念，财产、权利和义务的观念随之产生。不理解正义，就无法理解产权。"我们的财产只是被社会法律也就是被正义的法则所确认可以恒常占有的那些财物。因此，有些人不先说明正义的起源，就来使用财产权、权利或义务等名词，或者甚至在那种说明中就应用这些名词，他们都犯了极大的错误，而永不能在任何坚实的基础上进行推理"。[③] 也就是说，我们只能从正义推理出产权，却不能反过来从产权推理出正义。休谟不是单纯的职业经济学家，

---

① 休谟．人性论（下册）[M]．关文运，译．北京：商务印书馆，1980：536.

② 休谟．人性论（下册）[M]．关文运，译．北京：商务印书馆，1980：527－528.

③ 休谟．人性论（下册）[M]．关文运，译．北京：商务印书馆，1980：531.

他对产权的认识源于哲学、经济学和法学的观点，产权不是孤立存在的，而是建立在法权基础上。没有正义三原则的法权，就没有产权。这是休谟产权理论最鲜明的特色。

（二）政府的主要职责是保护产权

休谟指出："没有人能够怀疑，划定财产、稳定财物占有的协议，是确立人类社会的一切条件中最必要的条件，而且在确定和遵守这个规则的合同成立之后，对于建立一种完善的和谐与协作来说，便没有多少事情要做的了。"① 为什么要划定财产权呢？因为休谟认为，产权来自法权，而法权又是保护产权的，法权的主要内容就是对产权的保护。休谟对他所提出的三条法则是极为重视的，"人类虽然可以维持一个没有政府的小规模的不开化的社会，可是他们如果没有正义，如果不遵守关于稳定财物占有、根据同意转让所有物和履行许诺的那三条基本法则，他们便不可能维持任何一种社会"。② 这三条法则在政府成立之前就存在，在人们还没有想到对政府长官应该忠顺之前，就已经加在人们身上了，因此这三条正义法则不是自然的德而是人为的德。正义起源于人类的协议，"人类所以设计它们，都是为了补救相似的不便，而它们之所以获得道德的强制力，也同样都是因为它们可以补救那些不便"。③ 人们发现如果不用正义规则约束欲望，便不可以维持任何交往，于是发明了那三条法则，"原来使人类彼此不便的那种利己心，在采取了一个新的和较为方便的方向之后，就产生了正义规则，并且成了遵守这些规则的最初动机"。④ 在这三条法则中，最重要的是第一条，后面两条正是对第一条的要求和补充。休谟将政府的主要职责限定在产权保护上，这是一种有限政府观，而不是无政府主义。休谟对认真履行产权保护职责

① 休谟．人性论（下册）[M]．关文运，译．北京：商务印书馆，1980：532.
② 休谟．人性论（下册）[M]．关文运，译．北京：商务印书馆，1980：581.
③ 休谟．人性论（下册）[M]．关文运，译．北京：商务印书馆，1980：583.
④ 休谟．人性论（下册）[M]．关文运，译．北京：商务印书馆，1980：584.

的政府的积极作用还是予以充分肯定的，他认为人们无法纠正自己舍远图近的偏狭心理，就要通过政府执行正义，使他们遵守正义规则，违背正义规则就无利，这样遵守正义规则就成为理性而自私的人的明智而有利的选择。人们在遵守正义规则的过程中克服自身的缺陷，在和动物的竞争中胜出，公益不能在诸多单个人之间自发地形成，要依靠政府对正义规则的执行而得到弥补。“桥梁就建筑了，海港就开辟了，城墙就修筑了，运河就挖掘了，舰队就装备了，军队就训练了；所有这些都是由于政府的关怀，这个政府虽然也是由人类所有的缺点所支配的一些人所组成的，可是它却借着最精微的、最巧妙的一种发明，成为在某种程度上免去了所有这些缺点的一个组织”。① 政府通过执行以产权保护为核心的正义规则，给每一个人带来利益，政府的职责也正是建立在产权保护上。

（三）稳定财物占有的产权制度使人类摆脱野蛮状态

休谟断言，在稳定财物占有的协议订立之前，人类处于野蛮状态。“除了这种利益情感之外，其他一切情感或者是容易约束的，或者是虽然放纵，也并不发生那样有害的结果”。② 例如，虚荣、怜爱、嫉妒等都不是直接摧毁社会的情感，能够摧毁社会的是基于利益的情感。“只有这种为自己和最接近的亲友取得财物和所有物的贪欲是难以满足的、永久的、普遍的、直接摧毁社会的”。③ 每个人都受制于这种贪欲，这种贪欲若不被约束，就会很恐怖，“因此，整个说来，我们应当认为在建立社会方面所遇到的困难是大是小，就决定于我们在调节和约束这种情感方面所遇到的困难是大是小”。④ 人类心灵中没有任何情感的力量

---

① 休谟. 人性论(下册)[M]. 关文运,译. 北京:商务印书馆,1980:579.

② 休谟. 人性论(下册)[M]. 关文运,译. 北京:商务印书馆,1980:532.

③ 休谟. 人性论(下册)[M]. 关文运,译. 北京:商务印书馆,1980:532.

④ 休谟. 人性论(下册)[M]. 关文运,译. 北京:商务印书馆,1980:532. “这种情感”指利益情感,笔者注。

和适当的方向来抵御财物贪婪的心理，而人们要成为社会的合格成员，就必须戒取他人的财物，慈善的力量太微弱，其他情感反而会煽动这种贪心，“没有一种情感能够控制利己的情感，只有那种情感自身，借着改变它的方向，才能加以控制”。[①] 这个“改变它的方向”，就是制定正义规则，并且唯有遵守规则时，才对每个人有利，“不过这种变化是稍加反省就必然要发生的；因为显而易见，那种情感通过约束，比起通过放纵可以更好地得到满足；我们维持了社会，就比在孤立无援的状态下（这种状态是必然随着暴力和普遍的放纵而来的），在获得所有物方面有了大得很多的进步”。[②] 无论是虚构的黄金时代还是自然状态，都没有正义规则，人们贪婪的利益情感没有受到抑制，都是野蛮时代。虽然正义规则是人为发明的，但绝不是深奥的，也不是历经多世偶然发明出来的，“但是如果我们发现，没有东西比这个规则更为简易而明显；如果我们发现每一个父母，为了在子女间维持和平，必须确立这个规则；如果我们发现，正义的这些最初萌芽随着社会的扩大，必然日益改善；如果这一切都显得是明白的（这是一定如此的），那么我们就可以断言，人类绝不可能长期停留在社会以前的那种野蛮状态，而人类的最初状态就该被认为是有社会性的”。[③] 休谟认为，一个社会就应该确立正义规则稳定财物占有，这方面做得越好，社会越发展，只有到了休谟的资本主义时代，在英国等发达资本主义国家，这个问题才算完善了，以往的社会之所以做得不够好，就是这方面不完善。人为地建立正义规则，就是为了克服人类心灵中的原始冲动，而人性中无疑具有这种力量：“人性由两个主要的部分组成，这两个部分是它的一切活动所必需的，那就是情感和知性；的确，情感的盲目活动，如果没有知性的指导，就会使人类不适于社会的生活。”[④]就物质欲望而言，人和动物没有

① 休谟．人性论(下册)[M]．关文运，译．北京：商务印书馆，1980：532－533.
② 休谟．人性论(下册)[M]．关文运，译．北京：商务印书馆，1980：532－533.
③ 休谟．人性论(下册)[M]．关文运，译．北京：商务印书馆，1980：533.
④ 休谟．人性论(下册)[M]．关文运，译．北京：商务印书馆，1980：533－534.

什么区别，都想将财物据为己有。不同之处在于，动物只有情感而没有知性，动物获得物品靠的是自身的特色（如食草动物）或掠取的实力（如食肉动物），动物之间不可能有什么协议来保证各自的财物。人类的这种情感应该比动物还强烈，例如牛羊很容易获得天然的草料，而虎狮的超强力量和速度也使其容易获得猎物，人类与之相比处于三方面的劣势，唯有在正义规则基础上的协作才能弥补这种缺陷，这在前面已经分析过了。这种情感就是人类在物质方面的无止境的欲望，物质欲望之下，自私比慷慨起着更主要的作用。休谟说："建立社会和互助合作的这个计划所遭到的主要障碍就在于他们的天性中的贪欲和自私；为了补救这种缺点，他们缔结了稳定财物占有、互相约束、互相克制的协议。"① 这种合作的障碍人和动物都有，但是，人具有知性，因此人能够制定正义规则，稳定财物占有。

休谟以其情感主义道德观取代传统的理性主义道德观。正义既然是一种德性，当然其来源也不在于人的理性。在阐明正义的来源时，休谟强调以下几点：①"对公益的尊重或强烈广泛的慈爱，不是我们遵守正义规则的最初的、原始的动机；因为我们承认，人类如果赋有那样一种慈爱，这些规则根本是梦想不到的"。② 利己之心才是建立正义规则的原始和最初的动机。尽管在制定正义规则之后，遵守规则也需具有一种崇高的令人尊重的道德感，但这是后来之事，并且只起到一种附加的作用，最多不过是锦上添花而已。人性不是广泛的慈爱，自然的东西也不是极大丰富，广泛的慈爱和极大丰富这两者都使正义归于无用，也不可能产生正义，而在正义的三要素中，这两者都不是客观存在的，而是以相反的形态存在的：有限的慷慨和稀缺供应。人们为什么不对空气签订正义协议？因为空气极大丰富。人们为什么不与自己年幼的子女和年迈的父母签订正义协议？因为他们对自己年幼的子女和年迈的父母是广

① 休谟．人性论(下册)[M]．关文运，译．北京：商务印书馆，1980：543.
② 休谟．人性论(下册)[M]．关文运，译．北京：商务印书馆，1980：536.

泛的慈爱，和他们之间没有财产的界分。②正义不是建立在理性和观念上的。如第①点所述，正义不是“对公益的尊重或强烈广泛的慈爱”，恰恰相反，是人类有限的慈善和稀缺状况产生正义这种人为的德，并使之成为公益和每个人私利所必需的条件。“由此可见，使我们确立正义法则的乃是对于自己利益和公共利益的关切；而最确实的一点就是：使我们发生这种关切的并不是任何观念的关系，乃是我们的印象和情绪，离开了这些，自然中每样事物都是对我们漠然无关的，丝毫都不能影响我们。因此，正义感不是建立在我们的观念上面，而是建立在我们的印象上的”。[①] ③“产生这种正义感的那些印象不是人类心灵自然具有的，而是发生于人为措施和人类协议”。[②] 正义起源于利益，但人类都不会自然地追求公益，虽然从私利出发遵守正义规则的行为最终导致公益的建立，但没有正义规则的逐利行为会陷入非义、暴行和混乱之中，私利也无法保证。“因此，这些规则是人为的，是以曲折和间接的方式达到它们的目的的，而且产生这些规则的那种利益，也不是人类的自然的、未经改造的情感原来所追求的那样一种利益”。[③] 利益确定正义规则，正义与利益的联系则较为独特，单独的正义行为往往违反公益，如仁厚的人将财产给守财奴和作乱的顽固派时，行为是慷慨的、可嘉奖的，但公众是受害者。单独的正义行为虽然可能有害公益和私利，但整个计划是有助于维持社会和个人幸福的，这个害处由于正义规则在社会中所确立的安宁与秩序而得到充分的补偿。“因此，当人们有了充分的经验观察到，单独一个人所做出的单独的一个正义行为不论可以有什么不良的结果，可是全体社会所共同奉行的全部行为体系对于全体和个人都有无限的利益：于是不久就有正义和财产权发生了”。[④] 一旦人们感觉到这种利益，就向其他人表达出这种感觉，并以这种感觉来调整自己的行

---

① 休谟．人性论（下册）［M］．关文运，译．北京：商务印书馆，1980：536－537.

② 休谟．人性论（下册）［M］．关文运，译．北京：商务印书馆，1980：537.

③ 休谟．人性论（下册）［M］．关文运，译．北京：商务印书馆，1980：537.

④ 休谟．人性论（下册）［M］．关文运，译．北京：商务印书馆，1980：538.

为，假使别人也照样行事的话，“这样，正义就借一种协议或合同而确立起来，也就是借那个被假设为全体所共有的利益感觉而确立起来；在这种感觉支配下，人们在做出每一个单独的正义行为时，就都期待其他人也会照样行事”。[①] 这就是说，正义是人为的德，利益是正义的自然约束力。④正义的道德约束力。显然，道德对于正义的作用不及利益，但是也是不能忽视的，二者也总是相联系的。所以休谟又提出：“为什么我们把德的观念附于正义，把恶的观念附于非义?”[②] 毋庸置疑，人们最初是出于利益而不是道德考虑才建立和遵守正义规则的。我们会对不义的行为感到不快，即使它离我们很远，并不影响我们的利益，而对正义行为感到愉快，这是由同情原则引起的。我们把令人不快的事情称为恶，令人愉快的事情称为德，道德的善恶感就随着正义与非义产生了，“自私是建立正义的原始动机：而对于公益的同情是那种德所引起的道德赞许的来源”。[③] 正义建立之后，遵守正义就成为一种赞许的德了。

社会建立后产生财产权的其他条件主要有四种，即占领、时效、添附和继承。

二、占领的正义性

占领是确立正义规则的最主要原因，“一切外界财物的占有是变化和不定的，这对于建立社会是最重要的障碍之一，同时也是人们通过明白的或默认的普遍同意，而以我们现在所谓正义和公道的规则来约束自己的理由所在”。[④] 在出现这种约束之前，如果没有产权界分，人们就处于无休止的争论之中；没有这种界分，不能将劳动与自己的财物相联

---

① 休谟．人性论(下册)[M]．关文运，译．北京：商务印书馆，1980：538.
② 休谟．人性论(下册)[M]．关文运，译．北京：商务印书馆，1980：539.
③ 休谟．人性论(下册)[M]．关文运，译．北京：商务印书馆，1980：540.
④ 休谟．人性论(下册)[M]．关文运，译．北京：商务印书馆，1980：543.

系，人们的劳动热情大为降低，就是一个苦难的社会。占有关系与财产权关系密切，“财产权必然成立于对象的某种关系。不过这种关系不是对其他外界物体和无生物的关系。因为这些关系是成立于对象与有理智、有理性的存在者的关系。但是构成财产权的本质不是外在的、有形的关系。因为那种关系在无生物之间，或在畜类方面也可以同样存在，可是在那些情形下它并不构成财产权。因此，财产权是成立于某种内在的关系，也就是说成立于对象的外在关系对心灵和行为所加的某种影响。例如，我们所谓占领或最初占有的那个外在关系，其本身并不被想象为对于对象的财产权，而只是被想象为产生那种财产权”。① 在休谟看来，动物也和财物有一种外在的关系，如牛吃草、老虎吃山羊，与人消费商品并无外在的区别；但是人类能够形成财产权而动物却不能，正如前面分析的，人和动物都有情感，但人在情感之上还有知性，动物则没有。这个知性能够约束情感，能够使外在的关系对人的心灵施加某种影响，动物由于没有知性，也就不存在外在关系对“心灵”施加的影响。人和动物都有心脏，但只有人具有心灵，动物是不存在心灵的。所以休谟说：“显而易见，这个外在关系在外界对象方面并不产生任何东西，而只是对心灵有一种影响，就是：它给予我们以一种义务感，使我们戒取那个对象，而把它归还于最初的占有者。”② 正义规则对情感的约束，使之由贪婪转变为戒取，这就是结束苦难社会的补救办法，这种约束就是“把财产权观念附加于最初的占有或占领之上”。③ 在占有确立之后，财产权都是有“主”的，不会悬空，通向产权的暴力和混乱的门路也被堵死了。在占有这个问题上，休谟着重批评洛克的观点：“有些哲学家解释这种占领说，每个人对于自己的劳动都有一种财产权，当它把那种劳动加于任何东西上面时，这就使他对于全部的东西获

① 休谟．人性论(下册)[M]．关文运,译．北京:商务印书馆,1980:567.
② 休谟．人性论(下册)[M]．关文运,译．北京:商务印书馆,1980:568.
③ 休谟．人性论(下册)[M]．关文运,译．北京:商务印书馆,1980:546.

得了财产权。”[①] 洛克的产权理论过于夸大劳动和产权的关系：“只要他使任何东西脱离自然所提供的和那个东西所处的状态，他就已经掺进他的劳动，在这上面掺加他自己所有的某些东西，因而使它成为他的财产。既然是由他来使这件东西脱离自然所安排给它的一般状态，那么在这上面就由他的劳动加上了一些东西，从而排斥了其他人的共同权利。因为，既然劳动是劳动者的无可争议的所有物，那么对于这一有所增益的东西，除他以外就没有人能够享有权利，至少在还留有足够的同样好的东西给其他人所共有的情况下，事情就是如此。”[②] 对于洛克的观点，休谟进行批评：“对于有几种占领，我们并不能说是把我们的劳动加于我们所获得的对象上：例如我们由于在草地上放牧牛羊，因而占领那片草地。第二，这种说法是以添附来解释这个问题，这是一个无谓的绕圈子。第三，除了比喻的意义以外，我们不能说是把我们的劳动加于任何东西上。恰当地说，我们只是借自己的劳动把那个对象做了某种改变。这就形成我们与对象之间的一种关系，由此就（根据前面的那个原则）发生了财产权。”[③] 休谟是从因果关系的角度解释财产权的，“财富的本质就在于获得生活中的快乐和舒适的能力。这种能力的本质在于它的发挥的概然性，在于它使我们借一种真的或假的推理去预期那种快乐的真正存在。这种快乐的预期本身就是一种很大的快乐；这种快乐的原因既然是我们所享有的，并因而是与我们有关系的某种所有物或财产”。[④] 就此而言，休谟所说的三条正义法则都不是理性逻辑的产物，而是一种正义的感觉，即共同的利益感。

精确地解释“占有”的含义当然不是一件容易的事。当今《物权法》中，占有权是低于所有权的，在财产权中“占有”并不具有休谟赋予的重要的意义。休谟的“占有”含义远远大于《物权法》中的

① 休谟．人性论(下册)[M]．关文运，译．北京：商务印书馆，1980：546.
② 洛克．政府论(下册)[M]．叶启芳，瞿菊农，译．北京：商务印书馆，1997：180.
③ 休谟．人性论(下册)[M]．关文运，译．北京：商务印书馆，1980：546.
④ 休谟．人性论(下册)[M]．关文运，译．北京：商务印书馆，1980：351.

“占有”的含义，休谟对“占有”的定义是：“不但当我们直接接触任何东西时，我们可以说是占有了它，而且当我们对那种东西处于那样一种关系，以至有能力去使用它，并可以随着自己现在的意愿或利益来移动它、改变它或消灭它的时候，也可以说是占有了那个东西。”① 现在《物权法》的占有只是这句话前半部分的意思，即“直接接触任何东西”，至于后面所说的“有能力去使用它，并可以随着自己现在的意愿或利益来移动它、改变它或消灭它的时候”，就不是《物权法》中的“占有”而是“所有”的意思，“占有”在《物权法》中排在最后一编，且这一编只有 1 章 5 个条文，而“所有权”在《物权法》中是第二编，6 章 78 个条文，在《物权法》中最重要，篇幅最大，休谟所言的“占有”不是指《物权法》的“占有”而是“所有”，如《物权法》第七十一条“财产所有权是指所有人依法对自己的财产享有占有、使用、收益和处分的权利”，这大致相当于休谟对“占有”的定义。占有就是人与物的内在关系，“财产权既然形成一个人和一个对象间的关系，所以就很自然地要把它建立在某种先前的关系上，而且财产权既然只是社会法律所确保的一种永久权，所以就很自然地要把它加在现实占有上，由于现实占有是与永久占有类似的一种关系。因为，这种关系也有它的影响。如果结合一切种类的关系是自然的，那么把那些类似的关系和关联的关系结合起来，就更是自然的了”。② 占有这种关系也是一种因果关系，但是关于占有何时始终的争端，难以找到确定性的标准。休谟还举了一个野猪落在人们陷阱中的例子，“如果它‘不可能’逃脱，它就被认为被我们所占有”。③ 这里的“不可能”是什么意思？它与“很可能”有什么区别？如何在二者之间进行区别？弄清这些问题对于解决争端具有重要意义。如何确定产权的占有，实际上会涉及很多

① 休谟. 人性论(下册)[M]. 关文运，译. 北京：商务印书馆，1980：546.
② 休谟. 人性论(下册)[M]. 关文运，译. 北京：商务印书馆，1980：545.
③ 休谟. 人性论(下册)[M]. 关文运，译. 北京：商务印书馆，1980：547.

问题，休谟又举出一例："一个人如果把一只兔子追得精疲力竭，那么如果有另外一个人跑到他前面，攫取那个猎物，他就会认为那是一种非义的行为。但是同一个人如果前去摘一个他手能所及的苹果，而同时又有一个较他更为敏捷的人跑在他前面，取到那个苹果，他就没有任何抱怨的理由。这种差别就在于：兔子的僵卧不动不是它的自然状态，而是人的勤劳的结果，因而在那种情形下形成了对猎人的一种强烈的关系，而在另一种情形下则没有这种关系。"① 在像野猪和兔子这样的例子中，对财物的享用能力是以接触或其他明显的关系为前提获得财产权，但有时，即使没有现实的享受能力，根据"甚至整个大陆也属于首先发现它的那个民族"那样的原理，单纯看见一个东西就给人以产权，当然需要发现人成为所有主的倾向。占领是财产权中令人困惑的问题，而且难以得到合理的解决。休谟列举了自然法作家经常列举的例子："希腊的两个殖民团在离开本国去寻觅新地时，得到消息说，他们附近的一座城市已被其居民所放弃了。为了知道这个报道是否真实，他们立刻派遣了两个使者，每个殖民团派出了一名；他们在接近那座城的时候发现，他们所得的情报是真实的，于是便开始一场赛跑，想要占领那座城市，两个人都是为了本乡人要去占领它。使者之一，看到自己不是另外一人的敌手，于是便拿起长矛，向城门掷去，幸而在他的伙伴达到之前竟然射中城门。"② 两个殖民团为谁是城主展开争论。休谟认为这个例子中，谁是先占者这个问题是难以解决的，"或者说除了借想象之外，不能借其他官能加以判断"。③ 这种想象是什么呢？休谟也说得模糊不清，如一个人登上荒凉的小岛，那么他着地的时候就被认为是岛的占有人，获得岛的财产权，"因为那个对象在想象中是有界线和有范围的，同时对于那个新的占有人也是成比例的。同一个人若是登陆于像大不列颠那样

① 休谟．人性论（下册）[M]．关文运，译．北京：商务印书馆，1980：547.

② 休谟．人性论（下册）[M]．关文运，译．北京：商务印书馆，1980：547－548.

③ 休谟．人性论（下册）[M]．关文运，译．北京：商务印书馆，1980：548.

大的一个荒岛上，那么他的财产权便不超出直接占有的范围以外”。[1]就休谟所对比的两个占有例子而言，他所说的“想象”大概就是能否直接涉足，如一个人在小荒岛上，可以很快地从这头走到那头，那么他就是岛主；像大不列颠这么大的岛，即使是最先进入的人，也不能说是岛主，因为他不可能涉足这么大的岛。

三、时效的正义性

仅仅占有不能解决财产权的争执，因为占有权会因时间长久暧昧不明。在这种情况下，“长期占有或时效（prescription）就自然地发生了作用，并且使一个人对于他所享有的任何东西获得充分的财产权”。[2]时效对于产权的重要性在于，我们难以追溯事物的最初起源，在最初的占有之后，就要考虑时效问题。如果最初占有的东西有很长的时间处在自己的掌控之外，最终就“对人的心灵几乎是没有什么影响了，就像它们从来没有存在过一样”。[3] 民法规定了对所有物被他人占据的诉讼时效，超过一定的时效，就丧失胜诉权。例如，甲的一件东西借给乙，超过二十年的时间没归还，由于诉讼时效最长不超过二十年，那么甲对这件物品就丧失了胜诉权，法院就无法对甲的诉讼请求予以支持。再如知识产权也有一定的保护期限，一般不超过著作人死后50年。“一个人的权利在现时是清楚而确定的，可是过了五十年以后，就似乎是模糊和可疑的了，即使他所根据的事实是可以千真万确地被证明的”。[4]“长时期占有可以给人以对于任何对象的一种权利”。[5]“财产权既然是被时间所产生的，所以它并不是对象中存在着的任何实在的东西，而是唯一可

① 休谟．人性论(下册)[M]．关文运,译．北京:商务印书馆,1980:548.
② 休谟．人性论(下册)[M]．关文运,译．北京:商务印书馆,1980:548.
③ 休谟．人性论(下册)[M]．关文运,译．北京:商务印书馆,1980:549.
④ 休谟．人性论(下册)[M]．关文运,译．北京:商务印书馆,1980:549.
⑤ 休谟．人性论(下册)[M]．关文运,译．北京:商务印书馆,1980:549.

以受时间影响的情绪的产物”。[①] 现实占有和时效相联系，现实占有只有在长期的、不间断的情况下才能够越过时效，抵消最初的占有。现实占有的长期性和不间断性，使现实占有的关系增强；而最初的占有关系却因时间久远而逐渐减弱，引起产权关系的变化。

四、添附的正义性

添附是产权的一种附加的形式，“当某些对象和已成为我们财产的对象密切联系着，而同时又比后者较为微小的时候，于是我们就借着添附关系（accession）而对前者获得财产权”。[②] 添附就是自己的财产滋生的东西或在自己的财产上添加的东西，前者如自己树上结的果实，自己的牛生下的牛犊，后者如在自己的房顶上加上一个凉棚等。为什么会有添附呢？想象起了很大的作用，“当各种对象在想象中联系起来的时候，它们就容易被置于同一地位上，并且通常被假设为赋有同样的性质”。[③] 例如果实与树，小牛犊与母牛具有同一性质，也属于同一产权。不仅被添附的对象与原始的对象性质相似，而且通常比前一个对象更加微小，受制于原始对象的性质，例如果实比树小，牛犊比母牛小，它们的产权都由后者决定。

休谟反复说明，添附这种财产权的来源要借助想象加以说明，可以从普通的生活和经验中举出有说服力的例子来。作为经验主义者，休谟对添附的说明也运用了他的经验主义的基本原理，“各个对象的恒常结合决定了它们的因果关系……原因与结果之间必须有一种恒常的结合。构成因果关系的，主要是这些性质”。[④] “习惯是人生的伟大指南。只有这个原则才能使我们的经验对我们有用，使我们期待将来出现一连串的

① 休谟．人性论(下册)[M]．关文运，译．北京：商务印书馆，1980：549.
② 休谟．人性论(下册)[M]．关文运，译．北京：商务印书馆，1980：549.
③ 休谟．人性论(下册)[M]．关文运，译．北京：商务印书馆，1980：549.
④ 休谟．人性论(上册)[M]．关文运，译．北京：商务印书馆，1980：198－199.

事件，与过去出现的事件相似”。[①] 休谟对习惯的解释是：“凡不经任何新的推理或结论而单是由过去的重复所产生的一切，我们都称之为习惯（custom），所以我们可以把下面一种说法立为一条确定的真理，即凡由任何现前印象而来的信念，都只是由习惯那个根源来的。当我们习惯于看到两个印象结合在一起时，一个印象的出现（或是它的观念）便立刻把我们的思想转移到另一个印象的观念。”[②] 休谟上述的经验主义因果关系正是他解释添附的主要原理，正像因果关系是两个印象的恒常结合关系一样，添附也是两个具有类似性质的对象的结合关系。心灵倾向于这种结合关系，就得出关于添附的自然法则：“在社会初成立时，财产权总是随着现实占有而发生；而后来则发生于最初占有或长期占有。我们也可以很容易地观察到，关系不止限于一个等级，我们由一个与我们有关系的对象，也获得对于其他与之相关的每个对象的关系，如此一直顺推下去，直至思想由于进程太长、失掉线索为止。”[③] 每推移一步，结合关系就有所削弱，但不会立刻消失，往往借助于中介将两个对象连接起来。如前面举的例子，我们最初占有树，那么树所产的果实与树就有一种关系，果实就是一种添附，具有和树同样性质的产权；我们最初占有母牛，那么母牛所产的牛犊就与母牛有一种关系，牛犊就是一种添附，和母牛具有同样性质的产权。添附取决于“最初占有或长期占有”，谁占有树谁就占有树的果实，谁占有母牛谁就占有牛犊，后者作为一种添附取决于前者。休谟非常自信地认为：“这个原则具有足以产生添附权的那样大的力量，并使我们不但对于我们直接占有的那些对象，而且对于那些和它们相关的对象，都获得一种财产权。”[④] 例如，德国、法国和西班牙三国人进入房间，桌子上放着德国的白葡萄酒、法国的红葡萄酒和西班牙的红酒各一瓶，如果他们对于分配产生纠纷，请

---

① 北京大学西方哲学教研室．西方哲学原著选读（上册）[M]．北京：商务印书馆，1982：528.

② 休谟．人性论（上册）[M]．关文运，译．北京：商务印书馆，1980：122.

③ 休谟．人性论（下册）[M]．关文运，译．北京：商务印书馆，1980：550.

④ 休谟．人性论（下册）[M]．关文运，译．北京：商务印书馆，1980：550.

独立人士公断，那么不带偏见的分配方案，“自然会把各人本国的产品分给各人；他所根据的原则，在某种程度上也就是将财产权归于占领、时效和添附的那些自然法则的来源”。①

在添附之前，物主与占有物之间是一种按照占有的自然法则的原始结合，是一种自然的结合，如前面所举例子中的主人与树、与母牛的占有关系；但是有了添附之后，我们又赋予那个物主以一种财产权，这种产权与占有的方式是不同的，是“一种新的、道德的结合”。② 这种结合虽然也是一种观念推移，但与休谟所研究的观念推移还有所不同。关于添附的财产权，休谟放在《人性论》第三卷《道德学》研究，专门研究观念的则是第一卷《论知觉》：“我已经说过，想象由小及大比由大及小较为容易，并且观念的推移在前一种情形下比在后一种情形下总是较为容易和顺利。”③ 添附权既然是各个相关对象借以联系起来的那种观念的顺利推移，人们或许认为添附权也是由小到大的推移，当我们获得小的对象产权时，就会设想与之相关的大的对象是一种添附，是小的对象的所有主。休谟认为，情况正好相反，“一个小的对象自然伴随着一个大的对象，而成为它的添附；但是一个大的对象却永不会被假设为属于与之相关的小的对象所有主，仅仅由于小的对象的财产权和关系。”④如大不列颠帝国（大的对象）带来对于奥克尼群岛、海卜利德岛、威特岛（小的对象）的统治权，而后面这些小岛的统治权并不自然地含有对于大不列颠的任何权力。当我们将两个对象的财产权归于一个人的时候，并不总是由那个人到对象，再由那个对象到另一个对象。实际上，这两个对象既然是属于那个人的财产，我们就很容易将他们结合起来，在同一观点下考察：“假如一个大的对象与一个小的对象关联在一起，而一个人如果与那个大的对象有强烈的关系，那么他与两个对

① 休谟. 人性论(下册)[M]. 关文运,译. 北京:商务印书馆,1980:550.
② 休谟. 人性论(下册)[M]. 关文运,译. 北京:商务印书馆,1980:550.
③ 休谟. 人性论(下册)[M]. 关文运,译. 北京:商务印书馆,1980:550.
④ 休谟. 人性论(下册)[M]. 关文运,译. 北京:商务印书馆,1980:550－551.

象全体必然也有强烈的关系，因为他与最最重大的部分发生了关系。相反，如果他只和小的对象发生关系，他就不会与两者全体发生强烈的关系，因为他的关系只存在于最微小的部分方面，而当我们考虑全体时，那个部分是不容易在任何重大程度上刺激我们的。这就是小的对象成为大的对象的添附物，而大的对象不成为小的对象的添附物的理由所在。”[①] 为什么海洋不能成为民族国家的财产？因为海洋浩大，远比任何陆地上的民族国家大，不能成为陆地上民族国家的添附物。但是主张海洋自由的人也承认，河口和海湾作为一种添附物自然地属于附近大陆的所有主，“河口和海湾恰当地说，比起太平洋来和陆地之间并没有更大的联系或结合；不过它们在想象中却有一种结合，而且同时又因为是较为微小的，所以自然被认为是一种添附物”。[②] 同理，根据自然的倾向，河流的财产权归于其两岸的所有主，像多瑙河和莱茵河因为太大而不能被看作邻近田野的财产添附，但是这些河流在哪一个国家的地段部分就被认为是哪个国家财产，“因为一个国家的观念是有足够大的体积可以和河流相应，并在想象中与之发生那样一种关系”。[③]

五、继承的权利性

继承权是一种自然的权利，法定继承都是把财物遗赠给最亲近的人，如子女、父母等。这种处分方式最令被继承人满意，可以让他们更加勤奋和节俭，创造出更多的财富留给满意的继承人。如果没有这样的继承规定，一个人死后财产充公，那么人们就会在生前将财产消耗完，变得懒惰和奢侈。一个人死后，他的财物必然成为另一主体（人、组织或国家）的财产，“但是应当属于谁，却是问题所在”。[④] 按照自然法

① 休谟．人性论(下册)[M]．关文运，译．北京：商务印书馆，1980：551.
② 休谟．人性论(下册)[M]．关文运，译．北京：商务印书馆，1980：551.
③ 休谟．人性论(下册)[M]．关文运，译．北京：商务印书馆，1980：551.
④ 休谟．人性论(下册)[M]．关文运，译．北京：商务印书馆，1980：553.

则和亲属关系导致的观念联结，我们很容易将观念关系推移到死者的子女，死者的子女继承父母的财产是天经地义的，也不会引起其他人的不满和争论，“显而易见，那个人的子女自然而然地呈现于心灵之前；他们既然借其已故的父母而与那些所有物联系起来，所以我们就容易以财产权的关系使他们更进一步地和那些所有物联系起来”。[①] 休谟实际上认为继承权在很大程度上依赖于想象，子女与父母具有最紧密的想象关系，所以被认为是当然的、毫无争议的继承人。假如死者没有子女，他的亲戚关于他的继承权发生争执，休谟也认为应靠想象解决：“假如他的财富一部分得自父方，一部分得自母方，那么解决那样一个争端的最自然的方法就是把他的所有物划分，而将每一部分分给原来所由得来的那一家。”[②] 在这种情况下，除想象外，找不出更公道的分配方案。实际上，继承权属于最亲近的人，一个人如果没有子女，那么最亲近的人就是侄子和外甥，以此类推，作为解决继承权的原则，得到社会的广泛认同。

第二节 根据同意转移所有物的伦理观

一、财物稳定的不便

稳定财物占有对人类社会是有益和必要的，但也有重大不便。因为在人类最初分配财产确定占有人时，没有把适合性考虑在列，我们所考虑的只是一般的自然法则，按照一般的自然法则确定占领、时效、添附和继承，上述的财物稳定形式在很大程度上取决于各种机会，例如某人是另一个人的子女必然继承他的财产，这种稳定财物占有的形式可能与人的需要和欲望都发生矛盾。一个人的占有物并非他所需之物，人和物

---

① 休谟．人性论(下册)[M]．关文运,译．北京:商务印书馆,1980:554.

② 休谟．人性论(下册)[M]．关文运,译．北京:商务印书馆,1980:554.

的关系就调整得不好，例如一个读书人从他的父亲那里继承一群牛羊，一个牧人则从父亲那里继承一批书籍，牛羊非读书人之所需，书籍也非牧人之所需。单纯稳定财物占有会造成资源的浪费，牛羊对读书人和书籍对牧人都非大用，应对这种物非所需的不便，休谟认为要采取补救措施："如果采取直接的补救方法，让每一个人用暴力夺取他认为对于自己是合适的东西，那就会毁灭社会；因此，正义的规则就要在僵硬的稳定性和这种变化不定的调整办法之间找寻一种中介。但是最合适的中介就是那个明显的方法，即：除了所有主同意将所有物和财产给予另外一个人，财物和财产永远应当是稳定的。"① 转移所有物这条法则是依附于第一条稳定财物占有这条法则的，也是一条人为的法则，它区别于自然的德。

二、补救的办法比较

为了补救稳定财物占有所引起的僵化不便，在稳定财物占有的基础上，根据同意转移所有物就能够物尽其用，更好地满足单个物主的需要和欲望。这种办法比暴力夺取自己喜欢的东西有更大的优越性，暴力夺取会毁灭社会，而根据同意的转移则有益于社会，因为这种转移是当事人也即物主同意的，不会引起纷争。休谟对这条法则也给予高度评价，因为这条法则正好弥补第一条法则的缺陷。他说："这个规则在按人调整财产方面可以达成许多良好的目的。地球上各地产生不同的商品；不但如此，不同的人的天性适宜于不同的工作，并且在专门从事于一种工作时会达到更大的完善程度。所有这些都需要互相交换和交易；因此，根据同意转移财产这件事是根据自然法的，正如不经同意，财产就该是稳定的一样。"② 根据"同意"就避免了暴力和欺骗等其他不正当手段。

---

① 休谟．人性论（下册）[M]．关文运，译．北京：商务印书馆，1980：554.
② 休谟．人性论（下册）[M]．关文运，译．北京：商务印书馆，1980：555.

那么，转移财产的原则是什么？显然是效用和利益，例如牧人的书籍和读书人的牛羊互相转移，就能够发挥书籍和牛羊的最大效用。转移财产的标志，对于不动产而言，是有形转移，最明显的是商品交换，现场将自己的财物换成原是别人的但对自己有用的财物，或者将财物出卖，换取货币然后购买自己所需的商品。

财物的转移也是一种心灵关系。所以，如果财产权被看作是与道德或心灵的情绪无关的实在的东西，就是不可觉察和设想的性质，也不能形成关于财产稳定和转移的明晰概念。但是，财产权的转移是较为显著的事情，这种转移与财物稳定一样，都涉及我们的利益，引起道德上的好恶和心灵上的愉快与不愉快。补救我们贪欲的缺陷就是稳定财物占有，戒取他人的财物；补救财物稳定僵化的缺陷就是根据同意转移所有物，发挥财物的效用。“为了帮助想象来设想财产权的转移起见，我们就拿了有形的对象，现实地把它的占有转移给我们愿意把财产权交给他的那个人”。[①] 转移必须建立在同意之上，是心灵情绪的正确反映，因为我们对自己的占有物有着自主处理权。“在无法交付实在物时，人们就发明了一种象征的交付方法来满足想象。例如把谷仓的钥匙交出去，就被看作是把仓中的谷物交付出去；石和土的交付，就表示把一座庄园交付出去”。[②] 休谟认为，这种象征交付的办法在民法和自然法上是一种迷信惯例，类似于罗马天主教的迷信，天主教用一支蜡烛、一套祭衣、一幅画像来表象基督教的种种不可思议的神秘，这些东西是被假设与神秘事迹相联系的。同样，法律学家和道德学家在无法交付实物时的象征发明，就是使自己对于同意转移所有物一事得到满意。

---

① 休谟．人性论(下册)[M]．关文运，译．北京：商务印书馆，1980：555.

② 休谟．人性论(下册)[M]．关文运，译．北京：商务印书馆，1980：556.

第三节　履行许诺的伦理观

许诺产生于协议之后，也就是根据同意转移所有物的协议之后，正如休谟指出："在人类协议确立许诺之前，许诺是不可理解的；即使可以理解，它也不伴有任何道德的约束力。"① 这就是许诺作为第三条而不是第一条、第二条法则的原因。这三条法则的排序，既有重要性的考虑，也有时间先后的考虑。

一、许诺的产生

在自然状态下，许诺是不可能产生的。在自然状态下，人与人之间是孤立的，没有建立相互关系的协议，还算不上真正的人类社会，而一个不知道有社会的人不会与他人订约。许诺不可能是自然的、以心理活动为基础产生出来的，"许诺所表示的那种心理活动不是完成任何事情的一个决心；因为单是决心绝不能加上任何义务。许诺也不是做那样一件事情的欲望，因为我们承担义务，可没有那样一个欲望，甚至可以带有公开宣布的厌恶心理。许诺也不是对我们许诺去做的那种行为的意愿，因为许诺永远关系到将来，而意志则仅影响到现在的行为"。② 所以许诺不是决心、欲望或意愿的心理活动，如果有这种心理活动，就会陷入明显的荒谬，陷入语言和观念的混乱之中。

休谟的情感主义道德观认为，道德依赖于情绪而不是理性，使我们高兴的行为是善良的，如果不做这种行为就使我们不高兴时，我们就有完成这个行为的义务。义务的改变以情绪的改变为前提，但是我们不能够自然而然地改变我们的情绪："我们也不能借我们意志的单纯一种活

---

① 休谟．人性论(下册)[M]．关文运，译．北京：商务印书馆，1980：556.

② 休谟．人性论(下册)[M]．关文运，译．北京：商务印书馆，1980：556－557.

动，即许诺，使任何行为成为令人愉快的或令人不快的，道德的或不道德的；如果那种行为，离开了那种活动，可能会产生出相反的印象，或赋有另外一些的性质。”[①] 但是没有人愿意因一种新的义务品尝苦乐情绪的味道，因此，“许诺在自然状态中是一种完全不可理解的东西，而且也没有任何心理活动是属于它的”。[②] 退一步说，即使有一种心理活动属于自然状态的许诺，也不能自然地产生义务，因为新的义务以新的情绪的发生为前提，但是心理活动的意志产生不了新的情绪。“因此，任何义务不能自然地发生于许诺，即使我们假设心灵竟然能够陷入意愿那种义务的荒谬情形”。[③] 既然人性中并没有一种具有推动作用、能够产生某种行为的情感或动机，也就没有人能够把那种行为作为义务来要求我们。这种动机也不是义务感，因为义务感以发生的义务为前提，一种行为如果不是被自然的情感所要求，也不被任何自然的义务所要求。“可是显而易见，除了义务感以外，我们并没有其他动机，导致我们完成许诺。如果我们认为许诺没有道德的义务，我们便永不会感到有遵守许诺的任何倾向”。[④] 显然这种遵守许诺的道德义务，指的是人为之德而不是自然之德。因为自然之德所导致的行为并不是出于许诺而是仁爱之心，例如仁爱之心使我们救济贫困，虽然并没有这样的义务，却在事实上尽到了这种义务。“当我们不尽那种义务时，我们就感到那是不道德的，这是因为这件事证明了我们缺乏自然的仁爱情绪”。[⑤] 如父亲照顾子女既是其义务，又是一种自然的倾向，即使没有法律来保证父亲履行这种义务，父亲出于自然本性也会尽力照顾好子女的。也正因为父亲照顾子女是自然的倾向，所以最终上升到法律义务的层面，一个人有照顾自己父母、子女的法律义务，就在于他于父母和子女所形成的自然关系，对于其他没有这种关

---

① 休谟. 人性论(下册)[M]. 关文运,译. 北京:商务印书馆,1980:557.
② 休谟. 人性论(下册)[M]. 关文运,译. 北京:商务印书馆,1980:558.
③ 休谟. 人性论(下册)[M]. 关文运,译. 北京:商务印书馆,1980:558.
④ 休谟. 人性论(下册)[M]. 关文运,译. 北京:商务印书馆,1980:559.
⑤ 休谟. 人性论(下册)[M]. 关文运,译. 北京:商务印书馆,1980:559.

系的人就没有这种义务。许诺是人为之德而不是自然之德，因此人们并没有遵守许诺的自然倾向，许诺在“根据同意转移所有物”的协议成立后才有意义和力量。许诺并不产生于自然的义务感，也不是心理意志活动，因为我们无法证明：“有一种特殊的心灵活动伴随着许诺；随着心灵的这种活动又发生了不同于义务感的一种践约的倾向”。[①] 许诺这条自然法则和其他两条法则一样，都是人为之德，都是以社会的需要和利益为基础的人类的发明。遵守许诺，社会就能较快较好发展；不遵守许诺，可能会寸步难行；遵守许诺，对每个人和社会都有利；违背许诺，纵使违约者一时得利，最后必然使所有人的利益受损。所以孔子说：“人而无信，不知其可也。大车无輗，小车无軏，其何以行之哉?”（《论语·为政》）

许诺之所以是社会和利益的需要，还由于履行许诺这条自然法则所产生的人性前提。由于人的天性中，自私是主要的，慷慨是有限的，“所以人们不容易被诱导了去为陌生人的利益做出任何行为，除非他们要想得到某种交互的利益，而且这种利益只有通过自己做出有利于别人的行为才有希望可以得到的”。[②] 许诺的结果是双赢，但出发点是“我赢”，对方若不赢也不会和我合作；为了“我赢”，也必须让“他赢”，这就是许诺的真谛。

许诺产生于交互行为，这种交互行为很多时候不是同时完成的。一方处于不确定状态，自己履约给对方以利益，也希望对方给自己相应的利益。那么对方凭什么给自己利益呢？一种方式是，“依靠对方的感恩来报答他的好意”。[③] 这种方式并不可靠，生活中并不缺乏忘恩负义之徒，人的自私是超过慷慨的，这种道德腐败太普遍，所以感恩报答的方式是很脆弱的。“而且我们这里既然假设施与者是为了自利才施惠于人的，所以这就既消除了义务，并树立了一个自私的榜样；这种自私是忘

① 休谟. 人性论(下册)[M]. 关文运,译. 北京:商务印书馆,1980:559.

② 休谟. 人性论(下册)[M]. 关文运,译. 北京:商务印书馆,1980:559 - 560.

③ 休谟. 人性论(下册)[M]. 关文运,译. 北京:商务印书馆,1980:560.

恩负义的母亲”。[1] 所以说，从情感和自然倾向讲，我们很少单纯地为别人的利益做出任何行为。我们的仁爱是有限的，即使为了自己的利益，也很少会去做那一类的事，因为我们知道依赖于别人的感恩来回报利益是不可靠的。“这样，人类的互相服务就可以说是消灭了，而每个人都凭自己的技巧和勤劳来谋求幸福和生存了”。[2] 但是正如前面所分析的，单个人的生存能力连动物也赶不上，人没有老虎那样的凶猛和速度，也不能像牛羊那样吃天然的青草就可以活得很好，人必须互相合作或服务才能在与动物的竞争中胜出。互相服务是人类的必然选择，否则人类的生存状况会很糟糕的，而互相服务既不是自然的德，也不是出于仁爱的天然情感，而是人为的德，甚至也并不是三条人为法则的前两条就能办到的。“关于稳定财物占有的那条自然法的发明，已使人们彼此可以相安，而通过同意转移财产和所有物的那条自然法也开始使人们互相受益；不过这些自然法不论怎样被严格地遵守，仍不足以使他们互相服务，如他们可以天然变得的那样”。[3] 这就是说，前两条自然法固然非常重要，却还是不够的，还远远不能满足人类的利益诉求：就第一条自然法而言，虽然保证了财物的稳定，但是人们的占有物若不适合他使

① 休谟．人性论(下册)[M]．关文运，译．北京：商务印书馆，1980：560.

② 休谟．人性论(下册)[M]．关文运，译．北京：商务印书馆，1980：560.

③ 休谟．人性论(下册)[M]．关文运，译．北京：商务印书馆，1980：560．这三条法则都是人为的德，但休谟也称它们为自然法。休谟针对人类的偏私说，认为“补救的方法不是由自然得来，而是人为措施得来的，更恰当地说，自然拿判断和知性作为一种补救来抵消情感中的不规则和不利条件”(休谟．人性论(下册)[M]．关文运，译．北京：商务印书馆，1980：529．)，这里的“自然”和“人为”显然是对立的。但是，休谟又把人为的德称作自然法，这里的“自然”和“人为”又不是对立的，而是一致的。“自然”是一个暧昧的词汇，会有多种含义，甚至相反的意义，就是因为怕误解，休谟专门对“自然”这一概念进行了较为详细的解释：“为了避免得罪人起见，我在这里必须声明：当富人正义是自然的德时，我所用自然的一词，是与人为的一词对立的。在这个词的另一个意义下来说，人类心灵中任何原则既然没有比道德感更为自然的，所以也没有一种德比正义更为自然的。人类是善于发明的；在一种发明是显著的和绝对必要的时候，那么它也可以恰当地说是自然的，正如不经思想或反省的媒介而直接发生于原始的原则的任何事物一样。正义的规则虽然是人为的，但并不是任意的。称这些规则为自然法则，用语也并非不当，如果我们所谓‘自然的’一词是指任何一个物类所共有的东西而言，或者甚至如果我们把这个词限于专指与那个物类所不能分离的事物而言。”(休谟．人性论(下册)[M]．关文运，译．北京：商务印书馆，1980：524．)

用，且又没有其他物资，那么这种占有物的稳定所起的作用也是很小的；就第二条自然法则而言，财产的转移当然是对第一条自然法的补救，也并不能完全补救，“因为只有在那些现前的、个别的对象方面，才能进行财产转移，而对于不在现前的、一般的对象，则不能进行这种转移”。[①] 休谟还举例说，一个人不能转移六十里地之外的房屋财产权，转移财产权要根据同意，而这种情况下的同意不能伴随着交付，交付却是一个必需的条件。再如一个人也不能凭着单纯的同意转移十斗谷或五桶酒的财产权，“因为这些只是一般的名词，与任何一堆特定的谷或某些大琵琶桶的酒毫无直接联系”。[②] 就物品交换而言，前两条自然法也是不够的，何况人类的交往不限于物品交换，还会扩展到服务和行为，行为的交换也对双方有利，却是不能直接转移的。例如你的谷子今天熟，我的谷子明天熟，对我们双方都有利的行为是今天我帮你收割谷子，明天你帮我收割谷子，我们相互帮助都不是出于好意，都不是白白辛苦，而是想得到对方帮助。我今天帮助你收割谷物，就是认为你已经许诺明天帮我收割并能兑现这许诺，如果没有这种确信，我也不会在今天帮你收割。如果没有这种许诺，仅仅依靠你的感恩，那我将会失望的。在这种情况下，相互帮助和互利都不可能实现。“因此，我就让你独自劳动，你也照样对待我。天气变了，我们两人都因为缺乏互相信托和信任，以致损失了收成”。[③] 把这两种可能情况相比较，人们就会发现遵循许诺会给每个人带来利益，故履行许诺成为人们的明智选择。

人性的自私是不可改变的天性，“不论道德学家们或政治学家们如何为了公益而干预我们，或是企图改变我们的行为的经常的途径，那也是徒劳无益的。如果他们的计划的成功依靠于他们在改正人类的自私和忘恩负义方面的成功，那么除非有全能的上帝加以协助，他们将不能前

① 休谟．人性论（下册）[M]．关文运，译．北京：商务印书馆，1980：560.
② 休谟．人性论（下册）[M]．关文运，译．北京：商务印书馆，1980：560－561.
③ 休谟．人性论（下册）[M]．关文运，译．北京：商务印书馆，1980：561.

进一步，因为只有全能者能够重新改造人类心灵，而在那些根本之点方面改变心灵的性质”。[①] 而休谟是个无神论者，对上帝持怀疑态度，人类在改变心灵方面不可能得到上帝的帮助，所以也不可能改变心灵。我们所能做的，就是给那些自然的情感以新的方式，间接的人为的方式，比顺从我们欲望的直接冲动，更能满足这些欲望。例如在上述两个例子中，第二个例子是原始的欲望，我为了自己而不帮助别人，结果别人也不帮助我，天气变坏就丧失了收成；而第一个例子看起来你帮我、我帮你都违背自私的欲望，但是相互帮助给双方都带来了好处，反而是满足了自私的欲望。就此而言，这条人为的法则也是自然而然产生的，所以又被称为自然法则。正如休谟所说：“因此，我就学会了对别人进行服务，虽然我对他并没有任何真正的好感；因为我预料到，他会报答我的服务，以期得到同样的另一次服务，并且也为了同我或同其他人维持同样的互助往来关系。因此，在我为他服务了，而他由我的行为得到利益以后，他就被诱导了来履行他的义务，因为他预见到，他的拒绝会有什么样的后果。”[②] 许诺这条自然法则，也与其他两条自然法则一样，是出于利益需要而产生的。

二、许诺的约束力

上述的交往是以自私为前提的，在社会交往中居于主导地位，但正如休谟所言，人性自私的主导性并未否认慷慨的存在，因此除了自私的交往之外，还有高尚慷慨的交往，我们服务别人并不希望任何利益回报。交往就根据利益关系分为两种：计较利害的交往和不计较利害的交往。这么一区别，就产生了许诺这个概念，人们给计较利益的交往发明了语言形式，借以束缚自己去实践某种行为，“这种语言形式就构成了

① 休谟．人性论(下册)[M]．关文运,译．北京:商务印书馆,1980:561.
② 休谟．人性论(下册)[M]．关文运,译．北京:商务印书馆,1980:561－562.

我们所谓的许诺，这就是对于人类计较利害的交往所加的一种认可。当一个人说，他许诺任何事情时，他实际上就表示了他完成那件事情的决心；与此同时，他又通过使用了这种语言形式，就使他自己会受到再不被人信任的处罚，如果他失约的话”。[①] 决心是表示许诺的心理活动，但仅有决心，也不会形成新的动机和义务。通过关于许诺的协议，就创造出新的动机和义务，协议就是我们制定的符号和标志，借以规范我们的行为，将事情调整得对彼此双方都有利。“当这些标志制定以后，谁要应用这些标志，谁就立刻被他的利益所约束了，要实践他的约定，并且如果他拒绝履行他的许诺，他将永不能期望再得到别人的信托”。[②] 为了得到别人的继续信任，为了交往顺利进行，人们必须遵守许诺。实际上，在一个信用发达的社会，能否遵守许诺是一个人的社会立身之本，一旦不履约就丧失信誉，在社会上寸步难行。

休谟还认为，人类天然就有足够的知识，凭之感觉到制定和遵守许诺的这种利益，这种知识不超出人的知性范围，哪怕人类处于野蛮不开化状态也具有这样的知识。只要稍有一点社会经验，就会看到履行承诺的利益，当一个人看到其他人有同样的利益感觉时，就会履行他在协议中所承担的义务，他确信其他人也会履行他们的义务。“要形成这个协作或协议，不需要任何别的条件，只需要每个人感觉到忠实履行约定是有利益的，并向社会中其他成员表示出那种感觉来。这样就立刻使那种利益对他们起了作用；而利益是履行许诺的最初约束力”。[③] 当然也是最终的约束力。人们只会对稀缺的资源签订协议并遵守承诺，因为利益就在那里，对非常充足的资源如空气和阳光签订协议不会给我们带来任何利益，也就不是协议和许诺的内容。

休谟还注意到，如果许诺是出于暴力，就会使契约无效，使我们摆

---

① 休谟．人性论(下册)[M]．关文运，译．北京：商务印书馆，1980：562.
② 休谟．人性论(下册)[M]．关文运，译．北京：商务印书馆，1980：562.
③ 休谟．人性论(下册)[M]．关文运，译．北京：商务印书馆，1980：563.

脱其加于我们身上的义务。因此许诺并没有自然的义务，只是为了社会行为的方便和取得利益而做的一些人为设计，如一个受重伤的人许诺医生如果能治好他就能得到一笔巨款，许诺就有约束力，就有践约的义务；而一个人在强盗的枪口下许诺给强盗一笔巨款，这个出于暴力的许诺没有约束力，这个人也就没有践约的义务。在这两个例子中，同样的许诺却有那样大的差异，是因为我们的道德感是建立在公益和方便上，前一种践约有利于公益，后一种则损害公益。

三、许诺的道德感

人们最初是从利益出发签订和遵守协议的，但协议签订之后，道德感和利益结合起来，成为人类的一种新的约束力量。这种道德感，在实践许诺方面，和我们戒取他人财产的道德感一样，源于同样的原则。中国古语曰：君子一言，驷马难追。也是说明信守诺言不仅是利益的要求，也是道德的要求，言而无信是要受到道德谴责的。各国的民法都将诚实信用作为不得违反的法律原则。

休谟以情感主义道德观代替西方传统的理性主义道德观。如果说遵守这三条自然法则是正义的，违背这三条自然法则是不义的，那么区别正义与非义的基础就是两个：利益和道德。利益的基础性容易理解，因为休谟已经分析，这三条自然法则是围绕利益产生的，“人类若非借着普遍而不变地遵守正义规则，便不能那样有效地达到这种利益，因为他们只有借这些规则才能保存社会，才能不至于堕入人们通常所谓的自然状态的那种可怜的野蛮状态”。[①] 遵守正义规则能带来巨大利益，人们凭生活经验很容易就能明白这个道理，人们又很依恋自己的利益，所以选上这三条自然法则是自然而然的，应该是不复杂的，尽管在事实上历尽曲折。道德之所以成为基础，“则是因为当人们一旦看出这种利益之后，他们一看到有助于社

① 休谟．人性论(下册)[M]．关文运，译．北京：商务印书馆，1980：574.

会安宁的那些行为，就感到快乐，一看到有害于社会的安宁的那些行动，就感到不快”。[①] 这就是说，人们为了各自的利益而确立正义规则，正义规则是人为的，但当正义规则确立之后，“则对于这些规则的遵守自然地并自动地发生了一些道德感”。[②] 这种道德感还被新的人为措施增强，如政府教导、父母教育和社会普遍的以守信为荣、失信可耻的风气，都让人们不仅从利益考虑要遵守许诺，从道德考虑也要遵守许诺。

第四节　关于财产权的正义法则的进一步思考

上文，休谟对正义的三条法则分别进行了论述，但是这三条法则还有一些共同特性，引起了休谟的进一步思考。人类社会的和平、安全与幸福依靠这三条自然法则来维系，“不论这些法则对人的情感可以加上什么约束，它们总是那些情感的真正产物，并且只是满足情感的一种更为巧妙、更为精细的方法”。[③] 这些情感是利益情感，人的本性是自私和有限的慷慨，遵守正义规则也是从利益出发的。人们是在交往中发现这一原则，而不是自然赋予人类心灵特殊的、原始的原则来促使我们完成那一套遵守正义规则的行为，所以休谟说：“那些法则不论如何是必然的，仍然完全是人为的，是由人类所发明的；并因而正义是一种人为的，而不是一种自然的德。”[④] 前面已经论述，休谟的德性论的范围是宽泛的，包括自然的德和人为的德，我们现在所说的道德是指休谟的自然的德。休谟不仅做出了区分，而且还相当看重这两种区分，更为重要的是，《人性论》的第三卷《道德学》所着重论述的并不是自然的德而是人为的德。休谟对经济学、政治学、伦理学最突出的贡献正体现在他为人为的德所设计的三条自然法则上。

---

① 休谟．人性论(下册)[M]．关文运，译．北京：商务印书馆，1980：574.
② 休谟．人性论(下册)[M]．关文运，译．北京：商务印书馆，1980：574.
③ 休谟．人性论(下册)[M]．关文运，译．北京：商务印书馆，1980：566.
④ 休谟．人性论(下册)[M]．关文运，译．北京：商务印书馆，1980：566－567.

一、正义的定义

休谟认为，以前关于正义的定义是错误的，把正义和财产权产生的时间顺序颠倒了。人们通常对正义的定义是："使每个人各得其所有物的一种恒常和永久的意志。"① 但是对于正义的定义历来众说纷纭，博登海默就指出："正义有着一张普洛透斯似的脸，变幻无常，随时可呈不同形状并具有极不相同的面貌。"②在柏拉图那里，正义"就是只做自己的事而不兼做别人的事"，他说："当生意人、辅助者和护国者这三种人在国家里各做各的事而不相互干扰时，便有了正义，从而也就使国家成为正义的国家了。"③ 亚里士多德则是另一种说法："政治学上的善就是正义，正义以公共利益为依归。按照一般的认识，正义是某种事物的平等观念。"④ 古罗马法学家乌尔比安说："正义乃是每个人获得其应得的东西的永恒不变的意志。"⑤ 休谟所说的通俗的正义，应该是指乌尔比安的定义。由于休谟已经将正义限定在财产权上，所以与柏拉图和亚里士多德的定义相差甚远，根本不是指同一对象。至于乌尔比安的"应得的东西"在休谟那里进一步缩小为"财产"了。即便通俗的正义定义的对象与休谟的正义对象相一致，休谟仍然是不满意的，而且把这当作非常重要并需要重点论述的问题："这个定义假设，独立于正义之外并在正义之前，亦有权利和财产权那一类事情；而且人们即使不曾梦想到实践那样一种的德，权利和财产权仍然会存在的。我已经约略提到这个意见的谬误，我将在这里较为明晰地继续阐述我对这个题目的意

① 休谟．人性论(下册)[M]．关文运，译．北京：商务印书馆，1980：567.

② 博登海默．法理学：法律哲学与法律方法[M]．邓正来，译．北京：中国政法大学出版社，2004：261.

③ 柏拉图．理想国[M]．郭斌和，蒋平，译．北京：商务印书馆，1986：8－9.

④ 亚里士多德．政治学[M]．吴寿彭，译．北京：商务印书馆，1965：148.

⑤ 转引自斯奇巴尼选编．正义与法[M]．黄风，译．北京：中国政法大学出版社，1992：39.

见。”[①] 因为休谟的财产权理论主要就是那三条正义规则，要理解休谟的财产权理论就必须首先理解他是在什么意义上讨论正义的。

财产权不是来自对象的任何一种可以感知的性质，而是来自对象的某种关系。而且这种关系不是对其他外界物体和无生物的关系，而是对有理智、有理性的存在者的关系。这就是说，财产权虽然在现象上是人与物之间的关系，在本质上却是人与人之间的关系，也就是一件物归属于哪一个人所有的问题。所以说，“构成财产权的本质的不是外在的、有形的关系 。因为那种关系在无生物之间，或在畜类方面也可以同样存在，可是在那些情形下它并不构成财产权。因此，财产权是成立于某种内在的关系，也就是说成立于对象的外在关系对心灵和行为所加的某种影响”。[②] 这种内在关系也就是人与人之间关于财物的关系，一个人对他人财物的戒取。例如最初“占有”的那个外在关系在外界对象方面不产生任何关联，只是对心灵有一种影响：“它给予我们以一种义务感，使我们戒取那个对象，而把它归还于其最初的占有者。这些行为正是我们所谓的正义的确当意义。”[③] 休谟这个正义的定义是颠覆性的，正义在时间上先于财产权，正义决定财产权：“因此，财产权的本性依靠于那个德，并不是那个德依靠于财产权。”[④] 这里的“德”指人为之德，也就是正义。在以往的定义中，正义依靠于财产权产生，休谟则将二者的关系颠倒过来，财产权依靠正义才能建立起来。

还有人主张正义是自然的德，非义是自然的恶，这与休谟的观点根本对立。休谟反驳那种主张说：“那么他就不得不说，离开了财产权、权利和义务等概念，某种行为或一系列的行为在某些外在的对象关系中自然有一种道德的美丑，并产生一种原始的快乐或不快。”[⑤] 这是错误

① 休谟．人性论(下册)[M]．关文运,译．北京:商务印书馆,1980:567.
② 休谟．人性论(下册)[M]．关文运,译．北京:商务印书馆,1980:567.
③ 休谟．人性论(下册)[M]．关文运,译．北京:商务印书馆,1980:567.
④ 休谟．人性论(下册)[M]．关文运,译．北京:商务印书馆,1980:568.
⑤ 休谟．人性论(下册)[M]．关文运,译．北京:商务印书馆,1980:568.

的，在没有产权的地方，行为不存在道德的美和丑。例如，一个人把空气给另一个人显示不出道德美丑，因为空气极大丰富，没有产权；父亲把财物给年幼的儿子使用，也不显示出道德美丑，因为他们之间也没有产权之分。在人类的协议之前，根本就不可能有产权这样的东西。在否定正义是自然的德之后，休谟就得出正义是人为的德的结论。

确定财产权、权利和义务的那些规则，并不包含自然起源的标记，却包含着许多人为措施和设计的标记，这些规则也不是自然发生的。对正义的人为措施属性，休谟提出两条理由："第一，因为这些法则的成立的原因虽然是对公益的尊重，而公益是这些法则的自然倾向，可是这些法则仍然是人为的，因为它们是有目的地设计出来，并指向于某种目的的。第二，因为如果人们赋有对公益的那样一种强烈的尊重心，他们就决不会用这些规则来约束自己；由此可见，正义法则乃是一种较为间接而人为的方式下由自然原则发生的。"① 虽然正义体现出对公益的尊重，但是对公益尊重的这种自然情感决不是正义的来源，休谟断言："利己心才是正义法则的真正根源：而一个人的利己心和其他人的利己心既是自然地相反的，所以这些各自的计较利害的情感就不得不调整得符合于某种行为体系。"② 也就是说，虽然正义的落脚点是对公益的好处，但其出发点则是协议双方的私利而不是公利。如果人们按照正义追求私利，就必然产生了公益，从曼德维尔，到休谟，再到哈耶克都坚持了"私利即公益"的观点。

二、正义没有程度上的区别

人们都承认，一切恶和德都是在不知不觉中互相渗透，并且以不可觉察的程度接近，以致它们在界限上并非泾渭分明，在时间上也不是起

① 休谟. 人性论(下册)[M]. 关文运，译. 北京：商务印书馆，1980：569.
② 休谟. 人性论(下册)[M]. 关文运，译. 北京：商务印书馆，1980：569.

始分明。西方谚语“一半是魔鬼，一半是天使”和休谟自己所言的人性的自私和有限的慷慨，都说明善恶的交混和程度的接近。休谟认为，这个说法给了前面的“正义是人为的德”这个原则一种新的论证：“因为一切恶和德不论是什么情形，而权利、义务和财产权确实不容有那样一种不可觉察的程度区别；一个人若不是有充分而完全的财产权，就是完全没有；若不是完全有实践某种行为的义务，就是完全没有任何义务。”[①] 也就是说，正义和财产权绝不像自然的善恶那样有着程度上的差别，自私与慷慨、天使与魔鬼能在程度上接近和并存，也是正义与自然的德的一个区别，也说明正义是人为的德。休谟这个论证独辟蹊径，有点出人意料，但也是很高明的。作为法学家，休谟也用民法上的一些概念支持自己的论证。例如，当时英国的民法上的支配权（dominion）有“完全的”和“不完全的”之分，是不是说明这种财产权也有程度上的区别，恰如自然的德？休谟给予否定的回答，认为这种区分是一种虚构，缺乏理性的基础。他举了一匹马的例子，如果一个人雇用一匹马，哪怕只有一天的时间，那也有充分的权利在那一段时间内使用那匹马，对那匹马的使用是完全程度的，在其所扩及的范围内是绝对而完整的。“因此，我们可以说，这个权利是在一刹那之间发生而又在一刹那之间消灭的；并且，一个人或是借着占领，或是借着所有主的同意，对任何对象完全取得全部财产权，并借他自己的同意而失掉其财产权；这里并没有在其他性质和关系中所观察到的那种不可觉察的程度区别”。[②] 在分析财产权的情况后，就可以得出结论，正义的情况与财产权的情况是一样的。“在正义是完整的地方，财产权也是完整的；在正义不完整的地方，财产权也必然是不完整的。反过来说，如果财产权不允许有那种程度差别，这种差别必然也和正义是不相容的”。[③] 承认正义不允许

① 休谟．人性论（下册）[M]．关文运，译．北京：商务印书馆，1980：570.

② 休谟．人性论（下册）[M]．关文运，译．北京：商务印书馆，1980：570.

③ 休谟．人性论（下册）[M]．关文运，译．北京：商务印书馆，1980：570.

有程度上的差别，等于说正义并非自然的善恶，因为自然的性质是互相渗入，在许多场合下是难以区别的。

三、正义的普遍有效性

人的心灵并不以一般和普遍的规则约束自己，而是根据实际情况随机而动，心灵所立的原则也不是不可改变的，是容许有例外的。而正义是普遍有效且不可以改变的，这也说明正义不是由自然得来的，也不是任何自然动机或倾向的直接产物。比如，两人争一笔财产，其中一人是富人、笨蛋、单身汉和我的敌人；另一人是穷人，通情达理，有一个人口众多的家庭，又是我的朋友。如果从自然情感出发，我一定使后者取得那笔财产，而不考虑个人的权利和财产权。如果人们对法律采取自由行动，根据个人的条件、品格等特殊情况做出判断，所产生的结果就是："在人类社会中产生无限纷扰，而且人类的贪心和偏私如果不受到某种一般的、不变的原则所约束，就会立刻使世界混乱起来。人类正是因为着眼于这种弊害，才确立了那些原则，并同意以一般的规则约束自己，因为一般的规则是不会被敌意和偏爱，不会被对于公私利益的特殊看法所改变的。所以，这些规则是为了某种目的被人为地发明出来的，并且是违反人性的普通原则的：人性的普通原则是适应具体情况的，没有明确不变的活动方式的。"① 这里的人性的普通原则是自然的德，总是根据具体情况区别对待。如前述财产争议中的两个人，我对他们的自然情感不同，可能偏向后面一个贫穷、通达的朋友，但是正义作为人为的德具有普遍性，不允许这样区别对待，而应该一视同仁。"我们如果允许在各种场合下，随着应用这个规则时所发现的各种特殊效用，各不相同地来应用这个规则，那么我们就永不能达到防止争端的这个目的了。正义在它的判决中绝不考虑财物对具体个人的适合或不适合，而是

① 休谟．人性论(下册)[M]．关文运,译．北京:商务印书馆,1980:573.

遵循着比较广泛的观点来作出决定。不论一个人是慷慨的或是一个守财奴，都同样地受到正义的优待，并且甚至在对于他是完全无用的东西方面与人争执时，也同样容易获得有利于他的判决”。[①] 前面的例子说明，就自然情感而言，可能会偏向后者，但正义不能这样，正义对穷人和富人都是同样的优待。因此，必然的结果就是，能让所有物稳定的那个一般规则，不是根据特殊的判断而被应用的，而是必须扩展到整个社会，不能由于好恶而有所改变。

休谟的结论是：“如果不先假设正义和非议，财产权便是完全不可理解的；而我们如果在道德之外再没有动机推动我们趋向正义的行为，避免非义的行为，那么这些德和恶也是不可理解的。”[②] 自然的情感动机总是因具体的情况不断变化，没有普遍性，不能够成为正义的基础。人们遵循他们那些自然而易变的原则会引起纷乱，而正义法则是基于利益出现的，发生于人类的协议，能避免这些纷乱。对于一个社会而言，正义比这些“自然而易变的原则”[③] 更具有基础性，更为重要。

第五节　休谟产权伦理观的影响和评价

一、休谟产权伦理观的影响

休谟是著名的哲学家、伦理学家和经济学家，他的财产伦理观在经济思想史上产生了深刻的影响。休谟根据人性的自私、有限的慷慨和自然提供的稀少供应指出建立产权保护的重要性，并提出保护产权的正义三条法则。人们出于自私，需要正义规则保护自己的产权，共同的利益感又使人们能够接受规则的约束，戒取他人的财产，因为人在自私的同

---

① 休谟．人性论(下册)[M]．关文运，译．北京：商务印书馆，1980：543.

② 休谟．人性论(下册)[M]．关文运，译．北京：商务印书馆，1980：573.

③ 指自然的德，笔者注。

时，又具有有限的慷慨。休谟反对极端渲染人性的邪恶，他认为人具有同情之心。自私和有限的慷慨是人性的本质特征，是休谟产权伦理观的理论基础。如果将自私推到极致成为极端的邪恶，或者将慷慨推到极致成为极大的善良，又或者自然产品极大丰富，那就不会有产权理论的诞生。休谟这种观点对近代市场经济理论产生了深刻的影响，例如斯密就认为，自私和同情是人性的一体两面，自私产生“经济人”，同情产生“道德人”。有些研究者认为斯密在《道德情操论》中的“经济人”和在《国富论》中的“道德人”是矛盾的，被当作是“斯密问题”，其实这个矛盾是不存在的。休谟先于斯密提出这个问题并作出解答，只不过是斯密的表述方式稍有变化而已。休谟认为，既然不能够消除人的自私的天性，那就通过正义规则保护他的财产不受侵犯，同时保证任何人和政府也不得侵占他人的财产。法国的《人权宣言》就提出私有财产神圣不可侵犯，保护私有财产是近代资本主义国家的一项基本经济制度，这种制度的理论集大成者非休谟莫属。

休谟将政府的职责限定在保护产权上，反对政府对经济活动过度关注，开启了“有限政府”观的先声，对古典自由主义经济学具有非常重要的影响。例如，斯密提出“看不见的手”，发挥市场在资源配置中的基础性作用，哈耶克提出自生自发的自由秩序，都是休谟“有限政府”观的延伸。而且，休谟对政府的认识也属中庸之道，他既反对“无限政府”，也不主张无政府主义，对政府的作用还是充分肯定的，三条正义法则也是由政府执行的。

休谟所提出的产权理论的三条基本法则，奠定了现代私法制度的基础。例如，《物权法》对应着休谟所提出的“稳定财物占有”这一法则，而《合同法》则对应着“根据同意转移所有物”和“履行许诺”这两条法则。休谟非常自信地认为，人类的和平与发展有赖于这三条法则的遵守，绝非夸大其词。近代以来的私人自治的三个普遍原则：尊重财产的私人支配、契约的自由、过失责任，都是以休谟的财产权理论为依据的，休谟不愧为近代私法自治理论的鼻祖。

休谟认为人与财产不是一种自然关系，而是一种道德关系。财产权虽然在现象上是人与物之间的关系，但在本质上却是人与人之间的关系，也就是财产所有权人之间的关系。因此，产权构成了生产关系的基础。马克思在《资本论》中也认为，商品在现象上是人与物的关系，在本质上是人与人之间的关系。

二、休谟产权伦理观的评价

休谟的产权理论对于经济发展具有非常重要的意义，哪里没有产权保护，哪里就没有经济发展。像中国 20 世纪 50 年代末农村吃大食堂，不准个人拥有私人财物，结果很快发生了饥馑。稳定财物的占有被休谟放在经济和社会最为重要的位置，反映了休谟在那个时代的远见卓识，是资本主义法政制度最为核心的一条。在我国，2004 年的宪法修正案也加入了私有财产保护这一条。经济体制的改革，就是改变政府管理经济的模式，政府的职责是保护公民的私有财产。产权理论在经济学中具有核心的位置，是休谟对经济学最为重要的贡献。

海洋、河流今天也是各国争端的焦点，如我国的南海地区，越南、菲律宾等都对属于中国的海域和岛屿提出主权要求，而解决这些领土争端，休谟的添附理论是有借鉴意义的。

休谟正义法则的第二条也十分重要。同意转移所有物，原先的稳定财物占有的缺陷就被克服了，财物由“死”变“活”，在转移的流动性中发挥了效用，正如中国的谚语：流水不腐，户枢不蠹；也正如孔子所言：智者乐水，仁者乐山。水与山的不同点在于水的流动性，从一个地方转移到另一个地方。每一个物主都是智者，希望财物在转移中发挥效用，将自己不需要的财物转移出去，将自己需要的财物转移进来。

第四章

休谟的商贸伦理观

《论商业》是休谟系列经济论文的第一篇。休谟时代，商业在经济中显现出越来越重要的作用，而一些庸俗的经济学家对商业发表了大量似是而非的浅薄观点，激起了休谟的批判热情。休谟作为对近代最有影响力的哲学家之一，是毫无疑问的大智者，但其在包括商贸等方面发表的惊世骇俗、影响深远的观点，却遭到当时浅薄者的非议。休谟对此早有预料，在《论商业》一文的引言中指出，人类大体可分为才智浅薄难窥玄奥的庸人和出神入化超然物外的大智；大智者虽然凤毛麟角却有独创性的一家之言，浅薄者只会对大智者的真知灼见予以诋毁；“庸才与天才的分水岭，主要就在于他们研究问题时所依据的这些原理究竟是肤浅的，还是深刻的”。[①] 虽然休谟关于经济方面的一系列自出机杼的深刻论述受到草率的浅薄者的无情嘲讽，但这种嘲讽丝毫不影响休谟对经济理论的重大影响和休谟经济伦理思想的重要地位。尽管在休谟的经济论文选中，《论商业》作为独立一章，贸易则分为《论贸易平衡》《论贸易的猜忌》两个独立的篇章，但是由于商业和贸易的紧密关系，故可以放在一起研究。

① 休谟．休谟经济论文选[M]．陈玮，译．北京：商务印书馆，2009：4.

第一节　商业伦理观

一、重农主义的主要观点和缺陷

休谟之前的经济理论，主要是重农轻商的思想。亚里士多德就认为，凡是靠自己的劳力，不凭交换和零售（经商）取得生活资料的五种不同方式：游牧、农作、劫掠、渔捞和狩猎，是自然天造，是合法正当的，“自然就为动物生长着丰美的植物，为众人繁育许多动物，以分别供应他们的生计”。[①] 经商致富受到亚里士多德的批判，他认为农业和商业是两类不同的方式，“很多人认为前后这两类方式相同。实际上两者虽属相近，却不相同。前述那一类方式是自然的［人们凭借天赋的能力以觅取生活的必需品］，后者是不符合自然的，这毋宁是人们凭借某些经验和技巧以觅取某种［非必需品的］财富而已”。[②] 农业是顺乎自然地以动植物作为财富，这是维持生命的必需品，是可以称道的；商业脱离了自然，“在交易中损害他人的财货以牟取自己的利益”，[③] 农业所获得的产品均为必需品，商业取得的货币并不是维持生命的必需品，不是自然的意旨，也就是不自然和不正当了。“以此为鉴，重视这种‘人们拥有许多而终于不免饿死’的金钱为财富，实际是荒唐的观念”。[④] 亚里士多德嘲笑寓言中贪婪的米达斯，获得金子还不及谷物的用处，在一堆金子中饿死。亚里士多德还指责商业对钱币的无休止追求暴露出人贪婪的本性，背离了优良美德生活的要求。

重农主义有以下缺陷：①重农主义并不能使农业得到充分发展，反

---

① 亚里士多德．政治学[M]．吴寿彭，译．北京：商务印书馆，1965：23.
② 亚里士多德．政治学[M]．吴寿彭，译．北京：商务印书馆，1965：25.
③ 亚里士多德．政治学[M]．吴寿彭，译．北京：商务印书馆，1965：31.
④ 亚里士多德．政治学[M]．吴寿彭，译．北京：商务印书馆，1965：28.

而使农业失去工业器械和科学技术的支持处于低效率的状态。在农业社会，农业技术无法得到发展，人们满足于简单的器械耕作，也没有财力和智力发展农业器械。中国从汉朝到清朝有两千多年的历史，农民所用的器械——耕犁，都没有改进；而今天我国农业在经济中所占的比重较小，但农业机械和农业科学普遍应用，农业效率大幅度提高，农业反而比重农主义时代有了极大的发展。②正如亚里士多德所言，"真正的财富就供应一家人的良好生活而言，实际上该不是无限度的"。[①] 农产品具有限度，同一时间只能生产一定数量的农产品；农产品易腐烂，保存成本高，这些特点决定农产品不可能极大丰富，只有在重商主义社会里，财富极大丰富才能增强人民的幸福感。③农业劳动无法储备，一旦发生灾荒，又缺乏以往的储备，就会发生饥饿死亡，而工商业劳动能够储备，工商业受自然条件的影响较小。在工商业发达的社会，即使发生自然灾害，也会有更多的高科技下的粮食储备，也可以用相当的财力购买粮食，自然灾害绝不会威胁到人民的生存。④重农主义社会不能解决农民和政府的紧张关系。在这样的社会，由于没有工商业提供税收，农业税成为政府的主要财政收入，这是贫苦农民所不能接受的。一旦进入工商业社会，由于农业的利润低于工商业，为了发展农业就会取消农业税甚至给予补贴，这无疑解除了农民和政府之间的紧张关系。重农主义的这四大缺陷都在工商业社会里得到了解决。

二、商业对农业和社会经济发展的作用

显然，在休谟看来，重农抑商的思想是很浅薄的，他有关于商业方面的深刻思想。他并不"抑商"，不仅不"抑商"，而且大力"扬商"："国家的昌盛，黎民百姓的幸福，都同商业有着密切难分的关系，尽管就某些方面而言，也可以认为彼此之间并无制约互赖的关系。而且，只

---

① 亚里士多德．政治学[M]．吴寿彭，译．北京：商务印书馆，1965：24.

要私人经商和私有财产得到社会权力机构的较大保障，社会本身就会随着私人商业的繁荣发达而相应强盛起来。”① 虽然休谟也承认有例外的情况，例如人们宁愿做商人而不参军可能会削弱一国的军事实力，但是例外的情况并不具有主导性，例如商业发达会增强经济实力，就可能在军事上投入更多的财力，这对军事力量也是有利的。

休谟认为，一个国家的多数人口为农民和工匠，一个国家最基本的必需品当然是农产品，没有粮食吃就会饿死，没有棉麻穿就会冻坏，但是人们在一定时间所消耗的农产品毕竟是有限的。随着科技的发展和经验的积累，单个人所生产的农产品在某段时间内会大幅提升，“土地的出产能够很容易地养活一大批较直接从事耕作的人口数量要多得多的人口，换句话说，即为工匠提供了更多的维持生命的必需品”。② 因此尽管从事耕作的人在远古时代占据极大的比例，但随着社会生产力的提高，其在人口中的比例不断下降。在发达国家，农业人口已降到1/20以下，这就证明300多年前休谟的论断是正确的。

随着生产力的提高，被解放出来的“多余的劳力”将干什么呢？有的被君主用来扩充海陆军，攻城略地，扩大版图，恐吓邻国，成为君主图谋充当世界霸主的工具。斯巴达和古罗马都有类似的政策，剩余的劳动力被充军而不是作为工匠。作为历史学家的休谟考察后发现：“纵观整个古代史，都可见到那些小小的城邦共和国招募供养着一支庞大的军队，其人数之多，就是今天人口为其三倍的国家也供养不起。”③ 休谟时代的欧洲，尽管亦是崇尚武力，但军队和居民人数之比，不超出一比一百；古罗马城、古希腊的雅典尽管地方不大、人口不多，却有一支相对庞大的军队，军队和居民数之比可能不超过一比十几，甚至在一比十之内，这个比例是相当高的。“古代国家军队人数之所以比现代为多，

① 休谟．休谟经济论文选[M]．陈玮，译．北京：商务印书馆，2009：5.
② 休谟．休谟经济论文选[M]．陈玮，译．北京：商务印书馆，2009：6.
③ 休谟．休谟经济论文选[M]．陈玮，译．北京：商务印书馆，2009：7.

除了商业和安逸享乐的需要外，不可能有任何别的理由。靠农民的劳动来供养的工匠，为数寥寥，因此就可以养活更多的军队”。[①] 休谟认为，这种把剩余农民转作军人而不是转作生产和交换工业品的工人和商人，是古代君主为自己扩大版图的利益而漠视民众的幸福的表现，现代的君主是不会退回古代君主的政策上去的，“因为古代的政策过于暴戾，不太合乎天理人情，有违事物发展的正常过程”。[②] 所谓天理人性就是人民追求幸福，这幸福是面包、棉衣和住房，有车子以免走得累，是器械以免干活累等，绝不是到战场上杀人然后被杀。休谟的意图在于将君主的注意力由发展军事转向改善民生，这在当时是有先见之明的。穷兵黩武的国家就是把所有财富集中用于军事扩张，不需要商贸手工业，导致人们的贫困。在休谟看来，这绝不是人类正常的发展趋势，所以他提出因势利导的改革措施，剩余劳动力从事商贸和技艺就会增加人民的幸福感，用剩余劳动力扩充军队从而“导致国富民穷的政策乃是暴政”。[③] 黩武只是暂时集中全社会的财富于国家，如此得来的国富也是暂时的。休谟反对黩武，主张剩余劳动力去当工匠制造出更多的工艺品，“如果这批多余的劳力从事通常称为奢侈艺术的那种精巧手工艺的生产，那就为国家增添了生活的乐趣，因为他们为许多人提供了享受这种乐趣的机会”。[④] 是商业而不是黩武推动人们的勤劳和热情，也就是说，人们的劳动技能提高后，就能生产出超过自身需要的剩余产品，如果没有商业的话，“既然他们不能用那部分剩余产品换回那种可供他们消遣或满足他们虚荣心的商品，他们的生产情绪低落，也就不会有兴趣去提高劳动技能。懒惰的习性便乘虚而入。蔓延滋长，致使大部分田地无人耕耘而荒芜”。[⑤] 这种情况必然导致农民生产技能与劳动技能的下降，农民所

① 休谟．休谟经济论文选[M]．陈玮，译．北京：商务印书馆，2009：7.
② 休谟．休谟经济论文选[M]．陈玮，译．北京：商务印书馆，2009：8.
③ 休谟．休谟经济论文选[M]．陈玮，译．北京：商务印书馆，2009：10.
④ 休谟．休谟经济论文选[M]．陈玮，译．北京：商务印书馆，2009：6.
⑤ 休谟．休谟经济论文选[M]．陈玮，译．北京：商务印书馆，2009：10.

提供的剩余产品以及社会的剩余劳动力就会减少，“军队只得或者仓促出动去进行暴力征服，或者因给养匮乏而解散，二者必居其一。因此，对于这样的民族，不能指望有正规的进攻或防御，他们的士兵，也像其农民和工匠一样愚昧和低能。”① 休谟意在说明，重视商业的社会，农业和商业同时得到发展，军事发展也有财力保障；如果没有商业或商业落后，农业发展不起来，军队也会陷入征服或解散的两难选择。休谟以此说明商业的重要性。

三、商业致富的正当性

商业的对象是工艺产品，商业的繁荣也和机械制造业的繁荣联系在一起，对农业的发展也有推动作用，使更多的农民在农业生产发展的基础上成为商人和工人。商业为什么有如此大的作用？休谟解释说：“人们的欲望则是劳动的唯一动机。”② 农民之所以愿意勤奋地耕作，精打细算利用自然条件，甚至采用科技耕作，就是为获得更多的剩余农产品，但这只是初级“欲望”，获得更多的剩余农产品的后面还有更为深层次的欲望，那就是，“他们的劳动所产生的剩余物没有白白浪费，而是用来交换人们为了享受舒适生活而渴望得到的那些商品了”。③ 对于农民来讲，所生产的农产品有两个价值：自用和交换，在自用之外的剩余农产品的价值唯有通过交换才能实现。如果没有发达的商业，剩余农产品不能交换，那么农民就没有生产剩余农产品的动力了，剩余农产品必然会少，所能供养的非农业人口也相应地减少了。农业的繁荣与非农业的繁荣休戚相关，农业的繁荣意味着农业效率的提高，越少的农民养活越多的非农民；也意味着更多的农民将转行不再做农民，却为社会包括农民在内的所有人提供服务；还意味着农民的剩余农产品能够通过商

① 休谟．休谟经济论文选[M]．陈玮，译．北京：商务印书馆，2009：10.

② 休谟．休谟经济论文选[M]．陈玮，译．北京：商务印书馆，2009：10－11.

③ 休谟．休谟经济论文选[M]．陈玮，译．北京：商务印书馆，2009：11.

业与工业品、手工业品实现等值交换，创造出价值，使农业成为有作为和有价值的经济部门。

农业是一个低附加值的产业。农业由于其基础性当然是很重要的，但一个国家要想富裕仅有农业是不够的，一个国家的经济越发达，农业在整个国民经济中占的比重也越小。这已成为现代经济学的常识，但三百多年前的休谟就已经认识到这一点，实在是超前的，唯有大智者才有这样的高瞻远瞩。休谟认为："只有制造部门积存了大量的产品，社会可以对这种产品提出所有权，而又不致剥夺任何个人的生活必需品时，制造业才能增强国家的实力。因此，任何国家用于超出维持起码生活的产品越多，就越强盛，因为从事这种劳动的人可以极易地转入社会劳动。"① 农业只是制造出维持起码生活的产品，一个国家如果只有农业，那就不会有超出维持起码生活的产品，工商业无法繁荣，反过来又影响农业，使农业成为低效率和低收益的产业。休谟比较了一个纯农业国和一个工商业国，假如两国的劳动力和耕地大致相等，自然条件相似，前者的劳动力都是农民，后者的劳动力除农民外还有商人、工人、手工业者，那么工商业国家的产品数量与农业国相比会极大丰富，质量会明显提高。虽然工商业国家的农民少于农业国，两国耕地相等，但由于工商业国家的农产品可以和工商业品交换，农民的生产积极性要比农业国的农民高出很多倍，再加上工商业国家的农民采用科学器械耕作，而农业国既无器械农民也无钱购买器械，因此工商业国家可以用较少的农民创造出更多的农产品，工业品更占优势，哪国人民更幸福是不言自明的。

纵观经济发展史，凡是纯农业的社会，农业构成国民收入的主体，国家的财政收入有赖于农业税，农民辛苦耕作的一部分被国家以税收的方式直接拿走，这不仅涉及残暴，也会引起农民的极大反感。休谟认为发展工商业是解决这个问题的好办法。实际上，当今工商业发达的国

① 休谟．休谟经济论文选［M］．陈玮，译．北京：商务印书馆，2009：10.

家，不仅农业税取消了，农业也因为其低附加值而受到扶持和补贴。休谟说：“如果把制造品和商品提供给农民，他们就会自觉自愿地这样干。进而你就会发现，要征收农民剩余产品的一部分，用之于社会劳动，是不难办到的。由于养成了勤劳的习惯，农民会认为：这种做法，比起你如果一下子强迫他增加无偿劳动，还不算太难以忍受。”① 我们发现，纯农业社会一旦发生严重的自然灾害，就可能饿殍遍野，而工商业社会不会发生这样的情况。为什么呢？休谟指出：“贸易和工商业名副其实地成为劳动的库存，这种库存，在国泰民安之世，旨在满足个人的安逸舒适；一旦国家出现紧急情况，也可部分地转化而应社会之急需。”② 农业社会的主要财富是农产品，而农产品是不容易储存的，所以农业社会的财富是比较少的。缺乏财富储备，农民必须当年生产出农产品才能生存，一旦发生天灾，既没有多余的储存，也没有财力购买。而在工商业社会，农业的比重低，工商业的比重高，即使是农民，手中也有钱，一旦遇上灾荒，纵使不能生产农产品，也可以购买农产品。商业社会的这种功能，使商业社会的农产品远比农业社会丰富，并有足够的储备。

第二节　对外贸易伦理观

一、对外贸易的作用

我们一般把国内的商品交换称为商业，把与外国的商品交换称为贸易，商业与贸易是紧密相连的，贸易是商业的地域拓展，休谟既推崇商业，也推崇贸易，贸易像商业一样使民众幸福，使国家强盛。“对外贸易通过进口可以为制造新产品提供原料，通过出口则可将本国消费不掉

① 休谟．休谟经济论文选[M]．陈玮，译．北京：商务印书馆，2009：12.
② 休谟．休谟经济论文选[M]．陈玮，译．北京：商务印书馆，2009：12.

的某些商品换回产品。总之，一个从事大量进出口的国家，比起另一个满足于商品自给自足的国家来，其工业必然更加发达，在衣食住行各方面都更讲究享受”。[①] 贸易打破商品的地域界限，使人们的消费视野更加开阔，物质欲望得到更大满足，民众幸福感更强。贸易对国家亦是好处多多，因为贸易使更多的产品被储备起来，实际上也是使更多的劳动力被储备起来。这些被储备的劳动力可以根据需要随时转入社会，却不影响农业，不影响基本的生活必需品。

有一种观点武断地认为：落后的国家若开放贸易，任凭国外物美价廉的商品进来，本国的民族工业制造业就发展不起来。休谟认为这种观点不符合事实，“稽考史籍，就会发现，在大多数国家，对外贸易总是为国内制造业的翻然改进鸣锣开道，并带来穷奢极侈的享受”。[②] 一般说来，舶来品具有本国产品所不具备的别开生面的新鲜感，能引起民众的兴趣，民众使用这样的产品是对好奇欲望的满足，具有幸福感。而本国的一些低廉、滞销产品，也可以拿到土壤和气候不适合生产这种商品的国家去销售，亦可获利。在外贸中，人们逐渐掌握了交易的技巧，并产生这样的好处：“它使一些饱食终日无所事事的人奋发有为，它也为这个国家里那些寻欢作乐的纨绔子弟展示了穷奢极欲的新天地，这种奢侈豪华的生活，他们过去连做梦也想不到，因而在他们心中唤起了一股追求为他们的先辈所未曾享受过的更美妙生活方式的欲望。”[③] 商贸必然引起同行的竞争，在竞争中不断提升产品质量，也迫使国内制造业具有忧患意识，下大力气提高产品质量和竞争力，达到国外产品的质量要求。因此对外贸易从长远看，恰恰有利于促进民族工业的发展。落后国家若想发展民族工业，恰恰要对外开放，发展对外贸易，闭关自守是死路一条。2001 年我国加入世界贸易组织，围绕是否“入世”在当时的

① 休谟．休谟经济论文选[M]．陈玮，译．北京：商务印书馆，2009：13.
② 休谟．休谟经济论文选[M]．陈玮，译．北京：商务印书馆，2009：13.
③ 休谟．休谟经济论文选[M]．陈玮，译．北京：商务印书馆，2009：13.

经济界展开过激烈的争论，而从休谟的观点看，“入世”是必要的，是利大于弊的。而且，休谟在当时就批评过清王朝的贸易封锁政策：“中国在一般人心目中是世界上最富庶的帝国之一，可就是它的商业很少越出本国的疆域。”① 一旦通过贸易提升本国的工业水平，那么即使一时丧失对外贸易，仍不失为经济强国。外国人不喜欢的产品应该停止生产，转而投产到本国需要的其他商品，原材料和技术、产品数量和质量都同时得到保障，工商业的发展创造了人们所向往的伊甸园。

休谟注意到，工商业发达的国家，剩余劳动力转化为工匠会创造出更多的社会财富，同时也保障每一位农民和工匠获得相当的财富。每个人都应该能够享受自己的劳动成果，每个人都有财力能够购买商品，所生产的商品才能卖得出去，工商业才繁荣，如果贫富差距过大，财富集中于少数人手中，大部分人失去购买力，那么商品就无法正常销售。休谟断言：“公民之间贫富过于悬殊，会使国家受到削弱。”② 商业社会客观反对贫富分化，如果每个人都有购买力，购买同一种商品的人多了，商品的数量多了，成本必然下降，商品价格下降，这对富人也未尝不是好事。财富的相对均衡对穷人和富人都有好处，对社会的和谐稳定和提高人们的工作热情也有好处：“财富如为少数人所独占，这少数人必然掌握着全部权力，就会千方百计地把负担完全转嫁到穷人头上，一步步压迫穷人，逼得他们最终失去辛勤劳动的热情。”③

二、商贸繁荣与政制

休谟还看出，商业的繁荣与政制也有相当的关联性，“老百姓的贫困乃是君主专制的必然（如果不说是绝对真实的话）恶果。可是，要是反过来说：老百姓的富裕是自由的绝对可靠的结果，这种说法，我怀

---

① 休谟．休谟经济论文选[M]．陈玮，译．北京：商务印书馆，2009：14.
② 休谟．休谟经济论文选[M]．陈玮，译．北京：商务印书馆，2009：14.
③ 休谟．休谟经济论文选[M]．陈玮，译．北京：商务印书馆，2009：15.

疑，也不见得一贯真实吧”。[1] 放眼当今世界，休谟这句话也是正确的。专制的农业社会，国家对农民控制得很紧，农民的剩余产品上缴国家而不是用于购买工业品，因而农民毫无生产积极性。当然也不能说实行自由政制的国家一定富裕，但是自由政制即使不是一国富裕的充分条件，至少也是必要条件，实行自由政制的绝大多数国家都是富裕的。但自由政制不是一国富裕的唯一条件，“要获致这种结果，除了有自由，还必须辅之以特殊转折的出现和某种思潮的崛兴”。[2] 休谟比较英国和法国两国的农民，他们富裕之不同并不在于政制的区别：“在法国、意大利和西班牙，老百姓的贫困，在某种意义上说，是由于物产丰富，气候宜人造成的。”[3] 其原因在于，欧洲南部自然条件非常好，农业是一种不费力的技艺，土地的肥力很容易储存和恢复，农民对自己的劳动要求也不高，他们既无农具又无财产。而英国的自然条件差一些，农民种田的风险高一些，需要农具和长期的租约，他们更加注意提高耕作技术。休谟还发现，热带地区的人技术落后，教化欠缺，而少数温带国家则没有这种弊病。其原因在于，热带地区可吃的东西多，所穿的衣服少，甚至无须建造房屋抵御严寒，他们的需要比温带国家少，“而这种需要却正是刺激一切勤劳和发明创造的巨大动力。需求促进人的才智”。[4] 休谟这种观点带有地理环境决定论的因素，在早期的人类社会中具有一定的道理，但随着社会的高度发展，在今天已经站不住脚了。今天热带地区的人们对于美味佳肴、奇装异服和豪华美宅也是有需求的，这是他们的欲望之所在。休谟说得对，需要促进才智，社会的发展促进了更多的需求，这远远高于当初人们对自然的需求，商业无疑是推动需求的主要因素之一。

---

① 休谟．休谟经济论文选[M]．陈玮,译．北京:商务印书馆,2009:15.
② 休谟．休谟经济论文选[M]．陈玮,译．北京:商务印书馆,2009:15.
③ 休谟．休谟经济论文选[M]．陈玮,译．北京:商务印书馆,2009:15.
④ 休谟．休谟经济论文选[M]．陈玮,译．北京:商务印书馆,2009:17.

三、对外贸易平衡

说起来有点自相矛盾，重商主义有两种截然相反的表现形态，这两种形态都和休谟的自由贸易主义格格不入。

早期，重商主义的主要表现是禁止商品出口，“把他们认为宝贵和有用的任何东西都保存在本国，是一种司空见惯的做法”。[①] 休谟认为，这种想法是愚蠢的，这种做法的后果是事与愿违的，因为一种商品出口得越多，国内生产得越多，而且国内人民总是近水楼台先得月，最先受益。还有一点休谟忘记提及，出口越多必然导致效率越高、成本越低和价格越低，这对国内的消费者也是有好处的。但鼠目寸光者总认为一旦产品出口则国内就会奇缺，因此将禁止产品出口列入了法律。雅典把微不足道的产品出口都定为犯罪，甚至禁运一种水果也被执行得雷厉风行。在英国特别是爱德华三世时期，也严厉限制出口。休谟时代的法国，地域广袤，自然条件好，却以备荒的名义禁止谷物出口，但禁运并未改变“这个沃野千里的国土上，依然饥馑频发，饿殍遍野”。[②]

到休谟时代，重商主义的表现改头换面，国家从对商品的禁运转向对金银输出的禁运，唯恐金银外流，对贸易失衡有着强烈的戒惧。当时的重商主义的主流观点是“贸易差额论”，认为金银是一国的真正财富，因此主张政府采取贸易保护措施，打破贸易平衡，使国家出口多而进口少，获得贸易顺差，从而使更多的金银流入本国。休谟认为，“贸易差额论”者对金银外流的担忧实乃杞人忧天，是经济学界的庸人自扰，“担心钱币会离开一个有人力有工业的国家，就像担心所有的泉源和江河会干涸一样。只要我们谨慎地爱护人力和工业，就永远不愁会失去钱币”。[③] 当时的贸易平衡理论是建立在不确切的事实和假想基础上

---

① 休谟．休谟经济论文选[M]．陈玮，译．北京：商务印书馆，2009：56.

② 休谟．休谟经济论文选[M]．陈玮，译．北京：商务印书馆，2009：56.

③ 休谟．休谟经济论文选[M]．陈玮，译．北京：商务印书馆，2009：57.

的，故得出种种耸人听闻的谬论，貌似有理实则贻笑大方。他们也会用诸如海关的账簿、汇兑率、豁免税率等一系列事实来估算，证明自己的浅薄理论，但是这些片面的理论却很好地被经济实践粉碎了。这些理论不仅很快成为过眼烟云，也成为笑柄，"吉先生（Mr. Gee）的大作曾在英国国内掀起过轩然大波，这些文章通过详细列举，明确昭示：贸易逆差，数额巨大，迨五六年后，国人将不复存一先令。然而幸运的是，一晃二十年过去了，而且在这期间还连年对外用兵；可是如所公认，英国人手里的钱币却比先前任何时期都更多了"。[①] 著名讽刺小说《格利佛游记》的作者斯威夫特博士，才思敏捷，善于洞察他人文章的荒谬，却对自己文章的荒谬毫无觉察。他在《爱尔兰现状之一瞥》中断言贸易逆差的爱尔兰国库的钱三年内会从五十万英镑变为不足两镑。斯威夫特博士的理论被实践证明是错误的，但他关于爱尔兰财富发展的高见历久不衰，甚至还被发扬光大。错误的理论有如此大的影响力，让休谟也迷惑不解。

贸易逆差导致的黄金外流成为重商主义者和信奉这种理论的人们挥之不去、如影随形的魔咒，休谟也认识到自己"无法开列一张足以抵消进口的全部出口货物的详尽清单来批驳这种忧虑"[②]，他就采取一种自认为较为恰当的做法："提出一个一般性的论点，说明只要我们保持自己的人力和工业，这种事情就不可能发生。"[③] 也就是说，通过限制进口、鼓励出口的措施来保持贸易平衡，防止金银外流，是一种短视的、弊大于利的做法，长远的、利大于弊的做法是提高本国的人力素质，发展本国工业，提高本国产品的竞争力，通过自由竞争使出口大于进口，实现贸易顺差。休谟做了一个大胆的假设：假设英国金银货币一夜之间消失五分之四，那么重商主义者会以为大祸临头，休谟却认为，

① 休谟．休谟经济论文选[M]．陈玮，译．北京：商务印书馆，2009：57.

② 休谟．休谟经济论文选[M]．陈玮，译．北京：商务印书馆，2009：58.

③ 休谟．休谟经济论文选[M]．陈玮，译．北京：商务印书馆，2009：58.

如果货币的数量下降到与哈里和爱德华两个王朝相同，劳动和商品的价格也会同样下降，由此导致商品售价也会像那两个王朝一样便宜。出现这样的情况，“那时候还有哪个国家能在国外市场上同我们争夺呢？或者胆敢以同样的价格（这种价格会给我们提供足够的利润）来从事海运和销售工业品呢？”[①] 休谟是说，货币减少使劳动力价格和商品价格低廉，产品竞争力上来了，产品就会大量出口，金银就会回流，很快就会赶上邻国的水平。我们货币多了以后，就会丧失廉价劳动力和商品的有利条件，产品的竞争力就不会像过去那么强大，流入的金银随之减少，最终还是恢复到贸易平衡。休谟又做了一个完全相反的假设：“英国全部货币一夜之间增加四倍，难道没有相反的结果接踵而至吗？”[②] 休谟还是做了肯定的回答，货币的增加会让所有的商品贵得出奇，让邻国的人民买不起。相比之下，邻国的商品就会相对便宜，任何法令也不能阻止这些便宜的商品走私入境，从而使本国的货币外流，直到本国的货币量下降到与外国相等为止。休谟这种观点有一定道理，但也是有缺陷的，比较适合当时的劳动密集型产业。也就是说，对于劳动密集型产业，一国货币越少，则人越穷，劳动力价格越低，产品的价格越低，产品竞争力越强，越能够出口换回外汇。反过来，一个国家货币多了，人富了，劳动力价格上升了，产品成本就高了，竞争力反而差了。就我国沿海地区而言，20 世纪有大批劳动力密集型产业，但在新世纪人民富裕、工资大幅增长的情况下，难以为继了，只好向内地或东南亚国家转移。但对于今天高科技产业未必如此，例如美国富有，劳动力成本很高，但别以为他们的商品贵得离谱，他们放弃了劳动密集型产业，他们的日用品从国外进口，而大量出口劳动力占比很小的高科技产品，以此既享受国外廉价商品，又能保持贸易平衡。

休谟对贸易均衡持乐观的态度，反对通过人为的贸易保护措施来促

---

① 休谟．休谟经济论文选[M]．陈玮，译．北京：商务印书馆，2009：58.

② 休谟．休谟经济论文选[M]．陈玮，译．北京：商务印书馆，2009：59.

进贸易均衡或顺差，“要是这些过分的不均衡现象出人意外地发生，那么，使这些现象得以矫正的因素必然同样地会按事物的正常趋势来防止其发生，必然会在所有毗邻国家里，使货币与每个国家的技艺与工业始终大体相称”。[①] 休谟这种看法符合经济科学，也就是说，与其采取人为的贸易保护来防止贸易失衡，不如提高技艺和工业水平，让本国生产出物美价廉的商品，这样就不愁本国的商品鱼贯而出，外国的货币鱼贯而入，财源日盛，想不贸易顺差都很难呢！依靠经济自身的发展实现贸易平衡比暴力或外部作用要有效得多，更能从根本上解决问题。过于实行贸易保护，使本国产业处于优势地位，就不会在提高产品质量上下功夫，实际上不利于本国工业的发展，永远不能够同世界经济接轨，这表面上是保护民族工业，实际上是害了民族工业。

苏格兰与英格兰统一前，两国都实行贸易保护政策，英格兰比苏格兰富裕，对统一也是有所顾虑的，“正如杜·波瓦神父在《被误解的英国利益》中所说，一旦贸易放开，苏格兰很快就会把英格兰的宝库搜刮一空；在苏格兰方面却有一种相反的担心”。[②] 但是这两种顾虑，实践证明都仅仅是顾虑而已，并没有实际发生。

货币均衡不是人为或政策的结果。在休谟时代，各国商品的价格大体均等，如果说货币有差别，那也是工业和商品质量的差别，货币均衡“是指在一些国家里货币同商品、劳动、工业和技巧之间所保持的相应的均衡”。[③] 当一国的这四大要素以邻国三倍、四倍的速度增长时，该国的货币量相比邻国也是三倍、四倍地增长。休谟还考虑到特别因素，“唯一能够妨碍这种比例的正确性的因素，是把商品从甲地运往乙地的运输费用；这种费用有时是不相等的”。[④] 例如甲地商品价格是乙地的一半，一车 A 商品在甲地是 100 英镑，在乙地是 200 英镑，但甲、乙两

① 休谟．休谟经济论文选[M]．陈玮，译．北京：商务印书馆，2009：59.
② 休谟．休谟经济论文选[M]．陈玮，译．北京：商务印书馆，2009：61.
③ 休谟．休谟经济论文选[M]．陈玮，译．北京：商务印书馆，2009：62.
④ 休谟．休谟经济论文选[M]．陈玮，译．北京：商务印书馆，2009：62.

地之间的运费昂贵，一车 A 商品从甲地运往乙地的运费也是 100 英镑，这样就把甲地商品的价格优势抵消了，乙地的货币就不会流向甲地。这也说明发展交通业降低运费是何等重要，沿海的国家和地区经济最先发展起来，其中一个优势就是海运的费用相对低廉。

休谟还批评当时英国的贸易政策。由于英法之间的敌意，双方互相设置贸易壁垒，当时英国的毛纺织业发达，却失去了整个法国市场；法国的葡萄酒质量好、价格低，且英法之间距离近、运费低，但英国却舍近求远以高价从西班牙和葡萄牙进口劣质酒类。当时有人认为，听任法国酒在英国廉价倾销，则会令英国酒业破产，英国也将破产。休谟对这种浅薄见解嗤之以鼻："如果我们抛弃一切偏见，就不难证明：凡事有一弊必有一利。为了给英国提供酒类，在法国每增加一英亩葡萄园，法国人必然要从英国取走一英亩小麦或大麦以维持自己的生活；这样，我们显然就掌握了主动，可以获得质量较好的商品。"① 当时法国国王多次下诏禁止增加葡萄种植面积，新种植的拔毁。这说明，法国并不把种植葡萄看得比粮食重要，而法国向英国出口葡萄酒必然扩大葡萄的种植面积。

休谟时代，为适应商贸的发展，已经开始发行纸币。休谟断言，纸币的发行使货币量增加，而在商品数量并不增加的情况下，就会提高商品的价格，伴随着劳动力价格的上涨，结果商品的涨价抵消个人货币量的增加，个人购买力就会降到原先的水平。这就是说，人们不会因为多发行纸币而增加财富，"滥发纸币是危险的，有信用失败而丧失一切的风险，这种情形在社会发生剧烈动荡时是屡见不鲜的"。② 如美国在 2008 年的金融危机中所采取的多轮货币宽松政策在休谟看来也是不明智的，开大马力印钞票并不能增加财富，当然就美国而言可以以邻为壑，转移危机。纸币是货币符号，不是真正的货币，真正的货币是金银

① 休谟．休谟经济论文选[M]．陈玮，译．北京：商务印书馆，2009：62.
② 休谟．休谟经济论文选[M]．陈玮，译．北京：商务印书馆，2009：64.

贵金属。“如果纸币能够保持有效，那它必定有金银可供兑现，只要我们不因这种纸币的新发明而阻碍金银入口的话”。[①] 纸币的过量发行会阻碍金币的流入。休谟对此分析道：“如果英国的硬通货金币一千八百万镑，流通国内的纸币一千二百万镑，国内的基金储备三千万镑，英国的物价和其他国家大致相等，国外的金银也不会流进来。但是，如果你把这个一千二百万镑抽调，那么国内的货币同我们的邻国相比，就低于其均衡水平；我们就必须立即从所有的邻国吸收货币，直到充分饱和，换句话说，直到无法保持再多为止。”[②] 也就是说，纸币发行量多了，货币总量增加了，而商品数量还是那些，就会引起物价上涨，使本国商品的价格高于邻国，邻国人就不会购买本国商品，就不会有金银流入本国。例如，法国存有大量金条就是为了维护纸币的信用，法国人将现款放在家里，家庭使用金银器皿，较之那些金银存量不及法国一半的国家，法国的粮食和劳动保持着低廉的价格。当时一些地方盛行中国的瓷器，上院明令禁止这种易碎的器皿超出一定的范围，而银质餐具的使用则不受限制。休谟对此是认同的，“人们在日后的穷困之际，就会发现这一法令的好处。从这一角度出发，我们对金银餐具的课税，未免有点失策”。休谟显然认识到金银的储藏功能，可备紧急之用，易碎的瓷器本身价值低，又易碎，不具备金银餐具的财富储藏功能。这种观点在今天生产能力大幅提高、财富明显增加的情况下就站不住脚了。休谟没有看到，使用贵金属做餐具是有被盗丢失风险的，瓷器固然易碎，但一个瓷器破碎了与一件金银餐具被盗相比，物主的损失小得多，也能为物主所接受。所以休谟的这个观点在当时未必有可行性，而且有相当的片面性。

尽管纸币本身没有价值，休谟对纸币评价较低，但休谟也认识到贸易与货币的复杂性和纸币在流通中的重要性，“取缔硬币和金银在国内

---

① 休谟．休谟经济论文选[M]．陈玮，译．北京：商务印书馆，2009：64.

② 休谟．休谟经济论文选[M]．陈玮，译．北京：商务印书馆，2009：64.

流通无疑是正确的，凡是目光短浅只看到眼前的人，当然会反对这种做法”。[①] 而对纸币取代金币流通要有如下配套措施：“不准从工业和信贷的发展中提取补偿，也不准其发展过头而失去平衡。”[②]

休谟分析英国哈里七世和古雅典共和国集聚大量财富的例子，说明为什么英国和其他欧洲国家竞相设置贸易障碍和关税，原因在于“大量集聚货币的无底欲望，因为货币一流通，就绝不能超出它的均衡水准而大量集聚；或出于一种杞忧，唯恐丧失自己的货币”。[③] 休谟称这种贸易保护政策是失策和倒行逆施，使邻国之间丧失了自由往来和交换之利，人们所使用的商品数量少了，质量也差了；这也违背造物主的本意。各国的土壤、气候和产品不同，各国人民的创造能力有偏向，只有通过贸易交往取长补短，才能克服各自的缺点而共享优点。例如英国人民享受法国物美价廉的葡萄酒，法国人民享受英国物美价廉的纺织品，只有自由贸易才符合造物主本意，促进各国人民的幸福。贸易保护政策“只会阻碍工业的发展，使我们自己以及我们的邻邦都失掉在技艺和自然方面的共同利益”。[④] 无论对君主还是人民，对本国还是邻国，害远大于利。

休谟对自由贸易的观点也是有保留的，他也认为不应把关税一律看作偏见和无用之举，“对德国亚麻织物征收关税，就能鼓励本国制造商，使从业人员和工业成倍地增加。对白兰地征收关税，就能增加朗姆酒的销路，对我国的南方殖民地是一种支持”。[⑤] 白兰地是法国名酒，朗姆酒是英国酒，知名度和竞争力低于前者。不过这种贸易保护对本国工业的护持也是权宜之计，休谟还是欣赏他前面批判的斯威夫特的警句：海关上的算术，二加二不等于四，而往往等于一。甲商品征收两英镑，乙商品征收两英镑，国库的收入最后不是多了四英镑而是一英镑，

① 休谟．休谟经济论文选［M］．陈玮，译．北京：商务印书馆，2009：65.
② 休谟．休谟经济论文选［M］．陈玮，译．北京：商务印书馆，2009：65.
③ 休谟．休谟经济论文选［M］．陈玮，译．北京：商务印书馆，2009：70.
④ 休谟．休谟经济论文选［M］．陈玮，译．北京：商务印书馆，2009：71.
⑤ 休谟．休谟经济论文选［M］．陈玮，译．北京：商务印书馆，2009：71.

因为关税导致本应该流入国库的三英镑停止流入了。海关上的征税多，不代表政府的收入多，更不代表着人民的生活质量提高了。休谟断言："假如酒类进口税降低三分之二，政府的收入无疑要比现在多得多，而我国人民也普遍喝上比较有益于健康的好酒，对于我们老是为之提心吊胆的贸易平衡问题，也就不会产生什么偏见了。"[①]对于超出本国农业能力制造淡啤酒，休谟认为不去干预让少数人经营；为了获得价格上的竞争优势，休谟对于运输尤其是酒类和谷物的运输特别关注。

为什么有的国家先前货币存量大、繁荣富庶，到后来却货币匮乏、贫困衰败呢？休谟解释："如果这些国家失去了贸易、工业和人民，就不能指望保持其金银，因为这些贵金属总是要同前面这些有利条件保持一定的比例。"[②] 这就警告君主，想要金银满山，不是靠对内搜刮民脂民膏，对外禁止进口国外廉价商品，而是要发展工业和贸易，使本国人丁兴旺。例如，文艺复兴后，西欧的里斯本和阿姆斯特丹就从地中海的威尼斯和热那亚夺取东印度的贸易权，之后贸易权又从西欧的里斯本和阿姆斯特丹转到巴黎和伦敦。于是，文艺复兴前的欧洲中世纪，由于罗马教皇的至高地位，金银一直从欧洲其他地方流向罗马，但文艺复兴后，西欧的工商业迅速发展，而罗马的经济几乎是原地踏步，钱又从罗马流向工商业发达的西欧，罗马教皇的领地反而成为意大利最穷的地方。一个政府若关心钱币，不能用贸易保护这样愚蠢的办法。只要让人民自由富裕，使工商业繁荣发展，政府必然财源滚滚。

四、贸易猜忌

贸易猜忌是商业国家间广泛存在的心理，也是一种很不自信的心理，总希望别国退步落后，认为是别国的繁荣使本国不利。对这种充满

① 休谟．休谟经济论文选[M]．陈玮，译．北京：商务印书馆，2009：71.

② 休谟．休谟经济论文选[M]．陈玮，译．北京：商务印书馆，2009：72.

敌意的狭隘观点，休谟提出了截然相反的，当然也是相当自信的观点："任何一个国家的商业发展和财富增长，非但无损于，而且有助于所有邻国的商业发展和财富增长；再说，要是所有的邻邦都处于愚昧、懒惰和原始状态，那么一个国家的工商业也就行而不远，无从发展了。"① 休谟这个观点是开放的、具有远见卓识和充满经济智慧的。孟子就说过，"生于忧患，死于安乐"。一个国家在工商业上有着强大的竞争对手，就能提高自身的忧患意识和强烈进取心，就会想方设法提高本国的工业技术和商业运输能力，使本国的工商业更为强大。再者，邻国富裕了，也会给本国工业品提供广阔市场，并使本国人民获得更为丰富低廉的产品。"不是冤家不聚头"，对手的工商业的强大，常常使自己的工商业更为强大，"只要国与国之间的公开往来得以保持，每个国家的本国工业就一定能从别国的改进中获得发展"。② 休谟还用经济史资料实证他的论断：英国今天的工农业水平比两百年前大为提高，两百年前英国的农业和制造业粗糙落后，但是两百年间，通过对国外先进技术的仿效和改进，今天大大发展了。到了休谟时代，工业革命、牛顿的三大定律和瓦特的蒸汽机都是英国人的贡献，英国的制造业在当时已是大大领先了。但英国当时的技艺还是落后于邻国，此后其先是从邻国输入商品，再输入技艺，英国的技艺也大大发展了。这都是开放贸易给英国带来的好处。不可否认，其他国家也从开放贸易中得到了好处。

劳动创造财富，我们制造出精美的商品并试图凭之牟利，"但是假如我们的邻国一无工业二无农业，就无法接受这些商品，因为它们拿不出什么东西来进行交换"。③ 国与国之间和人与人之间相似，邻国富，我国也富；邻人勤快，我们也跟着勤快。如果邻国贫穷，我们生产的产品卖不出去，也会变得懒惰，进而变得贫穷。有的国家担心，如果别的

---

① 休谟．休谟经济论文选[M]．陈玮，译．北京：商务印书馆：2009：74.
② 休谟．休谟经济论文选[M]．陈玮，译．北京：商务印书馆，2009：74.
③ 休谟．休谟经济论文选[M]．陈玮，译．北京：商务印书馆，2009：75.

国家发展太快，产品质量太好，只有我国买它的产品，他国却不会买我的产品，怎么办，这样下去，不就会使我国长期处于贸易逆差状态，金银大量外流吗？难道不应该采取贸易保护措施吗？休谟认为，这种假设是根本不可能变为现实的，“造化赋予不同国家以不同的才能、气候和土壤，从而为各国的交流提供了稳固的基础，只要各国始终保持勤劳和文明”。[①] 造物主对各国是大体公平的，任何单个国家都不可能垄断一切最精美的商品。只要一个国家政体优良，人民勤劳，纵使某一自然条件有所欠缺，肯定也有其他优势，也能够制造出别国无法制造的精美商品，不用担心别国不购买本国商品。邻国越富裕，对本国的需求也就越大，“人们在变得富足和熟练之后，总向往获得一切尽善尽美的商品；由于拥有大量的商品可用于交换，他们就大量进口一切外国商品。这样固然刺激了出口国家的工业，可是进口国家本身的工业，也由于售出货物作为交换而得到发展”。[②] 因而，不必担心别国工业水平高、产品质量好而不进口本国的产品，当然也要提高本国产品的竞争力。

由于英国的主要工商业品是毛纺织品，那么邻国的毛纺织品的竞争会不会让英国蒙受损失？因此是否应该对毛纺织品这种主要产品采取贸易保护措施？休谟依然做了否定的回答。理由在于：其一，一个国家的主要工业品具有生产经营上得天独厚的优势条件，如果依然在商贸竞争中失败，那要归于自己的懒惰和经营失当，怪不得别国的工业发展；其二，邻国工业的发展也促进商品消费量的增加，纵使有外国制造品，如毛纺织品的竞争，但消费需求量的增长大于外国制造品的产出，对于本国毛纺织品的需求有增无减；其三，纵使确实需求减少，后果并非致命，可以转向其他的工业部门，毛纺织品制造商可以转而生产亚麻、丝绸、铁等有需求的商品。不必担心在商贸竞争中引起资源枯竭和工人失业，这种商贸的自由竞争，一是使国家的工业蓬勃发展；二是正如上述

① 休谟．休谟经济论文选[M]．陈玮，译．北京：商务印书馆，2009：75.

② 休谟．休谟经济论文选[M]．陈玮，译．北京：商务印书馆，2009：75.

的第三种情况，可以促使一国的产业结构调整，工业部门更多、更完善，对一国的经济也是有利的。“一个国家的工业色色俱备，要比只从事单一品种生产更为适宜，局势将比较稳定，对商业的各个具体部门经常经历的各种动荡变革不那么敏感”。① 贸易保护是狭隘有害的政策，对于落后国家的贸易封锁，会使落后国家唯一可供交换的农产品不能够转换为金银，不能够购买先进的商品和技术，就永远无法发展。发达国家的贸易保护就是让邻国倒退，但这种后果最终还是由始作俑者承受，因为邻国像摩洛哥那样落后和愚昧之后，我们固然不愁他们会有商品与我们争夺市场，但有更为可怕的结果，“那些国家也无法向我们提供商品，也不能接受我们的商品，我们本国的商业就会因没有竞争、榜样和指导而萎缩衰落，不久自己也同样会落到当初由我们造成的、邻国的悲惨境地”。② 因为对手是我们的参照物，对手下沉，我们也会跟着下降，从这点来看，对手的强大更有助于我们的强大。于是，休谟认为，他不仅作为人类的一员，为德国、西班牙、意大利和法国等国的商业繁荣而祈祷，即使作为一个英国公民，为了英国的繁荣，也要祈祷这些国家的繁荣，“如果英国和所有这些国家的君主和大臣们采取这种高瞻远瞩的仁慈观点和睦相处，英国和所有这些国家就会更加繁荣昌盛”。③ 经济上的爱国主义和国际主义是相融的，抛弃贸易成见和猜忌，废除贸易壁垒，不仅对其他国家和人民有好处，对本国和人民也有好处，一国的繁荣和他国的繁荣息息相关。

---

① 休谟．休谟经济论文选[M]．陈玮，译．北京：商务印书馆，2009：76.
② 休谟．休谟经济论文选[M]．陈玮，译．北京：商务印书馆，2009：77.
③ 休谟．休谟经济论文选[M]．陈玮，译．北京：商务印书馆，2009：77.

第三节　休谟商贸伦理观的影响和评价

休谟是农商并举的经济学家，他在承认农业基础性地位的同时，赋予商业很高的地位。他认为一国的繁荣昌盛伴随着商业的发展，商业的发展引起技艺的进步，推动农业产品的销售和财富转换，也能解放农业的剩余劳动力，因此商业的发展又反过来促进农业的发展。休谟从理论上批判古代西方的大多数经济学家（西塞罗和色诺芬是例外）对商业的轻视态度，引导人们对商业的正确认识，这是他对经济伦理学的开拓性贡献，影响深远。

休谟还认为，农业所能承受的劳动力有限，一部分从农业人口中解放出来的人干什么，关系到国家的富强和人民的幸福。休谟反对用剩余劳动力扩充军队，认为“导致国富民穷的政策乃是暴政”。[①] 主张剩余劳动力充当工匠制造出更多的工艺品，“如果这批多余的劳力从事通常称为奢侈艺术的那种精巧手工艺的生产，那就为国家增添了生活的乐趣，因为他们为许多人提供了享受这种乐趣的机会”。[②] 休谟在经济上发展商业的主张和他在政治上主张和平、反对战争的思想是一致的，这在当时是具有前瞻性的。

休谟看到，在农业社会，农业税是政府收入的主体，而向农民征收农业税会引起农民的反感并导致农民贫困。如果商业发展了，国家通过商品征税就可以取消农业税，农民也会欣然接受，“如果把制造品和商品提供给农民，他们就会自觉自愿地这样干。进而你就会发现，要征收农民剩余产品的一部分，用之于社会劳动，是不难办到的。由于养成了勤劳的习惯，农民会认为：这种做法，比起你如果一下子强迫他增加无

---

① 休谟．休谟经济论文选[M]．陈玮，译．北京：商务印书馆，2009：10.

② 休谟．休谟经济论文选[M]．陈玮，译．北京：商务印书馆，2009：6.

偿劳动，还不算太难以忍受”。[1] 当今工商业发达的国家，不仅农业税取消了，农业因为其低附加值反而受到扶持和补贴。我国在 2003 年以后逐步取消了农业税，如果商业不发展，是做不到这一点的。休谟是倡导取消农业税的先驱，而且提出了发展商业，以商品税取代农业税的具体措施，对后来各国的经济政策走向有很大的影响。

休谟对商业的重视是完全正确的，我国过去几千年占支配地位的重农抑商的思想是狭隘的小农经济思想，而休谟农商并举的思想则具有开阔的眼界，并且开拓了经济学研究的新视野。

① 休谟．休谟经济论文选[M]．陈玮，译．北京：商务印书馆，2009：12.

第五章

休谟的货币伦理观

1748年至1758年这十年间，欧洲的一些学者在当时世界贸易蓬勃发展、贸易保护主义抬头的情况下，讨论国际的贸易经济是否存在不需政府干预的“自然的”过程。休谟参与了这场讨论，写下一系列经济论文，其中最有影响的就是他的货币数量论。尽管这种货币数量论吸取了博丹、巴尔本、洛克等经济学前辈的成果，但休谟的研究绝不是拾人牙慧，而是有自己的独特观点和论证方式，马克思也认为休谟是18世纪货币数量论的重要代表人物。

第一节　货币

一、货币金银的作用

货币是商品交换的媒介，人类历史上商品交换经过了直接的物物交换、特殊的等价物（如贝壳、铁钉）交换，最后金银成了最值得信赖、得到普遍认同的等价物。这是由金银作为货币价值高，易分割、保存和携带等特点决定的，所以虽然最先作为商品交换的等价物并不是金银，但金银的特点使其最终成为交换的一般等价物，金银天然是货币。虽然金银也可以作为首饰、器皿等商业物品，但这不是其正用。休谟在《论货币》这一章中开宗明义地指出："严格地说，货币并不是一个商业方面的问题，而只是人们约定用以便利商品交换的一种工具。它不是贸易机器上的齿轮，而是一种使齿轮的转动更加平滑自如的润滑油。"[①] 金银除了做首饰、器皿等外，并没有什么商业用途，人们取得金银并不是最终目的。金银既不能像粮食一样食用，也不能如棉衣一样穿在身上，如果用来盖房子还不如石子、钢材的作用大，但是如果没有金银货币，人们的交易便很难进行。金银在商品交换中具有"无用之大用"的作用，所以休谟说"它不是贸易机器上的齿轮，而是一种使齿轮的转动更加平滑自如的润滑油"。正因为金银虽然可以交换商品却并不具备那些商品的价值功用，金银的价值是在对外交往中显示出来的。如果荒岛上只有鲁滨逊一人，那么一斤金银的价值大概赶不上一斤粮食的价值，因为荒岛上的金银无法交换，也就无甚功用。金银不过是按照一定的比例代表商品的价值，休谟却是比较早地看出了这一点，所以他说："如果单就一个国家自身来考察，那么货币量的多寡是无关紧要的；因为商品的价格总是与货币的数量成比例的，所以，哈里七世时代的一个克朗的作用，就和今天的一个英镑相等。"[②] 因为金银本身并无商品的功用，它只是一定时期一定数量商品的价值按照一定比例的代表。打个比喻，某个时期的商品只有10000吨钢材或20000吨粮食，货币是黄金1吨，每一吨黄金可以购买10000吨钢材或20000吨粮食，黄金与钢材、粮食的比例分别是1/10000和1/20000，假如黄金变为两吨，那么黄金与钢材、粮食的比例分别是2/10000和2/20000；假如黄金变为半吨，那么黄金与钢材、粮食的比例分别是0.5/10000和0.5/20000；也就是说，黄金数量的变化对商品总量并无影响。因此休谟断言："只有社会

① 休谟．休谟经济论文选[M]．陈玮，译．北京：商务印书馆，2009：31.

② 休谟．休谟经济论文选[M]．陈玮，译．北京：商务印书馆，2009：31.

才能从货币量的增加中得到好处，那也只是在同外国打仗或交涉的时候。”① 就是说，货币量的增加会引起货币与商品比例的下跌，货币量增加了，在本国所购买的商品并不因此而增加。假如国外的商品价格保持不变，增加的货币量无疑能够在国外购买更多的商品。因此，当时货币增加的富裕国家如荷兰和英国，都是从较穷的邻邦招募雇佣兵。因为随着富裕程度的提高，本国的士兵的薪水必须按照社会的富庶程度而成比例地提高。“维持一支二万人的小小英国军队所需的费用，足以维持一支人数为其两倍的法国军队。在最近的一次战争中，英国海军的供给开销，相当于古罗马帝制时期用以征服世界的全部军团的花费”②。古罗马军团共计 12. 5 万人，士兵薪饷不超过 160 万镑，而英国议会核准给海军的军费在当时是 250 万英镑。

在休谟看来，人口多则好处多多，货币多则好处有限。休谟已经看出在商业贸易中的奇妙背反组合：老牌国家，有着经营和技术上的优势、资金雄厚、货物充足、薄利倾销，与新兴国家相比占有绝对优势，按说具有绝对竞争力和对市场的垄断地位。但是，新兴国家有一个无可比拟的优势，就是低廉的劳动力价格，使他们在经营、技术和资金上的劣势得到补偿。“制造商们不断辗转迁徙，一次又一次地离开那些他们已经使之富裕起来的国家和省份，只要哪里有廉价的食物和劳动力，他们就飞向哪里，直到他们使这些地方也变得富庶起来。于是，出于同样的原因，他们又开始了新的转移。我们可以普遍地观察到：货币一多，百物腾贵，这是亦步亦趋、形影不离地伴随着老牌商业的一种不利情况；而较穷的国家却可以在一切国外市场上，以低于较富国家的价格进行销售，从而限制了老牌商业在各国的活动范围”。③ 后来的经济发展史证明，新兴国家确实靠着劳动力的价格优势发展劳动力密集型产业来提高低技

① 休谟．休谟经济论文选[M]．陈玮，译．北京：商务印书馆，2009：31.

② 休谟．休谟经济论文选[M]．陈玮，译．北京：商务印书馆，2009：31 – 32.

③ 休谟．休谟经济论文选[M]．陈玮，译．北京：商务印书馆，2009：32 – 33.

术的商品竞争力，如我国沿海地区在改革开放早期发展了劳动力密集型产业，随着经济的发展和劳动力成本的提高，沿海地区的劳动力密集型产业随即减少，或者迁移到内地或东南亚劳动力价格更低的地方。

二、货币的信用

货币多物价贵这一现象使人们对货币的信用心存疑惑，货币和贸易的增加导致食物和劳动力价格攀升，这是不可阻挡的趋势，结果是社会的繁荣。但是休谟认为，作为货币符号的纸币的信用扩张，要保持在一定限度内，“不过要是人为地致力于扩大这样一种信用，恐绝不会对任何贸易国家有利，而是使这些国家蒙受不利；因为超出同劳动和商品的正常比例来增加货币，只能使商人和制造业主出更高的价格去购买这些东西”。[①] 休谟实际上已经看出通货膨胀是货币发行量超过流通所需的货币量所致，通货膨胀是对商人和制造业的掠夺，更是对消费者的掠夺。那么如何避免通货膨胀呢？休谟的对策是相当消极的：“只有银行打破目前流行的惯例，把收进来的钱都锁起来，永不把金库回收的部分投入商业，以避免增加流通中的货币——只有这样的银行才是最有益的。”[②] 控制通货膨胀和保持币值稳定可以通过银行回收货币、减少货币的流通量来实现，休谟的主张可以说有先见之明，但步子太大并且极端化。现代金融控制货币流量可以通过提高准备金率将商业银行的一部分钱收到中央银行不进入流通，休谟显然没有将中央银行和商业银行的不同功能区分开，“把收进来的钱都锁起来”的主张更是极端的。另外，提高利息也有助于人们把流通的钱转存到银行，客观上减少了流通的货币，这一点休谟也没有考虑到。休谟接着说：“国家银行采取这一手段，就可大量切断私人银行家和货币经纪人的买卖，不过国家就得承

---

① 休谟．休谟经济论文选[M]．陈玮，译．北京：商务印书馆，2009：33.

② 休谟．休谟经济论文选[M]．陈玮，译．北京：商务印书馆，2009：33－34.

担支付这个银行的经理和出纳员等人的薪金的责任，因为按照上述假设这个银行是不会从其营业中获得利润的；国家从廉价劳动力和消灭纸币信用中所获得的好处，就足以补偿。”[①] 这里休谟所说的“国家银行”似乎就是指中央银行，但是语焉不详，看来他对中央银行的功能似有觉察，这是他作为深刻的哲学家在经济学上的洞察力。

当时就有人敏锐观察到：“金银，在他看来，对希腊人毫无用处，除了在计数和算术方面对他们有帮助之外。十分明显，货币只是一种代表劳动和商品的象征，一种评价和估计劳动和商品的方法。”[②] 实际上，一个国家的铸币多少与财富关系不大，休谟也认为这种说法有道理，但是金银放在贸易世界里，作用立即显示出来了，所以休谟说：“自从美洲发现了金矿，不光矿主，连欧洲各国的生产情绪都普遍高涨；这种劲头的形成，除了别的原因，把它归之于金银的增加，是不过分的。”[③] 金银的使用价值并不大，但其价值和交换价值又非一般商品可以比拟，只有在贸易世界里，金银货币才能将自身价值发挥到极致。金银货币的增加，使人们对财富的渴求更为现实和热情，人们的干劲就更大了。

为什么金银的增加能够提高人们的工作热情？休谟经过仔细研究发现，虽然金银的增加会导致商品价格的提高，但二者在时间上是不同步的。“起初，看不出有什么变化，慢慢地，先是一种商品，随后是另一种商品，物价就一步步地上涨了，直到全部商品最终同国内新的货币量达成合适的比例为止”。[④] 也就是说，物价上涨的节拍要比金银货币增加的速度慢，前者尾随后者。这就必然存在一个时间缝隙：货币量已经增加了，但物价还没上涨，这时人们的生产情绪就会空前高涨。金银输入一个国家，开始是在少数人手里，他们立即用换回的金银牟利，他们雇佣工人的工资只是稍多于以前，工人拿着工资去市场，由于物价还没有上

① 休谟．休谟经济论文选[M]．陈玮，译．北京：商务印书馆，2009：34.
② 休谟．休谟经济论文选[M]．陈玮，译．北京：商务印书馆，2009：34.
③ 休谟．休谟经济论文选[M]．陈玮，译．北京：商务印书馆，2009：34.
④ 休谟．休谟经济论文选[M]．陈玮，译．北京：商务印书馆，2009：34.

涨，可以购买较多东西；农民看到自己的农产品销售一空，就会积极耕种，并从商人那里更多购买布匹，商人也会从厂家多进布匹，社会的生产和销售一下子提高了，“货币在提高劳动价格之前，必然首先刺激每个人的勤勉心”。[①] 至少在一定时期内，货币的增加不会引起物价的相应增长。路易十四在位最后一年，钱币增加七分之三，物价仅上涨七分之一。法国几十年谷物售价不变，但白银标价从三十利弗上升到五十利弗。

休谟从以上分析得出结论：“货币数量之多寡，对于一个国家内部的幸福安乐，是无关紧要的。行政当局的上策是尽量保持这股增长的势头，只要当局采取这种措施，就能调动国内的生产积极性，增加劳动产品的储备，而这种储备乃是一切实力和财富的根本。”[②] 休谟的这个看法是很深刻的，也就是说，劳动产品才是真正的财富，至于货币，纸币对于国家来讲是无价值的，当然不是财富，金银货币唯有在劳动产品充沛的情况下才是财富。假如一个国家只剩下 1 磅大米，却有 100 磅黄金，在与外界隔绝的情况下，这 100 磅黄金的价值恐怕连 1 磅大米也赶不上。一个国家的物质产品越多，那么这 100 磅黄金所能购买的商品也越多，也越有价值。但是也不能否认货币与财富在正常情况下的密切关系，所以休谟说：“一个货币在减少的国家确实要比当时货币虽不多却在上升的国家贫困。”[③] 前面已经分析，货币的消长不会立即引起物价的变化，中间有一个间歇期。在这个间歇期内，货币增加会刺激人们的工作积极性和生产发展，反过来货币的减少会降低人们的工作积极性，进而影响生产的发展。在这种情况下，“农民可能卖不掉他的谷物和牲畜，不过租子还得向地主照缴。由此不难预见，贫困、行乞和懒惰必然接踵而至”。[④] 一个国家，货币保持适当的增长是有利的，货币的减少必然引起通货紧缩，对经济也是不利的。

---

① 休谟．休谟经济论文选[M]．陈玮，译．北京：商务印书馆，2009：36.
② 休谟．休谟经济论文选[M]．陈玮，译．北京：商务印书馆，2009：37.
③ 休谟．休谟经济论文选[M]．陈玮，译．北京：商务印书馆，2009：37.
④ 休谟．休谟经济论文选[M]．陈玮，译．北京：商务印书馆，2009：37.

三、物价与货币的联系

在得出上述结论之后，休谟又发现一个问题，如果一个国家货币奇缺，地主便得不到货币地租，君主用同样的方式只能征收少量的赋税，根本养不起一支庞大的军队，国家力量微弱。如奥地利是个人口多、农业发达的国家，但在欧洲各国中却不具有相对称的地位，这是缺少货币造成的。这种情况当然会引起人们的疑问："那么，所有这些事实又怎样才能和那条推理原则，即金银数量之多寡根本是无关紧要的相一致呢？按照这条原则，无论在什么地方，君主只要拥有众多的臣民，他就是强大有力的；而臣民，只要拥有大量的商品，就是富裕幸福的；这些都与贵金属之多寡无关。"① 休谟对这个问题的解答是："这里所认为的来自货币稀少的影响，实际上却是来自人们的风俗习惯：我们把附带的结果误认为原因了（这种事情屡见不鲜）。"② 当然这个问题如此矛盾，解决它是要下一番思考和推敲的功夫的。休谟首先看到的是供求关系对商品价格的影响，商品的价格取决于商品与货币之间的比例，任何一方的变化都会引起价格的起伏，"商品增加，价钱就便宜；货币增加，商品就涨价。反之，商品减少或货币减少也都具有相反的倾向"。③ 当然，这里的商品和货币都是指进入流通领域的商品和货币，铸币锁在箱子里或商品堆在仓库里，都如同消失一样，货币与商品彼此不相遇，不会对价格产生影响。例如，推测粮食的价格，种子和自用部分不能算作交易量，只有剩余的部分进入市场，才能对照需求情况决定其价值。人类的最初社会，生产只是为了满足本能的需要，不需要交换和货币，因为货币是交换的手段。在小农经济下，农民用自己的生产物和周围的人进行简单的物物交换，地主收取实物地租供一家人消费。只有少量东西拿到

---

① 休谟．休谟经济论文选[M]．陈玮，译．北京：商务印书馆，2009：38.

② 休谟．休谟经济论文选[M]．陈玮，译．北京：商务印书馆，2009：38.

③ 休谟．休谟经济论文选[M]．陈玮，译．北京：商务印书馆，2009：38.

市镇出售变成货币。

在物物交换下，人们只有日用品而缺乏享受品，生活质量是比较低的，物物交换如果只停留在粮食、食盐等物品上，常常会失败。因为人们除了吃饱饭之外，还有别的需要，农民也不能总带着自己的商品到别的地区交换，那会极不方便。这样物物交换就会转到物币交换，都市附近的地主要求农民以金银交租子，“在人们开始对这些享受日趋讲究，有所发展，不再总是自给自足或是满足于邻里之间的互通有无之后，更多的交换和各种商业便应运而生，于是更多的货币进入这种交换”。[①] 大企业家和商人都感到用钱币做生意最方便，货币就进入契约合同，得到最广泛的应用。

货币进入市场后，如果产品增加了，货币并没有增加，由于“流通中的货币与市场上的商品之间的比例决定着物价的贵贱”，[②] 货币少就意味着物品便宜。事实上，由于自用的物品不进入流通，这就降低了商品总量的比例，从而使价格上升。有时商家的囤积居奇也使流通的商品减少，物价随之上涨。所以物价的涨跌都是经济现象，要视货币量和流通的商品量的增减而定，货币量的增加低于流通商品量的增加，物价就会下跌；货币量的增加高于流通商品量的增加，物价就会上涨。商品经济发达的社会，物价反而不太高，这也是货币的作用，“但当货币进入契约和买卖，并处处成为交换的手段之后，国内的现金虽然数量未变，却承担了更大的任务；到那时一切商品都上市，流通的领域扩大了；这情景就同要把这笔现金在一个较大的国家里分配一样，降低了货币量的比例，从而必然使一切物品变得便宜些，价格也就逐渐下跌”。[③] 货币大量进入流通后，刺激了人们生产消费的热情，甚至导致产业革命和技术革命，导致商品的供应量大大超过货币的供应量，那些采用先进技术的商品价格必然大幅度下降。例如，英国在工业革命后，由于织布

① 休谟．休谟经济论文选[M]．陈玮，译．北京：商务印书馆，2009：39.
② 休谟．休谟经济论文选[M]．陈玮，译．北京：商务印书馆，2009：40.
③ 休谟．休谟经济论文选[M]．陈玮，译．北京：商务印书馆，2009：40.

机器取代人工纺织，织布的效率大为提高，更多的布匹投入市场，导致布匹的价格步步下跌。

四、生活方式德性论：简朴还是考究

自15世纪西印度群岛和南美洲被开辟为殖民地之后，大量金银涌入欧洲，至休谟时代这两三百年间，欧洲的金银增加数十倍不止，而其间，欧洲的物价按照休谟的统计只上升了两倍至三倍，而不是金银增加的比例——数十倍。物价取决于金银量、货币量和消费习惯等，金银不是唯一的因素，物价与金银不一定要保持完全相同的增减比例，因此金银增长得奇快，不代表物价也增长得奇快。在货币快速增加的同时，由于手工业和工业的发展，所生产的商品和进入市场流通的商品都大大增加，这也使硬币与商品之间的比例保持在接近古代的水平。

消费能够刺激生产，平衡物价，提高人们的生活水平，休谟在他那个生产时代就明确提出以消费促进生产的建议："人们的生活方式，究竟以哪一种对各社会等级或整个社会最为有利，简朴呢还是考究？要是有人提出这样的问题，我将毫不犹豫地主张后者，至少从政治角度出发是如此；而且还要把它当作一种鼓励工商业的附带理由。"[①]

在古代的简朴生活下，人们自给自足或邻里调剂，君主无法征税，即使征税也无法收取实物。在这种情况下，君主和全体人民都贫困，不仅货币少，且物价贵，因为人人简朴必然导致流通的商品量少。"如果假定金银量相同，而一切物品较贵，那是由于进入市场的物品较少，货币总量的比例大于待售的货物量，从而决定了一切物品的价格"。[②] 因此他主张金银货币的流通，进而增加市场上商品的流通量，从而使人民有钱赚，有商品可买，过着考究而不是简朴的生活。

---

① 休谟．休谟经济论文选[M]．陈玮，译．北京：商务印书馆，2009：41.

② 休谟．休谟经济论文选[M]．陈玮，译．北京：商务印书馆，2009：41.

在休谟以前的历史学家，常常把国家的贫穷归于缺少钱币，但休谟认为这种观点是错误的，钱币有利于社会生产，但是钱币本身并不是多么重要的财富，“其实，缺乏钱币本身绝不会对任何国家造成损害，因为只有人和物才是任何社会真正力量之所在”。[①] 相反，简朴的生活会给社会造成损害，人人都不消费，金银就会禁锢在少数人手里无法流通；人人都不消费，厂家也就无法生产，产品卖不出去，工人少而且工资低，很多人无活可干，整个社会当然处于贫困也是懒惰状态。与之相反，“勤勉和讲究享受却使金银，不论其数量多少，无孔不入地在全国扩散，使它进入每一项交易和契约，打个比方说，就是把它消化后吸收入每一条血管，让人人手里都掌握一点金银。当一切的价格因此而下降时，君主就获得双重的好处：他可以向全国各地征税以获得钱币，同时，他所收入的钱币可以在各种购买和支付中发挥更大的效用”。[②] 休谟鼓励商品流通，鼓励消费，鼓励人们勤勉而生活考究，也鼓励“人人手里都掌握一点金银”，也就是提高人们的实际收入和购买力，提高人们的消费水平，因为没有消费，生产也就没有意义，产品卖不出去就会停止生产，消费拉动生产。

第二节　利息

一、利息与货币量

休谟赞同“低利息是说明一个国家繁荣状态的最可靠的标志”，[③] 但他对于低利息产生的原因与一般的理解有所不同，一般的理解把低利息归于货币量的增多，但休谟认为，货币量增多只会使劳动产品的价格

---

① 休谟．休谟经济论文选[M]．陈玮，译．北京：商务印书馆，2009：42.
② 休谟．休谟经济论文选[M]．陈玮，译．北京：商务印书馆，2009：42.
③ 休谟．休谟经济论文选[M]．陈玮，译．北京：商务印书馆，2009：44.

上升，不会有其他影响。例如，银币比金币价值低，出售同量商品所获得的银币比金币多，但借贷银币的利息并不因此低于金币的利息。再者，美国和南美的利息为10%，葡萄牙的利息为6%，这些地方的金银数量甚至超过欧洲，但利息并不因此就比欧洲低。

在休谟看来，即使英国黄金都变成白银，或者白银都变成价值更低的铜，也不会导致货币量的增加和利息的降低，"在贵金属数量多寡方面所能明显见到的这种较大变化，都应该看作是次要的"。[①] 这种增加只引起商品价格的上涨，只是货币名称上的改变而已，"从发现西印度群岛以来，价格上升了近三倍，而金银的增加可能多得多；可是利息的下降还没有超过原来的一半。因此，利息率并不取决于贵金属数量之多寡"。[②] 从一国金银量的多寡来寻找利息涨落的原因是徒劳的。例如，我国的金银量与20世纪八九十年代相比增加了很多，利息也降了很多，但这种下降并非金银量的增加所致，可以说，社会的金银量每年都在增加，但不意味着利息每年都在下降，利息是有降有升的。金属货币只是商品交换的代表物或等价物，其形状、大小、数量、颜色等不会使货币的真实价值或利息产生任何改变，同样的利息在任何情况下都保持着与本金相应的同样比例，不论是金币还是银币，都以英镑或盎司来计算。

二、影响利息高低的三个要素

对于利息的高低究竟是何导致，休谟分析道："高利息有三方面的原因：一、借贷需求大；二、满足这种需求的财富少；三、经商的利润高。这三个方面，正是商业和工业不够发达，而不是缺乏金银的充分证明。反过来说，低利息则起因于三个相反的方面：一、借贷需求小；二、满足这种需求的财富多；三、经商的利润低。这几个方面的紧密相

---

① 休谟．休谟经济论文选[M]．陈玮，译．北京：商务印书馆，2009：45.

② 休谟．休谟经济论文选[M]．陈玮，译．北京：商务印书馆，2009：45.

连，也是由于工商业的发展，而不是金银量的增加所促成的。”①

就第一方面而言，借贷需求大源于人们的生活习性。社会的发展产生贫富不均及有产者和无产者的区别。有产者，即土地所有者将自己耕种不了的土地出租获取土地收益。有了固定的土地收益，就寻求消遣，他们中挥金如土的浪子总比守财奴多。“在只有土地收益而又不知节俭的情况下，借钱的人必然多起来，利息率也必然有相应的变化。这种变化并不取决于货币的数量，而是取决于当时流行的生活习惯和风尚”。②如果人们追求享受，借钱消费，货币供不应求，就会导致利息的上升。

就第二方面而言，满足这种需求的财富之多少，也是取决于人们的生活习惯而非金银的数量。不是说一个国家拥有较多的金银就能产生较多的放贷者，而要使金银财产集中在某些人手里，形成相当的数量，才能产生较多的放贷者并降低利率，而这，“并不取决于钱币的数量，而是取决于某种风尚习俗，这种风尚习俗使钱币积聚成一笔笔零星金额或极为可观的大宗财产”。③ 按休谟的说法，即使每个英国人一夜之间口袋里都增加五个英镑，比现有的货币翻一番还多，也不会导致放贷者的增多和利息的降低。假如一个国家只有地主和农民，地主挥霍借债，农民贫困，那么借贷者多于放贷者的情况依旧，利息也不会下降。

就第三方面而言，经商是随着社会的发展而产生的。人类早期，也有工匠的存在，他们用自己的成品和邻近的农民交换。“但是随着人们勤劳精神的增长，人们的眼界也大为开阔，原来：边陲之区也可像毗邻之乡一样互相协作，这种调剂交流可以无限扩展，日趋繁复。于是商人——一种最有用的人便应运而生，他们奔走于全国各地，在那些根本互不相识、互不了解彼此需要的人们之间充当经纪人”。④ 商人就是买卖双方的经纪人，使买卖摆脱信息不对称的干扰得以顺利进行，没有商

---

① 休谟．休谟经济论文选[M]．陈玮，译．北京：商务印书馆，2009：46.
② 休谟．休谟经济论文选[M]．陈玮，译．北京：商务印书馆，2009：46.
③ 休谟．休谟经济论文选[M]．陈玮，译．北京：商务印书馆，2009：47.
④ 休谟．休谟经济论文选[M]．陈玮，译．北京：商务印书馆，2009：48.

业，人们无法买进自己所需要的，也无法卖出自己剩余的。例如，某城市有50名生产丝绸麻布的工人和1000名消费者，消费者不知从哪里买丝绸，工人又不知把丝绸卖给谁，他们彼此需要却无缘凑在一起，于是有人开了一家店铺，让工人和顾客在那里交易，工人的丝绸卖了出去，顾客的丝绸买了回来。"又如甲地牧草丰茂，当地居民在干酪、黄油和牲口方面绰绰有余，就感到面包和谷物不足；可是在附近的乙地，那里的面包和谷物堆积如山，当地的人根本就用不了。有一个人发现了这个情况，于是在甲乙两地之间贩卖谷物和牲口，满足了双方的需要，即此而论，他做了件造福于众的大好事"。[①] 商人在交易中，会得到一些商品，这是他们应得的报酬，他们更多的是把商品换成货币。在商人的勤劳运作中，甲乙两地的人也都勤劳起来，一方生产更多谷物，一方放养更多牲口，勤劳与货币一同增加，金银的增加代表商品和劳动的增加。人类的欲望在于施展才智发挥所长，这种欲望是大部分人爱好和追求的基础。如果一个人无所事事、游手好闲，就会纵情声色、挥霍无度，直至倾家荡产。如果一个人以比较无害的方式发挥自己的才智，能得到满足，就会限制那种无止境追求娱乐的欲望。"如果一个人所从事的工作能赚钱获利，特别是在每有所劳、利即随之的情况下，由于频频获利，在他的心中就渐渐对这个事业产生热爱，而把眼看自己的财产与日俱增当作人生最大的乐趣。这就是为什么商业扩大节约，为什么在商人中守财奴大大超过挥霍者，而在土地所有者中情况相反的原因"。[②]

休谟盛赞商业，而货币则在商业中起着润滑剂的作用。商业促进勤劳，因为商业实现劳动的价值，劳动产品通过商业交换变成货币实现财富积累；商业又能促进节俭，发挥人们的一技之长，这种技艺成为人们的精神寄托，转移奢侈逸乐的癖好，勤劳的行业使人节俭，使爱利得之心胜过嗜逸乐之念。劳动和商品之所以能够产生价值，主要靠商人发挥

① 休谟．休谟经济论文选[M]．陈玮，译．北京：商务印书馆，2009：48.

② 休谟．休谟经济论文选[M]．陈玮，译．北京：商务印书馆，2009：49.

作用；除了商业，没有别的行业能够增加货币所有者，促进勤劳和节俭，“一个国家，如果没有商业，就必然基本上只有地主和农民这两种人：地主的挥霍浪费产生着一种持久的借贷需求，农民是无钱来满足这种需求的。钱分散在许许多多人之手，不是花天酒地滥用乱花，便是用于购买维持起码生活的必需品，永远无法积攒成大宗的库存或现金以供放贷生息。只有商业才能把钱币聚集成大宗的资金，而要产生这种效果，必须依靠它所促进发扬的勤劳与节俭，至于货币在国内的流通量，则与此无关”。[①] 正是商业的增长造成放债人数的增加和利息率的降低，商业的发展导致利润的降低和利息的下跌。

休谟认同这种说法：“低利息和商业中的低利润，是彼此互相促进的两件事，两者都来源于商业的扩展，商业的扩展产生富商，使货币所有者增加。”[②] 随后商人倦怠或后人不喜欢、没有经商才干时，已经积累的资本就要找到一个可靠的出路，通常就是放债收息，社会上甚至会逐渐形成食利阶层，就是不干活专门吃利息的阶层。利息低了，许多人宁愿把资本留在商业中满足于低利润，也不愿把他们的货币按照更低的利息放出去；另外，商业的扩展使利润降低，使商人们宁肯放弃商业，去过清闲日子并接受低利息。“研究低利息和低利润这两种情况中，究竟哪一个是原因，哪一个是结果，是没有用处的。两者都是从大大扩展了的商业中产生的，并且互相促进”。[③] 放贷还是经商，取决于哪一种有利可图：如果放贷可以得到高利息，就不会从事低利润的商业；如果经商可以得到高利润，就不会从事低利息的放贷。“大大扩展了的商业产生大量资本，因此，它既降低利息又降低利润；每当它降低利息的时候，总有利润的相应降低来促进它，反之也是一样”。[④] 商业的发展引起低利润，低利润反过来促进商业的发展，低利润使商品便宜，鼓励消

① 休谟. 休谟经济论文选[M]. 陈玮，译. 北京：商务印书馆，2009：50.
② 休谟. 休谟经济论文选[M]. 陈玮，译. 北京：商务印书馆，2009：50.
③ 休谟. 休谟经济论文选[M]. 陈玮，译. 北京：商务印书馆，2009：51.
④ 休谟. 休谟经济论文选[M]. 陈玮，译. 北京：商务印书馆，2009：51.

费，促进工业发展。因此，利息是国家经济状况的晴雨表，低利息和低物价是人民兴旺的标志。虽说一场商业上的大失败所引起的抛售狂潮也会引起低利息和低物价，但这是伴随着失业和民生凋敝的特殊现象，不能把这两种情况混为一谈。

有人发现，工商业的发展带来大量的金银和利息的降低，因此就把货币多看作是利息低的原因，休谟认为“持这种见解的人看来是把伴随结果当作原因了”。[①] 因为在休谟看来，货币的增多是工商业发展的结果，“有了五光十色、精美绝伦的工业品，加上雄心勃勃善于钻营的商人，哪怕在天涯海角，也会很快把货币吸收到国内来。同样，由于生活日用品的增多和工业的发展，大量财富积聚在并非地主的人的手里，从而使利息降低。货币多和利息低，这两种结果自然都是商业和工业的产物，但是，它们却是彼此完全独立的”。[②] 假如一个国家所保有的货币量不变，但人口和工业不断增长，那么这个国家的商品价格必然下跌，因为在货币没有增加的情况下，商品数量增加了，意味着相同的货币能够买到更多的商品，货币与商品的比例下跌，如从一比一百到一比一千，那么同样的货币就能买到较多的商品，使人致富，货币对利息没有影响。“然而由于人们出利息借货币，借的实际上就是劳动和商品，所以劳动储备和商品储备的多少，对于利息必定有重大影响。要是商业扩展到全球，那么工业最发达的国家的确总是金山银海，所以说，低利息和货币多事实上几乎是不可须臾分离的”。[③]

三、利息的正当性

在利息问题上，休谟的核心观点是，利息的降低是工商业发展而不是货币量增加的结果，尽管从现象上看，货币量或许与利息高低呈负相

---

① 休谟．休谟经济论文选[M]．陈玮，译．北京：商务印书馆，2009：51.
② 休谟．休谟经济论文选[M]．陈玮，译．北京：商务印书馆，2009：52.
③ 休谟．休谟经济论文选[M]．陈玮，译．北京：商务印书馆，2009：52.

关关系，货币量多与利息低这两种现象联系在一起。当时流行的错误见解就是把利息下降的原因归于货币量的增加，并有相应的实例作支撑："在采取国外征服的手段，突然掳掠到一批钱币或金银之后，只要这批钱币一旦扩散并逐渐渗入到每个角落，则不但在这些国家本身，而且还在其周围的各国里，利息都将下降。"① 在休谟以前的历史中，确实发生了伴随着征服出现金银大增和利息下降的情况，例如西班牙发现西印度群岛之后，国内利息下降，并像多米诺骨牌效应一样扩散到欧洲各国；古罗马在征服埃及之后，利息从 6% 降到 2% 。这两个国家确实在征服他国之后利息下降，但是原因应做具体分析。征服所获得的钱币落入少数人之手，攒成大量现金，可以用来放贷，放贷者超过借贷者，利息就会下跌。如果这批钱找不到更好的使用渠道，那利息下降就更快了。"但是，当这种新增加的大量金银被吸收流通到全国之后，地主和暴发户照常饱食终日，无所事事，超过收入大肆挥霍；地主一天天债台高筑，暴发户则坐吃山空内囊告罄；这样，用不了多久，情况就又恢复原状；这全部货币可能仍在国内，并且通过物价的上涨让人感到它的存在；只是不再积聚成大宗金额或库存，借贷者与放贷者之间的比例失调还像先前一样，结果造成利息的回升"。② 这就是说，纯粹由货币量增加所导致的利息下降只是暂时的，最后必然回升。古罗马在征服埃及之后，利息开始下跌，但很快又止跌回升甚至超过先前的水平。当时的西班牙利息没有回升到原先那么高，"这只能使利息下降的原因还在继续，即不断地在西印度群岛大发横财，不时地运回西班牙，从而满足了借贷者的需求"。③ 当然，最主要的原因还是西班牙的商业和工业不发达，有钱人没有投资渠道，结果造成放贷者多而借贷者少，必然导致利息下降。

---

① 休谟．休谟经济论文选[M]．陈玮，译．北京：商务印书馆，2009：52－53.

② 休谟．休谟经济论文选[M]．陈玮，译．北京：商务印书馆，2009：53.

③ 休谟．休谟经济论文选[M]．陈玮，译．北京：商务印书馆，2009：53.

英法等国的情况就不一样。这些国家也出现了利息的下降，原因不是货币的增加而是工业的增长，在货币增加尚未引起劳动和粮食价格上升的间歇期，这种工业发展是货币增加的结果。在货币量未变而工业大发展的情况下，奢侈品、制造品技艺等繁荣兴旺，勤劳和节俭之风盛行不衰，也会保持低利息。工商业的发展状况决定着商业利润以及每个国家的借贷者和放贷者之间的比例，这也是低利息的一个原因。

第三节　信用

一、公债的好处

在休谟以前的时代，人们注意在太平时期聚宝敛财，以备不测之用，一些英明的皇帝都聚集大量钱币，赚钱留给子孙。但休谟时代，人们的观念发生了改变，相信“父债子还”，这对古人来说是一种倒退。休谟时代，已经出现国债的雏形，发行国债是后来凯恩斯刺激经济的一种措施。发行国债既不加重百姓负担，又不招致朝野反对，还使自己官声显赫，但休谟对这种做法却是否定的，“恣意举债几乎是每个政府必然的做法。要是让一个政治家有权以这种方式，指后代为凭滥出借据，这种做法的不明智，犹如允许一个败家浪子在伦敦每家银号钱庄开户往来一样”。[①] 他认为这最终会导致政府信用的丧失。

休谟认为，政府的开支应该来源于工商业的发展所带来的税收而不能靠举债度日，举债对各方面都会有影响。

实际上，现代政府普遍采用举债方式，当然也不能把举债说得一无是处。举债能够带来两方面的好处：①降低物价。公债变成一种货币，像金银一样，按照牌价当作现金流通，商人一旦有了公债，就可以放心

① 休谟．休谟经济论文选[M]．陈玮，译．北京：商务印书馆，2009：85.

大胆地做生意。这种债券可以出卖或抵押给银行，即使放在柜橱里，也有债券收益，而不是像货币那样放在柜橱里就没有收益。有了债券，商人手里不必保存大量现金，“我们的公债哺育了商人，它是掌握在商人手中的一种特殊货币，可以不断增殖，使商人在商业利润之外得到稳定的收益。这就必然使他们在做生意时可以采取薄利方针。这种薄利方针使商品售价低廉，消费增加，刺激老百姓的劳动热情，有助于把工业和技艺传播到全社会”。[①] ②刺激工商业。由于商人持有公债，商业并非他们的全部生活来源，公债存款是他们的主要收入，因此他们乐意做薄利生意。公债存款较购置田产更有好处，因为监督田产经营会耽误商人的经商时间，田产变现金也不容易，田产使人沉迷于做乡绅而非市民。“不难设想，只要有社会债务，拥有证券和收入的人，多半还是继续经商，应该承认，降低利润，促进流通，刺激工业，这对商业是有利的”。[②] 但是举债多了，必然涉及政府还债能力，涉及政府的信用。举债过多，超过政府的还债能力，就可能导致政府垮台和社会经济动荡。例如，始于希腊的欧洲金融危机，罪魁祸首就是政府举债太多。各国允许举债，但都控制举债规模，一般将当年的公债控制在财政收入的3%以内。

二、公债的弊端

公债虽有上述好处，但也有以下弊端：①国债的受益者不平衡。国债对首都和首都的商人最为有利。国债的发行加强了首都对各地的控制，一旦发生危机，国债持有者会非常警觉，无论政府受到哪种形式的冲击和威胁，他们都会支持政府。国债绑架了持有者对政府的支持和忠诚，形成持有者和政府的利益共同体。②国债是有价证券，使金银从国

① 休谟．休谟经济论文选[M]．陈玮，译．北京：商务印书馆，2009：85.
② 休谟．休谟经济论文选[M]．陈玮，译．北京：商务印书馆，2009：86.

家的绝大部分商业流通中消失，减少金银的普遍流通，导致粮食和劳动力的涨价。③为支付公债利息而征收的捐税，不是提高劳动力的价格，就是压低较为贫穷的人们的劳动价格。④外国人掌握一部分公债券，使公债国一定程度上成为债券持有国的附庸，导致人口外流，工业迁徙。⑤大部分公债掌握在以食利为生的有闲人手里，鼓励了无所作为的寄生生活。这些人靠利息吃饭，而不去更新设备投资建厂。老牌的大英帝国在 19 世纪末被新兴的美国、德国超过，英国的寄生阶层是其中的原因之一。

就以上的分析，国债对于国家的损害甚至大于对工商业的损害，而且国家所受到的损害是无法弥补的。还有一种论点是：“国家绝不因有债务而削弱，因为这种债务多半是向本国同胞借的，等于是拆东墙补西墙。这就像一个人把钱从右手交到左手一样，境况依旧，既不会稍富，也不能更穷。”[①] 休谟认为这种观点似是而非，国债是付利息的，为了付利息就要征税，会弄得民穷财尽。所以对征税要选择，例如休谟赞同对啤酒征税，“对啤酒征收货物税提供了大量的收益，因为酿造啤酒的操作过程既令人厌烦，也无法隐瞒，而且这种东西也并非绝对的生活必需品，如果生活必需品涨价，那就会大大影响穷人的生活”。[②] 所以对消费品的征税既公平又简便。国债不单纯是把财产从一只手交到另一只手的问题，因国债而导致的赋税过重是社会崩溃的种子。首先是造成社会阶层的对立，“在社会的这种反常状态中，只有公债券持有者才掌握着超出他们这一行业的直接效果之上的一切收益，他们不但控制了关税和货物税的全部所得，而且几乎攫取了全部地租和房租”。[③] 这种人凭借国债收益可以在全国和地球上任何地方过养尊处优的生活，无所事事，无理想追求。由于“公债券可以马上过户转让，情况极不稳定，

① 休谟. 休谟经济论文选[M]. 陈玮,译. 北京:商务印书馆,2009:86.
② 休谟. 休谟经济论文选[M]. 陈玮,译. 北京:商务印书馆,2009:88.
③ 休谟. 休谟经济论文选[M]. 陈玮,译. 北京:商务印书馆,2009:89.

父子相传，很少超过三代”。[①] 持国债的显贵们都会很快消失不见。

国债、税收、战争等造成社会的动荡和君主集权，“要是君主实行专制独裁（在这种形势下是不难料想的），他就会对年金领受者任意增加苛捐杂税，这就等于把钱币都收归君主个人掌握，结果使得这种财产很快就丧失其全部信誉，每个人的全部收入完全仰赖君主的恩赐，这是任何东方君主所没能做到的一种登峰造极的专制暴政”。[②] 这种征收很难得到领受者的同意，社会其他阶层也不肯分担，因此只能是非常措施。所以，国债过于庞大，政府要把自己的各种收入全部抵押出去，必然会因此陷入暮气沉沉、软弱无能的境地。由各国政府的债务危机而引起的欧洲金融危机就是很好的例子。

三、过度发行公债毁灭社会信用

社会各界对公债持有一种敷衍态度，人们也不指望政府廉洁自律，在偿还公债上有作为，结果是要么国家公债毁灭社会信用，要么社会信用毁灭国家公债。对于公债，当时有一个叫赫芩逊的人提出了自己的看法：“国家欠这笔债的想法是荒谬的，因为这笔债实实在在是人人都有相应的一份，同这些数字庞大的捐税相比，个人所纳的税款，只是支付利息中相应的一份而已。”[③] 所以他提出债务分摊，人人按照自己的财产捐一笔钱，清偿公债券，把国家的抵押品收回来，一劳永逸地解决公债问题。休谟认为这个方案是不可行的，首先，劳苦大众本来收入少，又缴税，所剩无几，无力预付上述捐款的相应部分；其次，由于商业上的货币和证券财产容易掩藏，这种主张的负担实际上落到土地宅邸这类显眼有形的财产上，这是难以忍受的不平等和压迫。虽然这种想法荒唐，但国家非常时期，病急乱投医，“一旦国家债台高筑，窘困万状，

① 休谟．休谟经济论文选[M]．陈玮，译．北京：商务印书馆，2009：90.
② 休谟．休谟经济论文选[M]．陈玮，译．北京：商务印书馆，2009：91.
③ 休谟．休谟经济论文选[M]．陈玮，译．北京：商务印书馆，2009：93.

穷于应付，有些敢想敢闯的策士们提出种种想入非非的方案来解决债务问题，也不是完全不可能的。到那时，社会信用就将脆弱得如同一张薄纸，轻轻一捅便成齑粉，这种情形就像法国摄政时期的局势一样；于是社会信用就这样葬送在庸医之手”。[①] 国家欠债，是无法强迫偿还的，债权人唯一想要的是维护其信用，但也会导致债务巨大而终于将信用压倒。至于一些国家所采取的应急措施，通常也是对国家不利的。

当国家债务庞大时，有两种选择：一是牺牲数千债权人利益，换取亿万人的安全；二是反过来，牺牲亿万人换取那数千债权人的一时苟安。休谟时代的公债债权人，“包括国内外全部在内只相当于一万七千人。这些人依靠其收入俨然成为有身份有地位的头面人物，一旦国家破产，他们的身价在顷刻之间就一落千丈，沦为苦难的贫民”。[②] 如果采取国家破产的措施，国债取消了，也不用付出国债的利息，税收会减少，这对那亿万没持国债的人是有好处的，却使原有的国债持有者一落千丈，这是铤而走险的鲁莽措施，使社会信用丧失殆尽。休谟提出一种防微杜渐、防患于未然的措施，“这些情况的出现，看来离当今之世不会太遥远，而且就在其孕育期间，不等它露头，人类的理智就能一眼识破”。[③] 国债如果发行适量，是有利有弊的；如果发行过量，肯定是弊大于利，要对盲目、过度发行国债的危害性有清醒的认识。与其让国债最后失控导致社会信用丧失，不如一开始就控制国债的规模，决不能让最后的一批国债成为压死骆驼的那根稻草。

---

① 休谟．休谟经济论文选[M]．陈玮，译．北京：商务印书馆，2009：93.

② 休谟．休谟经济论文选[M]．陈玮，译．北京：商务印书馆，2009：96.

③ 休谟．休谟经济论文选[M]．陈玮，译．北京：商务印书馆，2009：97.

第四节　休谟货币伦理观的影响和评价

一、休谟货币伦理观的影响

休谟的利息论批判了洛克把货币的供求状况当作利息率高低的决定因素的言论，认为利息的高低并不取决于贵金属数量的多少。利息率的高低取决于借贷资本的供给与需求，并与利润率相联系。利润是利息的基础，利息是利润的一部分，这在当时具有重要理论和实践意义。休谟强调说：利息是说明一个国家繁荣状况的最可靠的标志。因为，利息是利润的一部分，利息低意味着利润高，人们的投资回报高，生产积极性就提高了，所以低利息是有利于工商业发展的。而且，当时英国出现了庞大的不劳而获的寄生虫“食利阶层”，低利息对“食利阶层”具有釜底抽薪的打击作用。因此，低利息政策是有积极影响的。

休谟实际上已经看出通货膨胀是货币发行量超过流通所需的货币量所致，这对以后各国央行制定货币政策具有重大影响，一旦出现通胀，即可采取提高利息和准备金率措施，实现货币回笼，减少市场流通的货币量，严格控制货币量的发行。

二、休谟货币伦理观的评价

在休谟看来，人口多则好处多多，货币多则好处有限。休谟已经看出商业贸易中的奇妙背反组合：老牌国家，有着经营和技术上的优势，资金雄厚、货物充足、薄利倾销，与新兴国家相比占有绝对优势，按说具有绝对竞争力和对市场的垄断地位。但是，新兴国家有一个无可比拟的优势，就是低廉的劳动力价格，这使他们在经营、技术和资金上的劣势得到补偿，“制造商们不断辗转迁徙，一次又一次地离开那些他们已经使之富裕起来的国家和省份，只要哪里有廉价的食物和劳动力，他们就飞向哪里，直到他们使这些地方也变得富庶起来，于是，出于同样的原因，他们又开始了新的转移。我们可以普遍地观察到：货币一多，百物腾贵，这是亦步亦趋、形影不离地伴随着老牌商业的一种不利情况；而较穷的国家却可以在一切国外市场上，以低于较富国家的价格进行销售，从而限制了老牌商业在各国的活动范围”。① 后来的经济发展史证明，新兴国家确实靠着劳动力的价格优势发展劳动密集型产业来提高低技术的商品竞争力，如我国沿海地区在改革开放的早期发展劳动密集型产业，随着经济的发展和劳动力成本的提高，沿海地区的劳动密集型产业随即减少，或者迁移到内地或东南亚劳动力价格更低的地方。

面对通胀，休谟提出的“把收进来的钱都锁起来”的主张，就要通过银行回收货币，减少货币的流通量来实现，休谟的主张可以说有先见之明，但步子太大并且极端化。现代金融控制货币流量可以通过提高准备金率将商业银行的一部分钱收到中央银行不进入流通领域，休谟显然没有将中央银行和商业银行的不同功能区分开，“把收进来的钱都锁起来”的主张更是极端的。另外，提高利息也有助于人们把流通的钱转存到银行，客观上减少了流通的货币，这一点休谟也没有考虑到。

休谟在他那个时代就明确提出以消费促进生产的建议，主张用考究的生活取代简朴的生活以促进工商业的发展，这在当时经济较为落后、人与自然的矛盾还不明显的情况下是有积极的意义的。但是在今天经济已经高度发展，人与自然、环境的矛盾日益尖锐的情况下，考究奢华的消费主义主张，会加重人与自然的矛盾，如旅游区的过度开发破坏当地的环境，一次性筷子、塑料袋的大量使用加速了资源的紧张。所以对休谟的这个观点，今天要采取审慎的态度。

① 休谟．休谟经济论文选[M]．陈玮，译．北京：商务印书馆，2009：32－33.

第六章
休谟的经济伦理思想的其他方面

休谟的经济伦理思想中，产权伦理是重中之重，商贸伦理和货币伦理也是重要的两个部分，第三章至第五章对三者做了详细的论述。此外，休谟对技艺、赋税、人口等涉及经济伦理方面的问题也有独到的见解。与前述三方面相比，这几方面休谟在经济学上的贡献小得多，但毕竟是休谟经济伦理的构成部分，考虑到本书的完整性，故以一章做专门研究。

第一节　技艺伦理

一、技艺与社会道德

技艺是生产奢侈品的，但奢侈品是相对于日用品而言的，很多昔日的奢侈品会变成今天的日用品。如20世纪70年代末的自行车、手表、缝纫机，80年代末的电视机、电冰箱、洗衣机，90年代的电脑、手机、空调等，奢侈品变为日用品，说明人民富裕了，消费水平提高了，这是技艺发展带来的结果。举个例子，20世纪80年代中期，一台17英寸彩电3000元，而当时人们的工资是70元左右，一台彩电相当于基层职工

40 个月的工资，人们要攒很多年才能够买一台彩电，但如今一台 17 英寸彩电 700 元，一台 17 英寸彩电不仅不是奢侈品，连日用品也算不上，几乎被淘汰了。

从奢侈品向日用品转化的这种趋势想必休谟当时已经预料到，只是当时的科技增长与财富增长速度及转化没有今天这么快，但这种趋势是必然的，奢侈品其实是推动人们的物质享受和社会财富增长的。休谟就认为，奢侈品是个模棱两可的字眼，可以用于贬义也可以用于褒义。奢侈品是供人们享受的，而享受是善还是恶，是赞扬还是贬损，众口纷纭，没有定论。在休谟看来，“享受”的褒贬应该具体分析。例如饮酒，如果危害社会或使自己倾家荡产，那就是酒徒，当然是恶；但若是为了畅叙友情，觥筹交错并不是什么道德之恶。对于奢侈品有两种极端的谬见：“生活放荡的人甚至对奢侈腐化也大加赞扬，认为对社会大有好处；可是在另一方面，古板道学的人，则连最无伤大雅的享受也要横加指斥，认为是随着民治政体而来的一切腐败堕落、混乱骚动、倾轧内讧的根源。”[①] 休谟认为这两种观点都是错误的。对于后一种观点，休谟认为，时代的发展必然生产出更多的精致产品，享受这些精致商品是人心所向的。技艺的发展使人们财富增加的同时，这些精致品价格降低，人们对这些精致品的消费是一种不可阻挡的趋势；对于前一种观点，休谟认为，对奢侈品沉湎无度也是有害处的，尤其是不能超过一个人的财力，不能为了享受奢侈品而举债度日，最后变成一文不名的穷光蛋。

奢侈品出现的最终目的是促进人们生活幸福，休谟赞同当时人们的普遍看法，“人类的幸福看来有三个方面：活动、消遣和悠闲”。[②] 悠闲也就是休息，对人的享受不起多大的作用，休息像睡眠一样是人不可缺少的生理需求；持续紧张的活动，无论体力的还是脑力的，都会使人筋

① 休谟．休谟经济论文选[M]．陈玮，译．北京：商务印书馆，2009：18.
② 休谟．休谟经济论文选[M]．陈玮，译．北京：商务印书馆，2009：19.

疲力尽，效率下降，必须通过休息加以调整，这就是中国人所说的“文武之道，一张一弛”。活动与好逸恶劳相对应，是在教育、风俗、先例的指导下，老老实实、勤勤恳恳地工作，创造物质和精神财富，既满足自己的正当欲望，又防止邪恶欲念的滋生。消遣是工作活动之余的放松。一种活动是消遣还是工作，取决于活动的性质，比如你到风景区旅游，是消遣，是要花钱的；而陪你在风景区游逛的导游，却不是消遣而是工作活动，是要赚钱的。消遣和悠闲也是一种活动形式，作为居幸福三要素首位的“活动”显然是工作活动，用“工作”一词而不是“活动”一词更为贴切妥当。幸福的第一要素是老实勤奋地工作，创造出丰富的物质和精神财富，这才是幸福最主要的源泉，在工作（活动）基础上，消遣和悠闲也是必要的，一来这二者都是享受形式，人具有享受的权利；二来这二者也都是为了更好地工作，对高效工作起到调节的作用。如果没有工作，消遣和悠闲都不会有价值的，“只有在劳动之后，为了使因操劳过度而疲惫不堪的精神得到恢复时，悠闲才是十分惬意的乐事”。[①] 例如成年人正常睡眠时间是七八个小时，睡眠超过这个时间就是不必要的，一来耽误创造财富的工作；二来睡眠过多与睡眠不足一样，都对身体不利，对大脑的健康也不利。因此，和工作相对应的懒散是休谟坚决反对的，无所事事必然导致一贫如洗，断然不会幸福；工作应该是老实正当的，刁滑甚至罪恶的工作是休谟坚决反对的，例如坑蒙拐骗、偷盗抢劫也具有“活动”的形式，但都是不正当的，不能创造财富，而且是法律所禁止的，虽然会带来一时的财富和幸福，但最终只能换来牢狱之灾。

休谟为技艺进步辩解的另一条理由是：“工业和机械进步的另外一点好处是：往往促使文化艺术进步；这两者，在某种程度上是相辅相成，互相促进的。”[②] 历史上造就伟大哲学家、政治家、文学家的时代，

① 休谟．休谟经济论文选[M]．陈玮，译．北京：商务印书馆，2009：20.

② 休谟．休谟经济论文选[M]．陈玮，译．北京：商务印书馆，2009：20.

也会涌现出科学家和能工巧匠。例如十六七世纪的英国，有文学家莎士比亚和哲学家洛克、贝克莱、休谟，也有科学家牛顿和发明家瓦特；到了十八九世纪的德国，有音乐家贝多芬、文学家歌德和海涅、政治家俾斯麦，亦有科学家高斯等。文学艺术代表生机勃勃的时代精神，具有启蒙的性质，消除愚昧，这种精神气质的传播，会带来技艺和科学的进步。科学的发展反过来也有助于哲学和人文的发展，文艺复兴后很多哲学家同时是科学家、文学家、艺术家等，如达·芬奇、莱布尼茨、笛卡尔、康德等。

技艺越发达，人们的效率越高，越有享受的时间和享受的财富。正当的享受其实就是人际交往，技艺促进交往，使人们摆脱离群索居或疏淡亲友。人们济济一堂，交流知识，凸显智慧，提高鉴赏力，人与人之间亲合力增加了，人性更加完善，勤劳、知识和仁爱这三者牢不可破地联系在一起，这三者辉煌的时代，可以说是崇尚享受的盛世年代。“人们的消遣享受越是考究，就越不会沉湎物欲，放纵无度，因为对于真正的消遣享受来讲，再没有比这种放纵无度更有害的了”。[①]

二、技艺与社会繁荣

伴随着技艺进步的勤劳、知识和仁爱，不仅在生活上提高了个人幸福感，也会使整个国家富庶。美化生活的商品，不仅能满足人们的欲望，还会增加劳动产品的储存，一旦遇到战争、灾害等紧急情况，可以转入社会劳动。休谟认为，推崇清静无为，对生活享受毫无兴趣，以极少数和简陋的物质品为满足，必然不关心如何提高技艺生产更多产品，也不会用勤劳获得更多的产品，这是文明社会的懒汉，对社会是毫无用处的。一个国家不能指望这样的懒汉维持自己的海军和陆军。

休谟时代是文艺复兴后技艺大发展的二百年，英国的工业革命方兴

---

① 休谟．休谟经济论文选[M]．陈玮，译．北京：商务印书馆，2009：20.

末艾，短短二百年，欧洲发生了翻天覆地的变化，而此前的千余年欧洲并无多大变化，休谟认为："这不能不归之于百工的技艺日进，克尽厥职。"[①] 技艺所带来的知识和人们的勤劳相结合，就会使社会获利，甚至带来社会的制度和法政文明，从人类发展史看，技艺大发展的时代，也是政治文明和道德风尚大进步的时代。"人类的理性，在通过实践，以及通过至少在像商业和制造业这类较为庸俗的行业方面的应用，而获得提高和进步以前，要想改进法律、秩序、治安和纪律，并使之臻于完善，是绝对不可能的。怎能设想：一个连纺车也不会制造，或对织布机的使用一窍不通的民族，会有一个治国有方堪为表率的政府？"[②]在技艺落后的蒙昧时代，人们信奉神学而不是科学，政府信奉专制而不是民主，就不会有人民的幸福和国家的繁荣。

政府可以从技艺的发展中寻求安邦定国之术，用高尚的立身处世之道教化万民而非用酷刑峻法。技艺也塑造着人的性格，因为技艺的发展可以带来滚滚财富，增加文明的色彩。再者，技艺的发展使人们的生存不再艰难，获得财富变得容易，民富国强，"仓廪实而知礼节，衣食足而知荣辱"，由贫困而导致的犯罪也会大为减少。技艺的发展、知识的增长会使人的性情变得温和，从而使技艺发展的文明时代与技艺落后的野蛮时代相区别，"于是派系斗争就不是那样根深蒂固难以消除，变革和革命也不会成为那种惨绝人寰的灾难，法治也不致那么严峻，骚动叛乱也不会频频发生，甚至连对外战争也不显得那么残酷了。在战场上，荣誉感和利害关系驱使人们变得既冷酷又无畏；一旦沙场归来，这些经历战火洗礼的勇士便抛弃那种残忍的狠心，又恢复了真正的人本性"。[③]

还有人认为，技艺的发展，使人们由勇士变为懦夫，那么如何保卫国家？休谟认为这种担心也是没有根据的。因为技艺的发展伴随着勤

① 休谟．休谟经济论文选[M]．陈玮，译．北京：商务印书馆，2009：22.
② 休谟．休谟经济论文选[M]．陈玮，译．北京：商务印书馆，2009：22－23.
③ 休谟．休谟经济论文选[M]．陈玮，译．北京：商务印书馆，2009：23.

劳，只会给人们的身心增添新的力量。通过教育，培养人们的荣誉感，并辅之以纪律和军事训练，军人的勇气不仅能够保持，而且是仁士之勇，不是匹夫之勇，这在野蛮人时代是办不到的。

一些道德家以古罗马灭亡的原因来诋毁技艺的进步。古罗马的自由民主和政治繁荣程度在当时是相当高的，但从被征服的地区学到亚洲式的奢侈后，就开始全面腐化堕落，内战频繁，政治上由民主走向独裁，恺撒首先称帝，尼禄皇帝乱伦，然后国家走向瓦解和灭亡，这一切仿佛表明技艺进步对政治和道德有阻碍作用。古罗马的一些学者，就把古罗马的灭亡归咎于从东方输入的财富和技艺，古罗马历史学家塞勒斯特甚至把绘画也称作一种不亚于酒色的罪恶。“这位历史学家就尽情讴歌古罗马人古板拘谨的美德，虽然他本人倒是最出名的穷奢极欲享乐腐化的人物；他虽然是世界上最讲究辞藻的著述家，却以十分轻蔑的口吻议论希腊人的雄辩；不仅如此，他还故意使用一些荒唐透顶离题万里的废话和慷慨激昂、滔滔不绝的雄辩，尽管他自己是一位赏奇析疑长于修辞的文章名家”。[①] 休谟这般描述塞勒斯特，说他是一个言行不一、精神分裂的人，他对技艺的攻击会让他人对其人品做相反的理解，“对于罗马国家的混乱局面，这些作者归咎于享受和艺术，完全是找错了原因”。[②] 因为生活上讲究享受和舒适，并不必然带来贪污腐化。人们对一种活动是不是享受以及如何评价，取决于比较和经历，例如看门人和官员都有贪财之心，前者把钱花在咸猪肉和白兰地上，后者把钱花在香槟和蒿雀上，后两种商品贵得多，因此看门人就不被认为在享受，官员就被认为在享受，但他们的活动并没有什么道德上的贵贱之分。就如孔子所言，富贵是人之所欲，贫贱是人之所恶，财富本身是宝贵的，获得财富和享受财富也并非都是违背道德的，但是有财不能腐化，得财不能无道。追求财富的本能是不能抑制的，而在技艺进步的时代，钱财最为充足，这

① 休谟．休谟经济论文选[M]．陈玮，译．北京：商务印书馆，2009：25.
② 休谟．休谟经济论文选[M]．陈玮，译．北京：商务印书馆，2009：25.

也是休谟对技艺大加称赞的原因。休谟还举了波兰的例子，波兰技艺和文化在欧洲国家中最落后，“然而，贪污纳贿、腐化堕落之风，倒是就数那里最盛。波兰的贵族贮存克朗的唯一目的，就是卖给那些肯出高价的人。这几乎就是波兰人所懂得的唯一商业活动”。[①] 这就说明，技艺落后不仅不能促进社会风气的好转，而且恰恰相反。至于英国一些特别区所出现的腐败现象，多半是在有选举权的人中间而不是在当选者中间流行，这种腐败不能归于讲究生活享受。

三、技艺与社会进步

政治文明的表现是自由，在休谟看来，“技艺进步对自由是相当有利的，它具有一种维护（如果不是产生的话）自由政府的天然趋势”。[②] 从历史上看，技艺进步的工商业社会常常是自由社会，技艺落后的农业社会则常常是专制社会，谁也不能否认，自由社会的政治文明远远高于专制社会，这也说明技艺促进社会进步。一个技艺落后的未开化的国度，全部劳动集中于耕作，社会分为两个等级：土地所有者及其奴隶或佃户，前者控制财富，后者没有任何财富，形成对前者的依附和被奴役关系，这就是专制社会的基础。但是技艺进步所催生的工商业社会却不是这样，“只要讲究享受哺育了商业和工业，农民耕种得法，就会富裕和独立起来；与此同时，手艺人和商人都挣了一笔财产，赢得了第二流人物的势力和声望。这第二流人物正是自由社会最优秀最坚定的基础，他们既不肯像农民那样，由于经济上的贫困和精神上的自卑，而屈服于奴隶制统治的淫威；也不希望像贵族那样，骑在别人头上作威作福，既然如此，当然也不打算像贵族那样，拜倒在君主脚下，匍匐称臣。他们渴望人人平等的法律，以保障自己的财产不受君主以及贵族暴政的侵

① 休谟．休谟经济论文选[M]．陈玮，译．北京：商务印书馆，2009：26.

② 休谟．休谟经济论文选[M]．陈玮，译．北京：商务印书馆，2009：26.

犯”。[①] 休谟是说，在农业社会，形成农奴与贵族的对立和二者财富的严重分化，而由技艺推进工商业社会，农民开始有财富，工商业者更有相对较多的财富，介于贫困农民和富裕贵族之间，是一种中坚力量，既不像农奴那样屈服于贵族，也不像贵族那样屈服于君主，他们希望自由地交往使财产受到保护，是维持自由的中坚力量，这与亚里士多德所主张的中产阶级的共和政体有相似之处。休谟这个观点是完全正确的，工商业阶层也就是市民阶层正是现代自由民主制度的基石，没有强大的市民阶层，社会很容易蜕变为亚里士多德所言的平民政体或寡头政体。这两种政体距离专制政体仅一步之遥并很容易退化为专制政体，而在工商业阶层主导的社会，常常是民主共和政体，人们享有广泛的政治和经济自由保障正常的工商业活动。休谟还考察了英国政制的演变，认为英国下议院是商业发展的产儿，“正是这种发展使得这么多财富落入平民之手。既然如此，对技艺改进横加指责，把它看作是自由和共和精神的死对头，岂不自相矛盾!”[②] 如技艺发展到今天的互联网时代，揭露事实真相的报道、开启民智的论著，对提高民众的政治素质大有好处。网络对“小悦悦”事件的报道，有利于社会道德健康发展。须知，如果一个社会仅是经济在发展，道德却在退化，那绝对谈不上社会的繁荣。

人们普遍有一种厚古薄今的思想，而在西方先贤那里，重农轻商是一种主导思想，亚里士多德就认为，“凡是靠自己的劳力，不凭交换和零售（经商）以取得生活资料的人们，依上所说，可以综括为五种不同方式：游牧、农作、劫掠、渔捞和狩猎”。[③] 这五种“致富方式和技术不但有益于家庭团体，也有益于城邦团体。真正的财富就是这些物品”。[④] 亚里士多德对经商是相当轻视的，对货币更是极力诋毁，认为金银货币都是违背自然的，不是真正的财富，经商的致富方式脱离了自

① 休谟．休谟经济论文选[M]．陈玮，译．北京：商务印书馆，2009：26－27.

② 休谟．休谟经济论文选[M]．陈玮，译．北京：商务印书馆，2009：27.

③ 亚里士多德．政治学[M]．吴寿彭，译．北京：商务印书馆，1965：22－23.

④ 亚里士多德．政治学[M]．吴寿彭，译．北京：商务印书馆，1965：24.

然，“在交易中损害他人的财货以牟取自己的利益”。[①]“奸商”这个词，反映了人们对商业和商人在道德上的偏见。其实各行各业中人们的道德素质差不多，并不是说人们一涉足商业做了商人就立即变成奸诈小人。商业也不是像亚里士多德所言的“在交易中损害他人的财货以牟取自己的利益”，真正做得起来的商业都是“信”字当头，互惠互利，单凭狡诈欺瞒是成不了气候的。休谟是个尊重传统的人，但在思想理论上处处反叛传统思想，反叛传统的“重农”思想即为“重商”，从传统的对科学技艺的藐视转向对科学技艺的颂扬，休谟被哈耶克称作进化论的“始作俑者”，相信今人的道德情操和人文科学素养都超过前人的，技艺的进步显而易见也是超过前人的，并断言伴随着技艺的进步，道德和文明也会超过前人。人们不应该把技艺进步和由此带来的享受看作是洪水猛兽和道德败坏，而应看作是社会发展的推动力量。

休谟对“堕落享受”作了理性分析。堕落享受就是倾尽所有把钱花在某一方面，致使自己不能在其他方面尽责任和义务。假如当时一个英国人有一千英镑，这在当时是相当可观的财富，他把这一千英镑全部用在购买奢侈品上，却没有钱修缮房屋和供养子女上学，这当然是应受谴责的堕落享受。但如果一个人有两千英镑，他把其中一千英镑用在购买奢侈品上，剩下的一千英镑应付日常生活绰绰有余，这就不是堕落消费，而是对社会的贡献，因为它创造社会财富。“圣诞节宴席上的一盘豌豆所耗费的操劳和辛苦，足以维持一户人家六个月的温饱”。[②] 耗费如此时间和财力制作一盘并非十分需要的豌豆，是不是一种罪恶？休谟不这么认为，因为这豌豆的价值很多转移到厨师身上，他们从这盘豌豆的制作中获得工资和财富。“没有堕落的享受，杂役就会找不到雇主”。[③] 这也是堕落享受存在的一个理由，它消耗大量的剩余劳动时间，

① 亚里士多德．政治学[M]．吴寿彭，译．北京：商务印书馆，1965：31.

② 休谟．休谟经济论文选[M]．陈玮，译．北京：商务印书馆，2009：28.

③ 休谟．休谟经济论文选[M]．陈玮，译．北京：商务印书馆，2009：28.

把人们从懒惰中解放出来投入创造财富的热情中去。“在人类的习性中有某种天生的缺点，例如懒惰、自私、冷漠等，而享受，在某种意义上说，便是矫正这类缺点的补救办法，犹如药物学上的以毒攻毒”。[①] 休谟对正当的享受是充分肯定的，即使是堕落的享受，他也不认为是弥天大罪，相反还有矫正人们懒散等缺点的功能。“过分的享受，固然是种种祸害的根源，不过一般说来还是要比游手好闲无所事事为好，要是后者取代前者，则无论对个人或对社会，往往危害更烈”。[②] 休谟对技艺的赞扬，对享受的称赞，对堕落享受的宽容，其实也是对财富和劳动的赞美，对人们追求幸福生活给予了论证。

第二节　赋税伦理

关于赋税的理论，显然不是休谟研究的重点，他主要关注以下几点，也许并不是最重要的赋税理论，但亦自成一家之言，有一些值得借鉴的地方。

一、勤劳是赋税之源

人们承认，勤劳的民族也是富裕的民族，那么如何让人民勤劳呢？休谟时代有一种颇为流行的观点：“每增添一种捐税会使国民产生一种新的能力来承担，随着社会负担的每一次增加，人民的吃苦耐劳精神也会相应增长。”[③] 休谟认为，这种观点有一定道理，但容易被滥用而带来危害，如果把征税转为苛捐杂税，那对人民和国家都是一种不幸。

税收的首要作用是维持国家机构的正常运作，国家公务人员和军队

---

① 休谟．休谟经济论文选[M]．陈玮，译．北京：商务印书馆，2009：28.
② 休谟．休谟经济论文选[M]．陈玮，译．北京：商务印书馆，2009：29.
③ 休谟．休谟经济论文选[M]．陈玮，译．北京：商务印书馆，2009：79.

不直接进行创造财富的劳动，是靠国家税收转化的工资维持生活。另外，现代国家通常把一部分税收转化为救济穷人的社会保障资金。从古至今，税收对于一个国家的政权都是极其重要的，只是税收的来源在不断地变化。例如，古代的农业社会，农业税是税收的主题，从中国古代的“什一税”到清朝的“摊丁入亩”都是农业税的形式。但随着社会工商业的发展，由于农业的附加值低，农业在整个国民经济中的比重越来越低，农业税的比重越来越小直至取消，工商业的营业税、增值税成为税收的主体。在休谟时代，工商业已经大发展，但农业仍然在经济中占据很大比重。

对黎民百姓的消费品征税有两个后果：“一是穷人节衣缩食，二是提高工资，将赋税负担转移到富豪头上。”[①] 还有一种间接的、可能的结果：穷人在无偿交税之后，为了保持原先的生活水平甚至想要更好，就必须更加勤奋地工作，延长劳动时间，增加劳动强度，提高工作效率，以期获得更多的报酬。如果赋税适中，负担均衡，由赋税带来的困难可以刺激人们的工作欲望，使他们比那些负担低赋税的人们更加勤劳，所增加的报酬甚至超出所增加的赋税，因此变得更加富裕。许多自然条件并不好的国家，人们非常勤奋，反而工商业发达，国库充足。例如荷兰的自然条件和爱尔兰比相差较大，在荷兰获得财富的难度比爱尔兰大多了，但实际上是荷兰比爱尔兰富裕得多。为什么呢？正是恶劣的自然条件逼迫荷兰人百倍勤奋，创造出令人羡慕的巨额财富。正如威廉爵士所分析的，地广人稀的爱尔兰，生活必需品很充足，一个星期干两天活足矣，得天独厚的自然条件造成爱尔兰人的懒散，“好逸恶劳是人的天性，如果优哉游哉就可聊以卒岁，人们是绝不肯出力流汗的；但是，要是人们由于生活的逼迫一旦养成了勤劳的习惯，勤劳也就成了一种有益于人们健康的生活乐趣，因而不可须臾离开了”。[②] 古今很多的

---

① 休谟．休谟经济论文选[M]．陈玮，译．北京：商务印书馆，2009：78.

② 休谟．休谟经济论文选[M]．陈玮，译．北京：商务印书馆，2009：79.

蕞尔小邦，恶劣的自然条件迫使人们百倍勤奋，最后反而成了工商业繁荣的地区。

二、消费品是赋税的主要对象

是不是对所有的商品一律按销售量或产量来征税呢？休谟显然不这样认为，他实际上已经看到税收对经济活动的调节作用，因此认为赋税也是有特定对象的。“捐税以加在消费品，尤其是奢侈品上最为适宜，因为这种捐税最不易为人们所觉察。在某种意义上说，人们缴纳这类捐税是自愿的，因为一个人在使用上税的商品时可以量力而行有所选择，捐税就在无形中一点一滴地被缴纳了；捐税如果征收得当，自然可以使人克制物欲崇尚节俭；而且，捐税混在商品的自然价格之中，根本不为消费者所觉察”。[①] 在农业社会，税收主要加在农产品或人头上，休谟时代已经进入工商业社会，把捐税加在消费品上，对工商业有很好的调剂作用。尤其奢侈品是利润丰厚的产业，它不像日用品那样为人们所必需，奢侈品基本上是富人的享乐型消费，对这部分产品多征税并对日用品少征税，既可增加国家税收，又可以调节收入，能为社会各阶层所接受。人不应成为征税的对象，休谟对人头税是持批判态度的。人头税是一种横征暴敛，君主一点一点增加人头税，是在一点一点地积累社会矛盾，这是十分危险的，甚至会导致国家覆亡，“罗马国家覆灭的一个主要原因是君士坦丁在财政上所实行的变革，即以普遍的人头税来几乎完全取代原先构成帝国岁入的各种什一税、关税和货物税。各省的人民受尽了收税人的压榨，宁肯躲避在野蛮民族武装征服的卵翼下；他们认为，野蛮民族需索较少，虽说是异族统治，还是比罗马人过分苛刻暴政为好”。[②]

当时还有一种颇有影响的观点，主张取消对消费品征税，而直接对

① 休谟．休谟经济论文选[M]．陈玮，译．北京：商务印书馆，2009：80.

② 休谟．休谟经济论文选[M]．陈玮，译．北京：商务印书馆，2009：80 – 81.

农产品征税。这与休谟的前述观点是对立的。休谟分析了对一位工匠所消费的商品课税，工匠通过节衣缩食和增加劳动两种办法缴纳这种税金，“这两种开源节流的办法，同提高工匠工资的办法相比，是方便可行、十分自然的”。① 制造商受制于国际市场价格，不可能提高商品的价格，也就不能提高劳动力的价格，工人工资难以提高。对于赋税，地主（农业）和商人（工商业）不能互相转嫁，而应该共同承担。按正规途径征税比胡乱摊派要强，土耳其政府的公认准则是君主无权征税，但这个观念不是反抗赋税压迫的屏障而是相反的结果，皇帝不能征税增收，却允许封疆大吏欺压百姓，再从他们身上榨取朝贡，导致恣意搜刮的恶果。“实行普遍征税的办法所收集到的一个英镑要比不平等的胡乱摊派所搞到的一个先令危害要轻”。② 征税是国家管理的方式，只要征收得当，就是合理的、必要的，对经济发展社会进步是有利的。

第三节　人口伦理

经济活动是靠人推动的，人口的多少与经济繁荣有密切的关系。在极端落后的国家，饥饿频发、战乱频繁、疾病丛生，人口的增长就会停止甚至严重下降。例如，从东汉末年的黄巾军起义到三国鼎立，中国人口大幅减少，曹操诗云：“白骨露于野，千里无鸡鸣。”在社会稳定、经济虽有起色但仍未高度发展的阶段，人口就会迅速增长，例如美国独立战争时期人口只有 300 万，而 90 年之后的南北战争时期人口就增加到 2000 多万，到 100 年后的 20 世纪 60 年代，人口增加到 2 亿多。此后美国经济高度发达，人口增长明显减缓，到现在人口约为 3 亿，60 年间人口增长不到 50%，而过去是每隔百年人口增长十倍。即便这样，

① 休谟．休谟经济论文选[M]．陈玮，译．北京：商务印书馆，2009：81.

② 休谟．休谟经济论文选[M]．陈玮，译．北京：商务印书馆，2009：82.

美国仍是当今经济发达国家中唯一保持人口增长的国家，而这种增长在很大程度上归功于移民，如果没有大量其他国家的移民，美国也难以保持人口增长。至于其他发达国家，人口呈零增长甚至负增长态势，国家想方设法增加人口，例如俄罗斯出台低婚龄政策。韩国在 20 世纪 50 年代到 80 年代的经济发展期，人口大量增长，以致国家采取限制人口的计划生育政策，但是到了 90 年代，进入经济发达国家的行列，出生率明显下降，计划生育被废除，以后更是转向鼓励人口出生的政策。人口的多少要与经济发展现状相适应，休谟时代正处于经济上升时期，需要较多的劳动力，需要人口的增加，那时也正是人口迅速增长的时期，政府和理论界都鼓励这种人口增长。

在休谟看来，资本主义的雇佣制度是有利于人口增长的。但在当时却有一种谬传：古代的人口比今天更为稠密，古代的农奴制更有利于人口增长。休谟为此专门写了一篇长文《论古代国家的人口稠密》来批驳这个谬论。

战争、瘟疫和饥馑是民众的三大灾难，谁也不能否认，这三个问题在古代更为严重，对古代人口的数量构成严重的威胁。那么何以解释古代人口多呢？休谟没有否认当时一个流行的观点：生理。古罗马的科鲁迈拉就记载，在埃及和非洲双胞胎是司空见惯的现象，由于这两个国家曾是罗马帝国的行省，休谟认为科鲁迈拉这样的人不会把这个问题搞错。和休谟同时代的孟德斯鸠竟认为：目前地球上的人口不到恺撒时代的五十分之一，这个看法休谟是极不赞同的："即使只就欧洲及地中海沿岸各国的古代情景来考察，这里的对比准是不完全的。既然我们连每个欧洲国家甚或城市目前的确切人口数字都不甚了然，而历史学家们在这方面所遗留的线索又十分不足，又怎么能妄想估算这些国家和城市的古代人口数字呢？"[①] 这种观点在休谟看来极为荒谬。

---

① 休谟．休谟经济论文选[M]．陈玮，译．北京：商务印书馆，2009：100.

人口与自然条件和国家政策等相关联。就国家政策来讲，“每个明智、公正、宽宏的政府，出于类似的理由，只要采取让百姓休养生息的措施，就总会既使商品和财富增加，又使人丁兴旺”。① 就自然条件而言，产葡萄、种谷物和放牧的国家，自然条件的优厚性依次降低，人口也随着递减，没听说哪个放牧的地方人口稠密，一块硕大的牧场只能养活极少数牧民。在气候温暖地带，动植物较多，易于获取生活必需品，又无须建造房屋抵御风寒，生存比较容易，人口就会比较稠密。当然自然条件并不是人口稀密的唯一因素，重要因素恐怕是法政制度：“要是其他条件相同，似乎应该设想：凡是安居乐业、民风淳厚、政简刑轻的地方，人口就最兴旺。”②

在休谟看来，自然条件好和政治文明程度高是人口兴旺的两大要素，此外习俗和生育观念等也有一定影响。我们看到，进入享受型的经济发达社会后，政治文明空前高涨，但人们不愿生儿育女来剥夺自己的业余时间和享受，生育愿望严重下滑，人口增长停滞甚至下降。但休谟时代还没进入享受型社会，当时发达的资本主义国家在法政和经济上都有很大进步，人口呈现快速的增长趋势，休谟的论断对于他以前的社会和他那个时代是完全正确的。且分析人口增长的因素之后，再分析古代是否具备人口增长的因素，休谟就可以得出结论，古代的自然条件并不比自己所在的时代优越，古代的法政和习俗等恰恰不利于人口的增长，因此关于古代人口稠密之言多是虚妄的。

一、法政制度

古今法政之不同在于古代盛行奴隶制，当时的英法等国已经废除了奴隶制。一些厚古薄今论者鼓吹奴隶制，对奴隶制的灭亡扼腕悲叹，休

---

① 休谟．休谟经济论文选［M］．陈玮，译．北京：商务印书馆，2009：101．

② 休谟．休谟经济论文选［M］．陈玮，译．北京：商务印书馆，2009：101．

谟则反击道："人类的天性一般倒是乐于接受现在的自由，哪怕在欧洲最专横的政治统治下，也要比在古代最繁荣时期的自由好得多。投靠归顺只管辖一个城市的小国君主，要比向一个大国君主屈膝称臣更难堪，同样，家奴制要比任何文明统治更为残酷，压迫更重。"① 古代是身份制，奴隶被戴上枷锁，对奴隶主屈膝就范，而奴隶主高高在上，不受任何法律和道德的约束。但现在是契约社会，主仆关系不是先天身份决定的，而是契约形成的，一个人有选择签约或毁约是否做另一个人仆人的权利，这种主仆的依附关系远不像过去的主奴依附关系那么紧密。"在现代，一个坏的仆人很难找到好的主人，反过来，一个坏的主人也很难找到好的仆人，其间的制约是相互的，是与反映了理智和平等的神圣的客观法则相适应的。"② 就这种彼此不同的关系来讲，古代的奴隶制也是不利于人口的增长的。

在古罗马势力崛起以前，创造古代史的民族分成一个个小邦，古代的一些小国财产比较均等，不能提供发大财的机会，权力比较分散，这种制度有利于人口增长，"这就证明，古代政策的准则是：重人口而轻钱财；同时还证明，这种准则确实卓有成效，它使希腊这样的小国人口稠密异常，才能一举派遣这么多的移民。罗马早期的情况也与此没有两样。M. 喀刘（M. Curius）说，平民中凡有七英亩而仍不满足者，乃是害群之马。这种均等观不能不导致人口的大量繁殖"。③

但是古代人尚武，各国之间战争不断，而战争对小国的破坏比大国严重得多，"其原因有二，一是小国一有战争，就得人人入伍参战；二是整个国家四面八方都是前线，无处不面临着敌人袭击的威胁"。④ 而且那时战争比现在破坏性大：其一，士兵恣意掳掠，坐地分赃；其二，士兵面对面厮杀，兵刃饮血，异常残酷；其三，古代残杀战俘，士兵视

① 休谟．休谟经济论文选[M]．陈玮，译．北京：商务印书馆，2009：102.
② 休谟．休谟经济论文选[M]．陈玮，译．北京：商务印书馆，2009：103.
③ 休谟．休谟经济论文选[M]．陈玮，译．北京：商务印书馆，2009：120.
④ 休谟．休谟经济论文选[M]．陈玮，译．北京：商务印书馆，2009：121.

死如归。“在古代史书上不乏这样的实例：城市被围困了，城里的人绝不开门乞降，他们先把自己的妻子和儿女杀掉，然后冲出去同敌人拼命，他们视死如归，只想给敌人一点报复也就瞑目了。不仅野蛮人，连希腊人也往往会产生这种狂热的劲头。在那些彼此接壤、连年征战的小邦联之间，还有一些不太出名的事例，这种破釜沉舟和残酷搏斗的精神一直给人类社会造成极大的破坏”。[①] 当时的一些袭击式、海盗掠夺式的战争破坏更大。古代的战争都是大屠杀，一场战争下来，1/4 甚至1/2的人口被杀戮或放逐，而被放逐者总是伺机回国报复。古代的历次改革，除塞拉席布拉恢复雅典民主政治和恺撒推翻罗马共和政体之外，都伴随着血雨腥风和人口的大量减少。

城邦的内讧也造成大屠杀。老迪奥尼修蓄意杀死平民万余人，阿加索克尔、那皮斯等人更为凶残。即使自由政治下也是杀人如麻，雅典的30 个执政官和贵族在 12 个月内，不经审判杀死平民 1200 人，余下平民一半被流放；阿果斯的平民在同一时间杀死贵族 1200 人，他们的领袖因不愿进一步株连无辜，也被平民们杀掉。根据迪欧多卢斯德记述，希腊繁荣的 60 年，平民和贵族政体是你方唱罢我登场，不管谁登场都大规模屠杀对方。

即使没有发生大屠杀这种极端的情况，按照古代的政治准则，财产也不是安全可靠的。一些人贫困时反而比有钱时快乐，富有时捐税接二连三，出行受限，贫穷时反而身价更高，因为可以威胁有钱人。据载，“当雅典平民缺钱花时，可以把一些有钱人，不管是异邦人还是本地人，处死，没收其财产，这是雅典平民的一条准则”。[②] 在古希腊实行共和制以前，城邦是僭主政体或混合君主政体，都是不稳定的，王位世袭很少到第五代，频繁的改朝换代往往伴随着血腥屠杀和人口的减少。

古代的政治活动很少包含仁慈和中庸之道，“罗马联邦晚期制定的

① 休谟．休谟经济论文选[M]．陈玮，译．北京：商务印书馆，2009：122.

② 休谟．休谟经济论文选[M]．陈玮，译．北京：商务印书馆，2009：127.

法律实在过于荒唐，迫使各派领袖人物不得不采取极端手段”。[①] 由于废除了死刑，又担心被流放的人报复，于是执政者不经法律程序处死对手是家常便饭。“这样看来，一种极端就会导致另一种极端。正如法网过严易于产生执法松弛的现象，宽大无边自然也会造成残暴和野蛮。要是我们万不得已而越出神圣不可侵犯的法律规范，这样做在任何情况下都是危险的举措”。[②] 古代的政局频繁变动，很难确立贵族的统治，梭伦法规定某些行政职务须有一定的财产保证，这就引起平民的不满。“当时，要么是严峻而多疑的贵族统治着臣民，要么是党同伐异、一片混乱的僭主民主政治，此外再没有第三条道路”。[③] 不稳的政体一旦更迭就有很多人人头落地，人口肯定也不能稳定增长。古代僭主的野蛮残暴、骄奢淫逸、喜怒无常、翻云覆雨等性格促使政局变幻莫测，使精于计算的商人和手工业者大量逃跑，老狄奥尼修的大屠杀使人们特别是有一技之长的人大量逃亡，法王路易十四的暴政使法国工匠大量逃亡，整个欧洲到处都有他们的影子。

虽然农业是基础的行业，也有农业独自发展的例子，但那是小农经济下的情况，在现代商品经济下，农业不可能独善其身，“毫无疑问，首先刺激其他各行各业发展，从而为农民出售其产品提供天然的市场，同时换回供其消遣和享受的商品，乃是刺激农业发展的必由之路”。[④] 古代的农业社会也不可能使农业大发展，不可能使农业人口大增。色诺芬认为农业没有技术含量，只要勤快和不违农时都可以当农民，这正说明他对农业的了解十分肤浅，也就是对技艺的轻视。休谟反驳道：“难道我们后来的一切改良和革新，对于人类生活的舒适安逸，对人类的繁殖和增长，统统不起作用吗？我们在机械方面的优越技术，极大地促进了商业扩展以及新大陆的发现，邮政事业的创立，票据汇兑的使用——

---

① 休谟．休谟经济论文选[M]．陈玮，译．北京：商务印书馆，2009：130.
② 休谟．休谟经济论文选[M]．陈玮，译．北京：商务印书馆，2009：130.
③ 休谟．休谟经济论文选[M]．陈玮，译．北京：商务印书馆，2009：131.
④ 休谟．休谟经济论文选[M]．陈玮，译．北京：商务印书馆，2009：134.

所有这一切，都对技艺和工业的发展、人口的增长起了极大的作用。”①

总的说来，古代的财产均等、自由和小块土地，有利于人口的繁殖，但是影响人口增长的不利因素更占据主导：“然而古代的战争是更为残酷和毁灭性的，古代的政治总是两派斗争激烈而更加不稳定的，商业和手工业是更为脆弱的凋敝的，法治则普遍地废弛无常。后面的这些不利因素已完全抵消并压倒了前面的有利因素，从而有力地支持了同一般流行观点唱反调的看法。”②

二、社会习俗

古代就有老弱病残不能干活的奴隶被丢弃到泰勃岛任其饿死的习俗，尽管克劳狄皇帝下令禁止杀害年老有病的奴隶，但却未能得到严格执行，当时的主导准则是老凯托所言的：“与其养活他认为是白吃饭的废物，不如趁早把年老无用的奴隶卖出去，价钱多少不论。”③ 这种习俗当然不利于人口的增长。当时的习俗还有：①监禁奴隶，让奴隶带着锁链在土牢里服役；②在审判中，让奴隶提供证词，这是极端残忍的刑讯逼供；③有虐待倾向的奴隶主以毒打奴隶取乐，并以毒打奴隶来恐吓其他奴隶，整肃纪律。

当时还有一种为奴隶制和古代人口稠密辩解的论证：奴仆们是主人的财产，奴隶结婚生儿育女就意味着主人有更多的财富，还可以接替那些年老不能干活的奴隶，“于是，奴隶主就鼓励奴隶们像牲畜下崽那样，尽量多生孩子，还十分热心抚养其下一代，教他们学会某种技艺或职业，这样，他们就会更有用，对主人更有价值”。④ 主人对奴隶的这种关心还会让奴隶感激涕零，提高劳动热情报答奴隶主，这也有利于奴

① 休谟．休谟经济论文选[M]．陈玮，译．北京：商务印书馆，2009：135.
② 休谟．休谟经济论文选[M]．陈玮，译．北京：商务印书馆，2009：135.
③ 休谟．休谟经济论文选[M]．陈玮，译．北京：商务印书馆，2009：103.
④ 休谟．休谟经济论文选[M]．陈玮，译．北京：商务印书馆，2009：105.

隶主发家致富。这种论证在休谟看来也是草率的。这种论证把奴隶和牲畜相提并论，但是休谟说："在各个人烟辐辏、勤劳富庶的省份，几乎没有人饲养牲畜。在那些地方，吃饭，住宿，找跟班，雇劳力，价钱都很贵；于是到达一定年龄之后，就认为从价钱便宜的异域远方购买牲畜比较合算。"① 而且从经济利益出发，把人当作牲畜，奴隶主鼓励奴隶生育和抚养奴隶的孩子也是不合算的，"要是在伦敦抚养一个孩子，把他养大到能够侍候人，其代价，比从苏格兰或爱尔兰买一个同样年龄的仆役要贵得多，因为他在那里住的是茅屋，穿的是破衣烂衫，吃的是燕麦粥和马铃薯。因而，在所有富裕而人多的国家里，蓄养奴隶的人，总是设法不让女奴怀孕，一旦有孕，不是强迫堕胎，便是扼杀婴儿"。② 富裕的地方，本应该是人口大增长的地方，但奴隶制下的算计方式，限制或禁止奴隶生育，以此免除抚养奴隶的费用，因为把这种抚养费的一小部分拿到偏远穷苦的省份就能够购买同样的奴隶，"将使大城市的毁灭人口的作用十倍于当今之世"。③ 按照休谟时期伦敦的状况，要是商人和百姓都是奴隶，而贪婪的奴隶主不允许他们生育，伦敦需要每年从农村招募五千人才能保持繁荣所必需的人力，这是个很难满足的需求。古罗马的著作家科鲁迈拉、贺拉特、塔西陀等记载，当时奴隶源源不断从边远的叙利亚、埃及输入，但古罗马人口并没有增加，本土居民反而不断减少，工农业衰落。从这些记述来看，关于奴隶的高出生率是无稽之谈，更遑论人口增长，即使有奴隶输入也无法维持原来的数额。而且当时还有一个习惯，家里出生养大的奴隶，也就是家生奴，要比其他奴隶得到更好的待遇和照顾，著作家甚至称他们为"粗鲁无礼的奴隶"，奴隶主从利益计算也不愿多养这样的奴隶，这是绝大多数奴隶主奉行的准则。一个叫阿提喀的奴隶主喜欢吸收家生奴充实其家族，被其豢养的

---

① 休谟．休谟经济论文选[M]．陈玮，译．北京：商务印书馆，2009：106.

② 休谟．休谟经济论文选[M]．陈玮，译．北京：商务印书馆，2009：106.

③ 休谟．休谟经济论文选[M]．陈玮，译．北京：商务印书馆，2009：106.

历史学家大肆赞扬。对这件事休谟评价道："难道不能据此推论：这种做法在那时是极为罕见的?"① 何况阿提喀的产业在一个遥远偏僻的地方，蓄奴在他看来是合算的。雅典人给奴隶取名，或根据其出生地，或根据那些国家最常用的名字，根据奴隶的名字推测："至少在雅典，奴隶多半是从国外输入的。"② 如果不输入奴隶，人数就会大为减少。休谟还根据英国种植园的经验，认为："凡是能雇到长工或短工的地方，蓄奴制，无论对奴隶主或奴隶本人，都同样是弊多利少。你得供给你的奴隶吃饭穿衣，而对雇工，则不再负有此种责任。由此可见，最初买进奴隶的身价银，对你来说，是一笔巨大的损失；何况奴隶由于害怕惩罚而终日惴惴不安，绝不可能像一个担心逐渐打消而又不必做其他杂役的自由人雇工那样干很多活。"③ 从亚里士多德等人的著作来看，希腊人所蓄养的奴隶一般是野蛮人，亚里士多德就认为奴隶是异邦人，希腊人天生优良，天生就是奴隶主。

休谟还举了一个非常有说服力的例子：德谟斯梯尼未成年时，被监护人骗取财产，后来起诉追回这笔财产。他为此事所发表的几篇演讲至今仍存，详细列举了他父亲遗留下来的财产，"其中有从事手工业生产的奴隶五十二人，即刀剑匠三十二人，细木工二十人，全是男奴；演说中并无片言只语提到这些奴隶的妻子、子女或家庭；要是雅典果真流行蓄养家奴的话，奴隶就必定有家庭及妻儿老小；其全部所值必然大大取决于这方面的情况。可是，除了归他母亲使唤的几名婢女外，德谟斯梯尼根本没有提到过女奴。这一论据，即使不能作为最后定论，也是十分有力的。"④ 这就说明，当时应该很少蓄养女奴，男奴没有家小，并没有蓄奴，奴隶从外面购买，是不能生儿育女的，因此，不是以抚养家奴而是以购买奴隶为主要特点的奴隶制是不可能实现人口增长和人口稠密

① 休谟．休谟经济论文选[M]．陈玮，译．北京：商务印书馆，2009：108.
② 休谟．休谟经济论文选[M]．陈玮，译．北京：商务印书馆，2009：108.
③ 休谟．休谟经济论文选[M]．陈玮，译．北京：商务印书馆，2009：108.
④ 休谟．休谟经济论文选[M]．陈玮，译．北京：商务印书馆，2009：109.

的。休谟还找到其他资料说明当时奴隶是禁止婚育的，这就断绝了人口增长的源头，虽然也有例外的情况，如偏僻的、物价便宜的地方准许牧羊家奴生孩子当小羊倌，这和那种生活费用高、奴隶住在主人家里的情况不同。也有少数人如科鲁迈拉建议奴隶主对替他抚养大三个以上孩子的女奴给予奖励，甚至赐予自由。古代也有的人是奴隶生的，但这种主张不占主流，虽然这种主张也对盛行奴隶制的破坏起到一定的弥补作用。休谟最后得出结论："总的看来，奴隶制对于人类的幸福和人口的增加，都是有百弊而无一利的，用雇佣仆役制来取代它要好得多。"①再加上古人有当僧尼及弃婴和送孩子去育婴堂等习俗，这些都不利于人口的增长。

古代人口稠密的记载并不确切，有以讹传讹之嫌，加上古代君主好大喜功，以夸大人口数量为能事，古罗马的一位皇帝甚至以蜘蛛多为荣耀，更不用说人了。"在我看来，从修昔底德的第一页起，才是正史的开端。在此以前的一切记载，都大量掺杂着传说的成分，哲学家们应该尽量少引用，留给诗人和演说家们当做修辞手段吧"。② 西西里的迪欧多卢斯也承认，狄奥尼修斯的军队传说不可信，也就是没有传说中的那么多军队。虚报人数的原因，或者是宫廷近侍们刻意谄媚，或者是僭主狄奥尼修斯本人的虚荣心和策略上的需要。休谟作为历史学家和经济学家，在对古代人口的相关记载科学分析之后认为，"对于古代人口据说十分稠密的问题，我越研究就越产生怀疑"。③ 例如，法勒流认为雅典公民有 21000 人，异邦人有 10000 名，奴隶有 400000 人。这些数据被一些人作为基本事实引证，休谟却不以为然。他赞同一种说法："他们给奴隶的人数上多加了一个'0'，实际上应认为至多只有四万人。"④ 休谟分析有四个原因：其一，雅典人对奴隶还算温和，如果这

① 休谟．休谟经济论文选[M]．陈玮，译．北京：商务印书馆，2009：113.

② 休谟．休谟经济论文选[M]．陈玮，译．北京：商务印书馆，2009：136.

③ 休谟．休谟经济论文选[M]．陈玮，译．北京：商务印书馆，2009：140.

④ 休谟．休谟经济论文选[M]．陈玮，译．北京：商务印书馆，2009：141.

种比例达到二十比一，情况就不会这样，今天的殖民地，被殖民者与殖民者的比例远远不及二十比一，但已对黑奴实行严厉的军事管制。其二，迪克利亚战争期间，20000 名奴隶逃亡对雅典经济造成沉重打击，如果当时奴隶人数 40 万确切，2 万人只占二十分之一，2 万人逃亡不可能是沉重的打击。其三，色诺芬曾提出政府蓄奴 1 万名的计划，这也说明雅典当时奴隶匮乏，不可能达到 40 万人。其四，从财产来计算，当时雅典的财产是 6000 塔兰特，这是历史所记载而且被休谟认同的，当时一个奴隶每天的劳动值一个奥博尔，租用奴隶开矿，要向奴隶主交同样的租金，“四十万奴隶，就照只买进四年计算，你要是认真推算一下，即使扣除雅典大量的传统节目不计，也会发现，这笔钱将会超过一万二千塔兰特”。[①] 再加上工匠奴隶的价格更高，按德谟斯梯尼估计，他父亲的工匠奴隶每天得值两个米那，如此，就算奴隶 4 万人，财产统计也会超过 6000 塔兰特。罗德斯是以商业发达著称的城市，在它辉煌时期遭到德米特里围攻时，只有 6000 公民能够拿起武器，这就说明即使这样的名城人数也不多。当马其顿的腓力二世被宣布为希腊联邦的领袖时，除去拒绝参加的斯巴达，他发现整个希腊还有步兵二十万，骑兵一万五千，这是希腊能够拿起武器的公民总数。据此休谟对古希腊人口作出推算：“希腊自由民，包括男女老少，总数为八十六万[②]；奴隶人数，参照前述雅典奴隶数来估算，假定奴隶极少结婚或成家，则其人数应为成年男性公民的两倍，即四十三万人。古代希腊的总人口，不包括拉哥尼亚，为一百二十九万人。这个人口数目不算很大，也没超过今天的苏格兰——一个疆域不太大、人口不多不少的国家的人口数。”[③] 至于古罗马，关于它的建筑和城市容积，过去的说法也多是夸大其词。据史书记载，政府非配口粮的公民是 20 万，也就是说，罗马成年男性公民有 20 万。

---

① 休谟．休谟经济论文选[M]．陈玮，译．北京：商务印书馆，2009：143.

② 作战人数，即成年公民 215000 人的 4 倍。

③ 休谟．休谟经济论文选[M]．陈玮，译．北京：商务印书馆，2009：149.

三、自然条件

休谟还从古时书籍中记载的罗马的严寒推断出今天比古时温暖，“这显然只能用下列假设来说明：当今之世，拓荒垦殖有了更大的发展，大片的森林被伐掉，遮挡阳光的浓荫减少了；舍此别无其他解释。我们在北美的殖民地，也在随着树木的采伐而逐渐变暖。不过总的来说，人人还是感到：无论在北美还是在南美，气候仍比欧洲同纬度地区要冷得多”。[①] 实际上，古时的气候变化也很无常，科鲁迈拉就有记述：“萨瑟那声称，在他那个时代之前，天空层次发生过变化，大气变得暖和，因此，有很多先前因气温太冷不能种植葡萄和橄榄的地方，如今都大量种植了。这种变化要是当真，就有一种不言自明的标志，说明在萨瑟那时代以前，乡村地区的垦殖有所发展，人口也有所增长，要是这种变化一直延续到今天，那就证明：在世界的这一部分，这些有利条件始终不断地发展着。”[②] 就我国而言，20 世纪 80 年代后气温上升趋势明显，但并不是直线而是曲线。河南有四大古都，说明河南过去是个人口众多的地方，人口多也说明气候温暖，自然条件好。河南简称“豫”，说明商周时代，河南的安阳、洛阳、郑州一带气候温暖，是大象出没的地方，大致相当于今天云南的亚热带的气候，若如此，今天河南的气温比那时低多了。

恺撒的记述专门提到比利时为对抗征服按照 10∶6 的比例征集了 20. 8 万人组成部队，由此推算比利时士兵人数为 35 万人，居民总人数

① 休谟．休谟经济论文选[M]．陈玮，译．北京：商务印书馆，2009：158. 休谟似乎认为，人多了砍伐森林就导致浓荫少了、气候变暖，这个论据似乎不充分。至于他把同纬度的南美或北美地区的温度低于欧洲归于欧洲人多，砍伐森林多，导致浓荫少气温高更是不成立的。同纬度的欧洲地区气温远远高于亚洲，但亚洲人口比欧洲更多更稠密，所以气温的高低并不是人多森林少浓荫少这一个原因所能解释的，而是极其复杂的。休谟所言的欧洲主要是指西欧，因为大西洋暖流经过导致气温高，而亚洲靠太平洋沿岸则是寒流经过，导致气温低。

② 休谟．休谟经济论文选[M]．陈玮，译．北京：商务印书馆，2009：159.

为150万人，高卢人数为比利时的4倍约600万人，远远不是传说中浮夸的2亿人。

如此考察，古代人口没有今天多，但由于颂古非今实乃人之天性，一些渊博之士亦深受影响，才有古人稠密的误传，以致休谟不得不专门撰文纠正，古时的自然条件不比现在强，习俗恶劣，法政也不及现代之文明，古时并不具备使人口稠密的条件。

第四节　休谟其他经济伦理思想的影响和评价

在休谟看来，技艺不仅促使人们勤劳，促进物质丰富，也会大大提升人们的精神境界和道德水平，因此对技艺进步予以充分肯定，而后来卢梭则认为科技的发展导致人们道德堕落。一些道德家以古罗马的灭亡来诋毁技艺的进步。古罗马的自由民主和政治繁荣在当时有相当的高度，但从被征服的行省学到亚洲式的奢侈后，就开始全面腐化堕落，内战频繁，政治上由民主走向独裁，恺撒首先称帝，尼禄皇帝乱伦，然后走向瓦解和灭亡。他们以此说明技艺进步对政治和道德的阻碍作用。休谟则认为，对于罗马的混乱局面，这些作者归咎于享受和艺术，完全是找错了原因。因为生活上讲究享受和舒适，并不必然带来贪污腐化。休谟的这种观点，对后来的享受型消费主义的发展具有很大的影响。休谟对技艺的赞扬，对享受的称赞，对堕落享受的宽容，其实也是对财富和劳动的赞美，对人们追求幸福生活给予伦理上的论证 。

休谟反对征收人头税。当时还有一种颇有影响的观点，主张取消对消费品征税，而直接对农产品征税。这与休谟的前述观点是对立的。对于赋税，地主（农业）和商人（工商业）不能互相转嫁，而应该共同承担。按正规途径征税比胡乱摊派要强，土耳其政府的公认准则是君主无权征税，但这个观念不是反抗赋税压迫的屏障而是得到了相反的结果。皇帝不能增收赋税，却允许封疆大吏欺压百姓，再从他们身上榨取朝贡，导致恣意搜刮的恶果。征税是政府治理国家的一种方式，只要征收得当，就是合理的、必要的，对经济发展和社会进步就是有利的。休谟的这种观点对于今天的税收政策也具有积极影响。

休谟主张以增加人口来提升经济发展的人口红利，这与当时经济发展对劳动力的需求是一致的。这就启示我们，今天所采取的人口政策要同经济、社会、自然环境等多方面的因素相协调，不能想当然地鼓励或限制人口的增长。尤其是今天我国人口老龄化日益严重，经济发展的人口红利日益丧失，人们的生育欲望和人口出生率日益降低，应该根据现阶段的社会经济和人口现状调整人口政策。

第七章
休谟经济伦理思想对后世的影响及评价

休谟虽然不是像哈耶克那样的职业经济学家，也不像斯密那样有专门的经济学专著《国富论》，但是休谟以三条正义法则为核心的经济伦理学具有鲜明的特色，对后世影响深远。门罗评论道：“他从未提出过完整的经济哲学，而且对某些经济问题也许没有什么兴趣，但其论文和信件表明，他在经济问题上具有卓越的见识和判断力。”①

第一节　休谟经济伦理思想的影响

一、对经济思想的影响

休谟的经济伦理思想主要体现在《人性论》第三卷《道德学》里。休谟首先是以其知识论（《人性论》第一卷）闻名于世的，康德就称休谟将其从教条主义的沉睡中唤醒。但是进入20世纪以来，随着哲学从认识论转向实践论，休谟《人性论》第三卷《道德学》逐渐受到重视。《道德学》将政治伦理、经济伦理和法律伦理融合在一起，对当代的政

① A. E. F. 门罗. 早期经济思想[M]. 蔡受百，等，译. 北京：商务印书馆，2011：304.

治学、经济学和法学都产生巨大的影响。所以在今天，休谟的道德学比知识论更有影响力，《人性论》第三卷《道德学》比第一卷《论知性》更加成为学术界关注的焦点。休谟的正义三条法则奠定了他在经济学的独特地位，正如哈耶克指出的："他不但是现代认识论的奠基人，而且是经济学的奠基人。"[①] 休谟揭示出，道德并不是自然形成的，也不是理性的结果，"它们是人类实践经验的产物，在时间的缓慢检验中，唯一考虑的就是每条道德规则在促进人类福祉方面能够发挥的效用。休谟可以被称为伦理学领域中达尔文的先驱"。[②] 人们最终选择那三条法则，就是因为在和其他法则的竞争中，那三条法则能够带来最大的社会和个人效用，在社会发展中"适者生存"。不过这句话也容易引起误解，休谟强调遵守规则其实是反对"弱肉强食"的达尔文式的适者生存，强调规则面前人人平等，规则高于任何个人和组织，任何人都要遵守规则，只有遵守规则才是强势的，而且不能利用自身的强势地位玩弄规则于股掌之中。可以说，休谟强调的是规则，因而必然反对经济中的达尔文式的弱肉强食。垄断经济和权贵经济先后成为经济的毒瘤，就是因为这些经济的发展不是依靠遵守规则，而是依靠强势地位吃掉竞争对手，这种达尔文式的规则是休谟坚决反对的。各国政府已制定了反垄断的法律，虽然对于权贵经济还没有什么有效对策，但是其已经引起经济学家的高度重视，我国著名的经济学家吴敬琏就对权贵经济提出过严重警告。

斯密是著名的经济学家，他的《国富论》被认为是现代经济学的奠基之作，但斯密的经济思想取法于休谟。斯密和休谟一样，既是伦理学家又是经济学家，休谟关于自私和有限的慷慨的人性预设以及同情原则是正义三法则的基础，都被斯密所吸收，直接体现在其《道德情操

---

① 哈耶克. 经济、科学与政治——哈耶克论文演讲集[M]. 冯克利，译. 南京：江苏人民出版社，2000：554.

② 哈耶克. 经济、科学与政治——哈耶克论文演讲集[M]. 冯克利，译. 南京：江苏人民出版社，2000：558.

论》中，并以间接的方式反映在《国富论》中。休谟在提出人的三种不利情形后指出了补救措施：“社会给这三种不利情形提供了补救，借着协作，我们的能力提高了；借着分工，我们的才能增长了；借着互助，我们就较少遇到意外和偶然事件的袭击。”①休谟的这种观点对于斯密《国富论》中的分工理论具有启发意义。《国富论》的第一章就是《论分工》，《论分工》的第一句话是：“劳动生产力上最大的增进，以及运用劳动时所表现的更大的熟练、技巧和判断力，似乎都是分工的结果。”② 这句话和休谟所说的“借着分工，我们的才能增长了”是同一个意思。至于分工的原因，斯密和休谟的看法也是一致的。休谟认为，人类为了弥补自身的不足，才需要分工互助；斯密也认为：“别的动物，一达到壮年期，几乎全部能够独立，自然状态下，不需要其他动物的援助。但人类几乎随时随地都需要同胞的协助，要想仅仅依赖他人的恩惠，那是一定不行的。”③ 休谟和斯密表达了同样的观点，人类和动物不同，需要分工协作才能生存，分工“鼓励大家各自委身于一种特定业务，使他们在各自的业务上，磨炼和发挥各自的天赋资质或才能”，④ 从而使人在和动物的竞争中胜出。

哈耶克是当代著名自由派经济学家，1974 年诺贝尔经济学奖获得者，20 世纪 80 年代英国撒切尔政府经济改革的精神导师，休谟的经济伦理思想对哈耶克也具有重要影响。哈耶克认为：“《人性论》中讨论‘公正的起源与财产’以及评价‘人为设立公正规则的方式’的一节，

① 休谟．人性论(下册)[M]．关文运，译．北京：商务印书馆，1980：526.

② 斯密．国民财富的性质和原因的研究(上册)[M]．郭大力，王亚南，译．北京：商务印书馆，2005：1.

③ 斯密．国民财富的性质和原因的研究(上册)[M]．郭大力，王亚南，译．北京：商务印书馆，2005：13.

④ 斯密．国民财富的性质和原因的研究(上册)[M]．郭大力，王亚南，译．北京：商务印书馆，2005：15.

是他在这一领域最重要的贡献。”[①] 本来，人的自身条件和获得经济利益的本领赶不上动物，但是自利的本性迫使人们相互合作，从而获得超过动物的额外力量，而合作的基础就是对正义的三条规则的遵守，全部的政治制度、经济制度和法律制度最终都可以归结为这三条规则。休谟还对政治权力保持高度的警惕，特别是对财产的破坏，他认为在政府中有必要“始终对官员保持警觉，消除一切随意性权力，用普遍的、不可更改的法律保护每个人的生命和财产”。[②] 在《英国史》中，休谟还提出：在君主立宪制下，必须永远对最高权力保持警觉，绝对不能授予君主有可能影响到任何臣民的财产和个人自由的专断权力。休谟是产权理论的鼓吹者和奠基者，对西方经济思想产生了越来越大的影响。“私有财产神圣不可侵犯”是资产阶级革命的宣言，2004 年我国的宪法修正案增加了私有财产保护的条款。哈耶克说：“在大卫·休谟以及 18 世纪的另一些苏格兰道德学家和学者看来，分立的财产得到承认，显然标志着文明的开始；规范产权的规则似乎是一切道德的关键之所在，这使休谟把他阐述道德的《人性论》大部分篇幅用来讨论这个问题。后来他又在自己的《英国史》（第五卷）中，把国家的强盛归功于政府干涉财产的权力受到了限制。”[③]

休谟同时代的经济学家已经开始关注他的经济学理论，同时代的著作已经在研究休谟的著作，如当时的名著《政治经济学原理研究》就大篇幅讨论休谟的货币理论：“休谟的流通理论可以归结为下列几点：（1）一国中商品的价格决定于该国库存的货币量（实在的货币或象征性的货币）。（2）一国中流通着的货币代表该国内现有的所有商品。按照代表即货币的数量增加的比例，每个代表所代表的被代表物就有多

① 哈耶克．经济、科学与政治——哈耶克论文演讲集[M]．冯克利，译．南京：江苏人民出版社，2000：558.

② 哈耶克．经济、科学与政治——哈耶克论文演讲集[M]．冯克利，译．南京：江苏人民出版社，2000：565.

③ 哈耶克．致命的自负[M]．冯克利，等，译．北京：中国社会科学出版社，2000：34.

少。（3）如果商品增加，商品的价格就降低，或货币的价值就提高。如果货币增加，那么相反地，商品的价格就提高，货币的价值就降低。”① 这也说明休谟对当时经济思想的影响。

休谟经济伦理的最大贡献是对“经济人”理论的奠基。一般认为，第一次系统论述“经济人”内涵的是穆勒，并经李嘉图才得以完善，但是奠基人应当是休谟。斯密在休谟的基础上，认为每个人按其理性活动，追求个人利益的最大化。他说：“我们每天所需的食物和饮料，不是出自屠户、酿酒家或烙面师的恩惠，而是出于他们自利的打算。我们不说唤起他们利他心的话，而说唤起他们利己心的话。我们不说自己有需要，而说对他们有利。”② “私人利润的打算，是决定资本用途的唯一动机”。③ 休谟是斯密的导师，他认为正义的产生除了资源稀缺之外，还有人自身道德的因素：自私和有限的慷慨。自私的主导地位使人们的经济活动从利己出发，自利和贪欲是人们辛勤劳动的动机。假如一个人不能够占有自己的劳动成果，就没有劳动的动机，这也是他主张私有制和确立三条私法制度的原因之一。休谟还相信人出于私利的活动只要在三条正义规则的约束下，就能够为公益服务，大可不必为人的自私自利的经济活动而恐惧。休谟还反对对自私的过分渲染，人还有“有限的慷慨”这种和自私相反的品质。人具有同情感，这就为古典经济学奠定了道德基础，使“经济人”和“道德人”并行不悖，“经济人”只是人们经济活动的一个伦理面，也可以说是重要的伦理面，但不是全部的，“经济人”并不消除道德面向，这正是休谟的高明之处。到了20世纪，在经历了经济与道德分离的剧痛之后，人们开始重新思考“经济人”问题，又重新回到休谟对“经济人”的双面向认识：经济和道

① 马克思恩格斯全集（第31卷）[M]. 北京：人民出版社，1998：557.

② 斯密. 国民财富的性质和原因的研究（上卷）[M]. 郭大力，王亚南，译. 北京：商务印书馆，1972：24.

③ 斯密. 国民财富的性质和原因的研究（上卷）[M]. 郭大力，王亚南，译. 北京：商务印书馆，1972：345.

德或者说自利和利他。20世纪30年代，美国哈佛大学的梅奥等人进行了著名的霍桑实验。霍桑实验提出了“社会人”的概念，认为在“社会人”的行为目标结构中，“经济利益只是其追求目标的多种层次其中之一，人的积极性还取决于人际关系的社会状态。作为人际关系的存在，人不仅关心个人的物质收入，还会寻求人与人之间的友情、安全感和集体归属感，希望得到社会的认同，即利他动机”。①

休谟的经济伦理学既是对经济发展规律的揭示，也是对人性的揭示和伦理的呼唤。“经济人”在追求利益的同时，必须接受伦理道德约束，缺乏这种约束，那种计较利害的交往就难以为继，人们不能相互服务于对方，也就不能获得利益，“经济人”就成为虚幻。“经济人”道德能力越强，越能促进那种计较利害的交往，越能在彼此间提供最好最多最及时的服务，越能获得利益，“经济人”才是实至名归。就此而言，市场经济绝不是反道德的，而是强烈呼唤道德的，市场经济必是道德经济，符合道德的经济才具有正当性、持久性和发展性。人们越来越认识到，经济越发展，道德越成为重要的资源，它比自然资源和知识资源更为重要，它建立了人际交往的信用纽带，减少了交易成本，加快了交易速度，同时减少了经济监控的成本，只会带来更高的经济效率和更多的经济利益。道德诚信度和经济发达程度应该是成正比例的。这就启示我们，经济建设不能忽视道德建设，道德的沉沦必然导致病态的经济，健全的经济制度就是使“遵守正义成为某些特定的人的直接利益，而违反正义成为他们的辽远利益”②。符合道德和取得利益融为一体，这才是健康经济的发展之道。

人性论不仅对“经济人”做了理论上的预设，而且具体到经济活动中去。一方面，每一个人都是从自身的私利出发工作的，这是其

---

① 姚慧，杨忠君．西方经济学的人性假说——从休谟人性哲学到鲍尔斯社会偏好假设[J]．华中师范大学学报(人文社会科学版)，2011(3)．

② 休谟．人性论(下册)[M]．关文运，译．北京：商务印书馆，1980：577－578．

“经济人”的一面。但另一方面，每个人只有遵守正义规则，诚实工作，在为自己工作的同时并不损害他人甚至有利于他人，一项工作只有有利于他人时才会有利于自己，这就体现了“道德人”的一面，市场经济又被称作信用经济、道德经济就是这个意思。休谟反复强调的同情原则、有限的慷慨，表明他对道德的重视。在休谟的经济伦理中，基于人性的自私和有限的慷慨的预设、基于自然供应稀少的实际状况，休谟的“经纪人”和“道德人”也是统一于每个人的活动中。更不用说，一大批资本家通过“经济人”的角色积累大量财富，又通过“道德人”的角色进行慈善事业，足以说明休谟的人性预设不仅在理论上是正确的，也能够被实践所证明。

二、对市场经济的影响

共和主义者如亚里士多德、卢梭都对商业持批判态度，认为商业会腐蚀人们心灵，败坏公民美德。但是没有商业就不可能有市场经济。休谟认为，商业不仅不会破坏共和与自由，反而是增进自由和个人幸福必不可少的因素，在商业中培养出的契约精神正是民主共和社会所需要的。商业的发展还有利于文明法治社会的建立，“众议院乃是英国民选政府的支柱。举世公认，众议院的势力和威望基本上要归功于商业的发展，正是这种发展使得这么多财富落入平民之手。既然如此，对技艺改进横加指责，把它看作是自由和共和精神的死对头，岂不自相矛盾”？[①] 而且市场经济与现代共和自由的政治制度是相互依存的，只有市场经济发达的国家，才能建立起民主自由的政治制度。反过来，民主自由的政治制度也必须以市场经济制度为基础。哈耶克还认为，休谟的产权理论是主张市场经济、反对计划经济的，因为计划经济下一切按政府的指令分配，是没有产权的，休谟因此是当之无愧的市场经济的代言人。正如

① 休谟．休谟经济论文选[M]．陈玮，译．北京：商务印书馆，2009：27.

哈耶克指出："大卫·休谟发现，市场可以让人们'为别人提供服务，这无需他怀有真诚的善意'（1739/1886：Ⅱ，289），甚至不需要他认识那个人；或使人们的行动'有利于公众，虽然他并没有那样的打算'（1739/1886：Ⅱ，296），凡此皆由于一种秩序，在这种秩序下，'即使是坏人，为公共利益服务也符合他的利益'……如今人们逐渐理解了市场是怎样使每个人在规定的限制之内，把他的个人知识用于自己的个人目标，即使他对自己在其中活动的秩序所知甚少。"① 也就是在市场经济活动中，人们从私利出发却做出了公益，这就是后来斯密所说的"看不见的手"之功用。

对自由经济和有限政府的影响。休谟认为政府在确定产权之后，已经没有多少事可做了，这就是要求政府少作为，大量的事交由市场去办，市场就是后来斯密所明确提出的"看不见的手"。政府要减少对市场的干预，市场经济应该是自由的。休谟是古典自由经济主义和有限政府的开创者，其继承者哈耶克认为政府的任务主要在于下述两个方面："第一，创建一种个人和群体能够在其间成功地追求他们各自目的的框架；第二，有时候则可以用它所拥有的筹集收入的强制性权力去提供市场因各种缘故而无法提供的那些服务。这里需要指出的是，政府必须为人们提供这样一种框架，其间，只要人们不去侵犯其他人所拥有的同样受到保护的个人领域，那么他们就能够运用他们的才能和知识去实现他们各自的目的；因此，只是为了这个目的，政府使用强制才是正当的。除非'不可抗力或敌国'（Acts of God or the King's enemies）的情势使人们不得不把临时性的紧急状态权力赋予某个权力机构（当然授予这种紧急状态权力的机构可以随时收回此项权力），否则任何人都不得拥有实行歧视性强制的权力。"②也就是说，在市场经济下，政府的权力是

① 哈耶克．致命的自负[M]．冯克利，等，译．北京：中国社会科学出版社，2000：49－50.

② 哈耶克．法律、立法与自由（第二、第三卷）[M]．邓正来，等，译．北京：中国大百科全书出版社，2000：574.

有限的，政府是有限政府而不是无限政府，凡是政府权力膨胀的地方，很难说是市场经济。休谟这个观点的影响是深远的，例如20世纪80年代的英美两国的经济改革，核心就是减少国家对市场的干预，国家逐步退出经济领域，国有经济的比重大大减小了，结果是国家的经济活力大大增强了，美英重新赢得了经济发展优势。

休谟对商业和技艺的称赞从理论上瓦解了自给自足的封建自然经济，他所提出的正义三法则也是为市场经济立论。休谟所撰写的《论商业》《论货币》《论贸易平衡》主要是考察资本主义生产关系的内部联系，马克思称休谟的经济理论是"资本的理论，即现代社会结构的理论"。[①] 休谟在这些著作中反对重商主义，主张自由贸易，与市场经济的要求相一致。他还在这些著作中批判了当时欧洲势力残存的封建自然经济所主张的重农抑商、反对自由贸易、限制货币作用等不合时宜的主张，为欧洲封建的自然经济向现代市场经济过渡在理论上作了充分的准备。

三、对自由贸易的影响

休谟主张自由贸易，反对贸易保护和猜忌。他认为贸易的好处是，人们逐渐掌握了交易的技巧，在那些饱食终日无所事事的人心中，唤起了一股追求从未曾享受过的更美妙生活方式的欲望。商贸必然引起同行的竞争，在竞争中不断提升产品质量，也迫使国内制造业具有忧患意识，下大力气提高产品质量和竞争力，达到国外产品的精美质量，因此对外贸易从长远看，恰恰有利于促进民族工业的发展。休谟的这种主张对各国的外贸政策也有很大的影响，"二战"后诞生了世界贸易组织，并且越来越多的国家加入这个组织，正是休谟自由贸易理论的实践体现。

① 马克思恩格斯全集(第34卷)[M]. 北京:人民出版社,1972:343.

休谟的自由贸易主张也具有积极意义。他称贸易保护政策是失策和倒行逆施，使邻国之间丧失了自由往来和交换之利，人们所使用的商品数量少了，质量也差了，违背了造物主的本意。各国的土壤、气候和产品不同，人民的创造能力有偏向，只有通过贸易交往取长补短，才能克服各自的缺点而共享优点，例如英国人民享受法国物美价廉的葡萄酒，法国人民享受英国物美价廉的纺织品，只有自由贸易才符合造物主本意，促进各国人民的幸福。贸易保护政策“只会阻碍工业的发展，使我们自己以及我们的邻邦都失掉在技艺和自然方面的共同利益”。① 无论对君主还是人民，对本国还是邻国，害远大于利。可以说，休谟对贸易保护政策的批判一针见血，非常具有说服力。为了保护自由贸易，“二战”后成立了世界贸易组织，我国于2001年12月11日加入世界贸易组织，经济发展环境更为改善。中国国内生产总值从2001年的11万亿元人民币增至2010年的近40万亿元人民币，世界排名由第6位跃升到了第2位。

四、对马克思货币理论的影响

休谟的货币理论与当时的重商主义针锋相对，他的主张受到马克思的肯定：“货币主义和重商主义对货币只是在它作为流通的结晶产物的形式规定性上来认识；与此相反，古典经济学把货币首先在它的流动形式上，作为在商品形态变化本身内部产生而又消失的交换价值来理解，这是完全合乎情理的。”② 马克思还提到这些古典经济学家是17世纪意大利的经济学家、洛克、孟德斯鸠和休谟。尤其是休谟，马克思说：“因为休谟是18世纪这一理论的最重要的代表人物，所以我们的评论从他开始。”③

① 休谟．休谟经济论文选[M]．陈玮，译．北京：商务印书馆，2009：71.

② 马克思恩格斯全集（第31卷）[M]．北京：人民出版社，1998：555.

③ 马克思恩格斯全集（第31卷）[M]．北京：人民出版社，1998：555.

休谟对于商品的价格与贵金属的流通量之间的关系提出不同于重商主义的见解，一方面，商品价值发生变化，商品价格就提高或降低，而商品价格提高或降低，作为铸币流通的金银就增加或减少；另一方面，如果流通中价值符号量上升到必要水平或下降到必要水平，那么这个价值符号量就通过商品价格的降低或提高被强制化到那个必要水平。马克思评论说："在这两种情况下，似乎是同一原因产生同一结果，休谟就紧紧地抓住了这种表面现象。"①

马克思非常赞同休谟对货币发行的看法，"休谟说：'货币过多所造成的物价昂贵，对现存的一切商业都不利，因为它能使较贫的国家在一切国外市场上用低廉的价格与较富的国家竞争。……如果我们单就一个国家来看，那么，用来计算或用来代表商品的铸币不论多少，都不会产生任何好的或坏的影响，这就像某个商人不用数码少的阿拉伯计数法而用数码多的罗马记数法记账，并不改变他的账款一样。是的，较大量的货币就像罗马数码一样，反而不方便，无论在保管上或搬运上都更费事。'"② 休谟这段话的意思是，当记数法已定时，所用数码的多少不取决于数值的多少，而是数值的多少取决于数码的多少。就是因为金的价值高于银的价值，银的价值高于铜的价值，购买同一商品，金银铜的数码是递次增加的，越来越不方便，所以马克思说："千真万确，用价值跌落了的金银来估价或'计算'商品价值是没有好处的，所以，随着流通中商品价值总额的增加，各国国民都觉得用银计算比用铜计算方便，用金计算又比用银方便。随着他们日益富裕，他们就使价值较低的变成辅币，使价值较高的金属变成货币。"③ 实际上，十六七世纪，欧洲从美洲输入的金银增加了，导致金银价格下跌，一些成本较大的欧洲矿山被迫停采，所以马克思说："每个国家中商品的价格决定于该国内

① 马克思恩格斯全集(第 31 卷)[M]. 北京:人民出版社,1998:555.
② 马克思恩格斯全集(第 31 卷)[M]. 北京:人民出版社,1998:557.
③ 马克思恩格斯全集(第 31 卷)[M]. 北京:人民出版社,1998:557 - 558.

存在的金银的数量。这是休谟的第一个‘必然的结论’。”[①] 休谟对于货币方面所做的深刻探讨，对马克思的货币理论有一定的影响。

五、对正确理解儒家经济伦理思想的影响

休谟的情感主义道德观和市场经济伦理是一致的。我们也可以说，当今中国市场经济可以从儒家思想找到理论根源，承认休谟经济伦理思想的合理性，就意味着儒家思想和现代市场经济的相容性。高全喜就认为，新儒学用康德哲学来整合中国传统哲学的路径是大有问题的，“因为康德哲学最终是一个先验论的理性至上主义的道德哲学，而在中国的思想传统中，理性的先验论并不占主导地位，只是在宋明理学那里由于受到佛学心性论的影响才显得较为突出一些，而就整个儒家思想来说，它们的道德哲学实际上与休谟的道德哲学有着更大的相关性”。[②] 休谟和孔子都是经验主义者，都强调人性的善恶更多地来自经验而不是先天性的，都认识到人的善恶两面性，所以他们的哲学、伦理学、经济伦理学有相通之处。对于那种把儒家经济伦理和现代市场经济伦理相对立的观点，我们可以在对休谟经济伦理思想的研究中破解。

第二节　休谟经济伦理思想的评价

一、积极价值：对市场经济伦理观的奠基性贡献

（一）反对过度发行货币和主张保持政府信用

我们对休谟的经济伦理思想给予高度评价，上面就分析了休谟的经

① 马克思恩格斯全集(第 31 卷)[M]. 北京:人民出版社,1998:558.

② 高全喜. 休谟的政治哲学[M]. 北京:北京大学出版社,2004:323.

济伦理思想对于经济思想、市场经济的巨大影响，这些影响体现了休谟经济伦理思想的价值。休谟反对过度发行国债，“恣意举债几乎是每个政府必然的做法。要是让一个政治家有权以这种方式，指后代为凭滥出借据，这种做法的不明智，犹如允许一个败家浪子在伦敦每家银号钱庄开户往来一样”。[①] 他认为这最终会导致政府信用丧失。欧洲的金融危机就是由于希腊等国举债过度，超过了国内生产总值，政府丧失还债能力，丧失信用。这就证明了休谟在这个问题上的前瞻性。另外，美日所推行的货币量化宽松政策也是发行国债的一种形式，不仅对其他国家有影响，对自己国家也将是祸患无穷。当今经济发展所出现的种种问题，正反衬了休谟经济伦理思想的伟大。

（二）反对重商主义，主张自由贸易

早期的重商主义禁止商品出口，把他们认为宝贵和有用的东西都限制在本国。休谟认为，这种想法是愚蠢的。在英国特别是爱德华三世时期，也严厉限制出口，结果导致经济凋敝。到休谟时代，重商主义的表现改头换面，从对商品的禁运转向对金银输出的禁运，国家唯恐金银外流，对贸易失衡有着强烈的戒惧，主张政府采取贸易保护措施，使国家出口多而进口少，获得贸易顺差，从而使更多的金银流入本国。休谟认为，只要我们谨慎地爱护人力和工业，就永远不必担心会使钱币流失，而通过限制进口鼓励出口的措施来保持贸易平衡，防止金银外流，是一种短视的、弊大于利的做法。长远的、利大于弊的做法是提高本国的人力素质，发展本国工业，提高本国产品的竞争力，通过自由竞争就会使出口大于进口，实现贸易顺差。休谟对贸易均衡持乐观的态度，反对通过人为的贸易保护措施来促使均衡或出现顺差。休谟的这种看法符合经济科学，也就是说，与其采取人为的贸易保护措施来防止贸易失衡，不如提高技艺和工业水平，让本国生产出物美价廉的商品，就不愁本国的

---

① 休谟．休谟经济论文选[M]．陈玮，译．北京：商务印书馆，2009：85.

商品鱼贯而出，外国的货币鱼贯而入，自然出现贸易顺差。休谟的上述观点对自由贸易理论影响甚大，1947 年签订了关贸总协定，1994 年成立了世界贸易组织，我国于 2001 年加入世界贸易组织。可以说休谟是世贸组织的理论创始人之一。

（三）坚持经济与道德的关联

休谟将德性分为人为之德和自然之德，并将确立产权的正义规则定为人为之德，就表明了经济与道德的不可分离，市场经济亦是道德经济。休谟特别强调“戒取”别人的财产，财物的转移应是出自同意的，诚实守信履行承诺，这些都是市场经济活动中所必须遵守的准则。休谟坚定地坚持经济与道德不可分离，经济活动始终贯穿着人为之德，这对以后经济学偏离道德轨道也是很好的预防措施。对道德情感的重视是休谟式的古典自由主义的特征，正如高全喜指出，在自由经济的制度正义的社会条件下，“还应该为道德情感，为传统的美德，为共通的亲情和友爱精神等等，留下一定的空间，还应该让人性的情感穿越冷冰冰的经济和政治的利益追逐，化解残酷的竞争与冲突，使人们并不是仅仅在法律的保障下实现各自的合法预期，而且还能够营造出一个温情、互助、有爱的社会共同体”。[①] 对道德的关注是休谟古典经济学的一个显著特征，也是休谟对古典经济学的重要贡献。

二、理论局限：对市场经济伦理的公平性关注不够

笔者对休谟的经济伦理思想是很推崇的，但在笔者看来，其仍存在不足之处：

（一）对市场经济的德性探讨有一定的片面性

休谟着重探讨了经济学中的人为的德，对自然的德缺乏关注。如社

① 高全喜．休谟的政治哲学[M]．北京：北京大学出版社，2004：320.

会慈善已经是当今经济伦理学研究的重点，但休谟却没有论及，也许休谟时代的经济发展水平还没有达到对社会慈善关注的程度，所以我们不能对休谟过于苛刻。现代国家普遍建立的社会保障制度和各种经济救助制度，是经济伦理在理论和实践上的重大发展，但这建立在经济高度发达、财政收入占整个国民收入比例较大的前提下。休谟时代，经济不够发达，财政收入在国民收入中的比例较小，政府没有足够的资金支撑社会保障和救助制度。如果休谟生活在今天，一定会关注社会保障制度，关注公平和效率这一重要的市场经济问题。

（二）休谟在货币理论上也有偏颇之处

马克思充分肯定休谟在货币理论上的突出贡献的同时，也批评了休谟货币理论的错误之处，“休谟完全违背了他的哲学的基本原理，把片面观察到的事实不加批判地变成一般原理，得出结论说，商品价格或货币价值不是决定于一国中存在的货币的绝对数量，而是决定于实际进入流通的金银数量，但是一国中存在的全部金银最后必然作为铸币被流通所吸收”。[①] 休谟这种观点必然导致这样的认识：金银没有内在价值，不是真正的商品，这显然是错误的。所以马克思又说：“这是休谟的第三个‘必然的结论’。他让商品不带价格、金银不带价值进入流通过程。因此他从来不谈商品的价值或金的价值，而只谈它们相互的量。”[②] 这就是说，马克思已经看到，休谟和洛克在批判货币主义时，已经走向了“过犹不及”的另一端。货币主义持唯有金银才是真正价值的观点，主张贸易保护政策，获得贸易顺差，也就是输出物资商品而输入金银。而洛克则认为，金银只有一种想象的或习惯的价值，休谟则基本上持和他相同的观点，认为金银只是在流通过程中作为商品的代表获得的虚拟价值量，“他们经过这个过程不是转化为货币，而是转化为价值。它们

① 马克思恩格斯全集(第31卷)[M]. 北京:人民出版社,1998:558.

② 马克思恩格斯全集(第31卷)[M]. 北京:人民出版社,1998:559.

的这种价值是由他们自己的数量和商品数量之间的比例决定的，因为这两个数量是必定相互一致的”。① 休谟的这种观点导致他在货币理论上的自相矛盾，马克思非常精准地看到了这一点：“一方面，休谟让金银作为非商品进入商品世界，另一方面，一旦金银在铸币的形式规定性上，他又反过来把它们变成一种通过简单物物交换同其他商品交换的单纯商品。”② 如果按照休谟这个观点，金银货币由于没有价值而对一国的财富没有什么影响。休谟就说过，货币并不是一个商业方面的问题，而只是人们约定用以便利商品交换的一种工具。按照休谟的货币观点，假如商品世界只有一种商品，例如有100万夸特的谷物，假如现存的黄金是100万盎司，那么每夸特谷物换1盎司黄金，假如现存的黄金是1000万盎司，那么每夸特谷物就换取10盎司黄金，也就是说黄金本身没有价值，不过是谷物价值的虚拟代表。假如谷物数量一定，100万盎司的黄金和1000万盎司的黄金在价值上是相等的，都相当于100万夸特的谷物的价值。马克思对休谟的这个观点批评道：“但是商品世界是由无数不同的使用价值组成的，它们的相对价值无论如何不是由它们的相对数量来决定的。然而，休谟关于一堆商品和一堆黄金之间的这种交换究竟是怎样想的呢？他满足于空洞模糊的想象，说每一个商品作为商品总量的一个可除部分同金量中的一个相应的可除部分交换。于是，由商品所包含的交换价值和使用价值的对立引起的、表现在货币流通中并结晶为货币的各种形式规定性的、商品的过程中的运动就消失了，代替它的是幻想的、一国中现存贵金属重量和同时存在的商品数量之间的机械相等。”③ 可以说马克思这个批评是中肯的，因为货币除了作为商品价值的代表之外，本身也是有价值的，而绝不是说一旦货币多了，价值就会大幅度地下降。何况金银货币的数量也绝不可能太多。

① 马克思恩格斯全集（第31卷）[M]. 北京：人民出版社，1998：559.
② 马克思恩格斯全集（第31卷）[M]. 北京：人民出版社，1998：560.
③ 马克思恩格斯全集（第31卷）[M]. 北京：人民出版社，1998：561.

（三）在赋税上，休谟显然是站在富人和统治者的立场上说话的

他主张对黎民百姓的消费品征税，企图通过征税使人们克制物欲，崇尚节俭并养成勤劳的习惯。休谟这种观点显然受到非议，正如胡企林在《简评休谟的经济理论》中指出：“他反对减少制造商的利润以减轻劳动者的负担，也反对将这种赋税转嫁给商人和地主。在当时，间接税既是英国辉格党寡头统治的重要财源，又是资本加速积累的方便措施，休谟作为辉格党寡头统治的热烈拥护者和资本主义的既得利益者，称颂这个制度的确是‘十分自然的’，然而如此赤裸裸地反对劳动者的利益，在古典经济学家中却是罕见的。”[①] 休谟在为货币和财富呐喊的时候，却没有考虑穷人，这不能不说是他的经济伦理学的一个较为明显的缺陷。在当今国家，赋税的调整是有利于普通人的，就个人所得税而言，我国的起征点是5000元，也就是说，月收入低于5000元的劳动者是不用交税的，收入越高税率也越高，这就体现了税收照顾普通人的伦理取向。对于消费品而言，一般消费品，也就是普通人也要消费的商品，应该不征税或少征税，而对于富人消费的奢侈品，应该多征税。

---

① 休谟．休谟经济论文选[M]．陈玮，译．北京：商务印书馆，2009：17.

参考文献

一、著作

1. 休谟. 人性论[M]. 关文运,译 . 北京:商务印书馆,1980.

2. 休谟. 道德原则研究[M]. 曾晓平,译. 北京:商务印书馆,2001.

3. 休谟. 人类理解研究[M]. 关文运,译. 北京:商务印书馆,1957.

4. 休谟. 休谟政治论文选[M]. 张若衡,译. 北京:商务印书馆,1993.

5. 休谟. 休谟经济论文选[M]. 陈玮,译. 北京:商务印书馆,2009.

6. 休谟. 自然宗教对话录[M]. 陈修斋,曹棉之,译. 北京:商务印书馆,1962.

7. 休谟. 宗教的自然史[M]. 徐晓宏,译. 上海:上海人民出版社,2003.

8. 洛克. 政府论(上篇)[M]. 瞿菊农,叶启芳,译. 北京:商务印书馆,1982.

9. 洛克. 政府论(下篇)[M]. 叶启芳,瞿菊农,译. 北京:商务印书馆,1964.

10. 斯密. 道德情操论[M]. 蒋自强,等,译. 北京:商务印书馆,1997.

11. 斯密. 国民财富的性质和原因的研究(上卷)[M]. 郭大力,王亚南,译. 北京:商务印书馆,1972.

12. 斯密. 国民财富的性质和原因的研究(下卷)[M]. 郭大力,王亚南,译. 北京:商务印书馆,1974.

13. 边沁. 道德与立法原理导论[M]. 时殷弘,译. 北京:商务印书馆,2000.

14. 边沁. 政府片论[M]. 沈叔平,等,译. 北京:商务印书馆,1995.

15. 哈耶克. 自由秩序原理(上下册)[M]. 邓正来,译. 上海:三联书店,1997.

16. 哈耶克. 法律、立法与自由(全三卷)[M]. 邓正来,等,译. 北京:中国大百科全书出版社,2000.

17. 哈耶克. 经济、科学与政治——哈耶克论文演讲集[M]. 冯克利,译. 南京:江苏人民出版社,2003.

18. 韦伯. 新教伦理与资本主义精神[M]. 于晓,等,译. 西安:陕西师范大学出版社,2006.

19. 乔治. 经济伦理学[M]. 李布,译. 北京:北京大学出版社,2002.

20. 麦金太尔. 谁之正义? 何种合理性? [M]. 万俊人,译. 北京:中国社会科学出版社,1996.

21. 麦金太尔. 德性之后[M]. 龚群,等,译. 北京:中国社会科学出版社,1995.

22. 麦金太尔. 伦理学简史[M]. 龚群,译. 北京:商务印书馆,2003.

23. 康德. 道德形而上学原理[M]. 苗力田,译. 上海:上海人民出版社,2005.

24. 罗素. 西方哲学史(上卷)[M]. 何兆武,李约瑟,译. 北京:商务印书馆,1963.

25. 罗素. 西方哲学史(下卷)[M]. 马元德,译. 北京:商务印书馆,1976.

26. 马克思,恩格斯. 德意志意识形态[M]. 北京:人民出版社,1961.

27. 托克维尔. 论美国民主(上下卷)[M]. 董果良,译. 北京:商务印书馆,1988.

28. 罗尔斯. 正义论[M]. 何怀宏,何包钢,廖申白,译. 北京:中国社会科学出版社,1998.

29. 罗尔斯. 道德哲学讲义[M]. 张国清,译. 上海:上海三联书店,2003.

30. 阿马蒂亚·森. 伦理学与经济学[M]. 王宇,王文宇,译. 北京:商务印书馆,2000.

31. 斯宾诺莎. 伦理学[M]. 贺麟,译. 北京:商务印书馆,1983.

32. 霍布斯. 利维坦[M]. 黎思复,黎延弼,译. 北京:商务印书馆,1985.

33. 西季威克. 伦理学方法[M]. 廖申白,译. 北京:中国社会科学出版社,1993.

34. 摩尔. 伦理学原理[M]. 长河,译. 北京:商务印书馆,1983.

35. 弗兰克纳. 伦理学[M]. 关键,译. 上海:上海三联书店,1987.

36. 包尔生. 伦理学体系[M]. 何怀宏,廖申白,译. 北京:中国社会科学出版社,1988.

37. 石里克. 伦理学问题[M]. 张国珍,赵又春,译. 北京:商务印书馆,1997.

38. 梯利. 伦理学导论[M]. 何意,译. 桂林:广西师范大学出版社,2002.

39. 熊彼特. 经济分析史(第1卷)[M]. 朱泱,等,译. 北京:商务印书馆,2001.

40. 哈贝马斯. 在事实与规范之间——关于法律和民主法治国的商谈理论[M]. 童世骏,译. 上海:上海三联书店,2003.

41. 哈贝马斯. 后形而上学思想[M]. 曹卫东,付德根,译. 上海:译林出版社,2001.

42. 骆祖望,陶国富. 经济伦理通论[M]. 郑州:河南人民出版社,2009.

43. 王海明.人性论[M].北京:商务印书馆,2005.

44. 王海明.伦理学原理[M].北京:北京大学出版社,2001.

45. 高全喜.休谟的政治哲学[M].北京:北京大学出版社,2004.

46. 高全喜.西方法政哲学演讲录[M].北京:中国人民大学出版社,2007.

47. 高全喜.法律秩序与自由正义——哈耶克的法律与宪政思想[M].北京:北京大学出版社,2000.

48. 万俊人.道德之维:现代经济伦理导论[M].广州:广东人民出版社,2000.

49. 戴茂堂.西方伦理学[M].武汉:湖北人民出版社,2002.

50. 张东逊.道德哲学[M].北京:中华书局,1930.

51. 赵敦华.西方哲学简史[M].北京:北京大学出版社,2001.

52. 周晓亮.休谟及其人性哲学[M].北京:社会科学文献出版社,1996.

53. 周晓亮.休谟哲学研究[M].北京:人民出版社,1999.

54. 金刚.论语鼓吹:圣贤的光荣与漏洞[M].天津:天津人民出版社,2007.

55. 乔洪武.正宜谋利——近代西方经济伦理思想研究[M].北京:商务印书馆,2000.

56. 刘敬鲁.经济哲学导论[M].北京:中国人民大学出版社,2003.

57. 梁慧星.物权法[M].北京:法律出版社,1997.

58. 门罗.早期经济思想[M].北京:商务印书馆,2011.

59. 萨缪尔森,诺德豪斯.经济学(上下册)[M].北京:商务印书馆,2012.

60. 阿马蒂亚·森.贫困与饥荒[M].王宇,王文玉,译.北京:商务印书馆,2001.

61. 曼德维尔.蜜蜂的寓言:私人的恶德,公众的利益[M].肖聿,译.

北京:中国社会科学出版社,2002.

62. 亚里士多德. 尼各马可伦理学[M]. 廖申白,译. 北京:商务印书馆,2003.

63. 亚里士多德. 政治学[M]. 吴寿彭,译. 北京:商务印书馆,1965.

64. 维特根斯坦. 哲学研究[M]. 李步楼,译. 北京:商务印书馆,1996.

65. 康德. 实践理性批判[M]. 邓晓芒,译. 北京:人民出版社,2003.

66. 韦伯. 经济与社会(上册)[M]. 林荣远,译. 北京:商务印书馆,1988.

67. 韦伯. 论经济与社会中的法律[M]. 张乃根,译. 北京:中国大百科全书出版社,1999.

68. 杨国荣. 伦理与存在[M]. 上海:上海人民出版社,2002.

69. 唐凯麟. 伦理大思路[M]. 长沙:湖南人民出版社,2001.

70. 聂文军. 亚当·斯密经济伦理思想研究[M]. 北京:中国社会科学出版社,2004.

71. 赵敦华. 人性和伦理的跨文化研究[M]. 哈尔滨:黑龙江人民出版社,2004.

72. 阎吉达. 休谟思想研究[M]. 上海:上海远东出版社,1994.

73. 勃里格斯. 英国社会史[M]. 陈叔平,等,译. 北京:中国人民大学出版社,1991.

74. 罗伯兹. 英国史 1688 至今[M]. 鲁光桓,译. 广州:中山大学出版社,1990.

75. 厉以宁. 经济学的伦理问题[M]. 上海:生活·读书·新知三联书店,1995.

76. 刘光明. 经济活动伦理研究[M]. 北京:中国人民大学出版社,1999.

77. 朱绍文. 经典经济学与现代经济学[M]. 北京:北京大学出版社,2000.

78. 鲁友章,李宗正. 经济学说史(上册)[M]. 北京:人民出版社, 1965.

79. 鲁友章, 李宗正. 经济学说史(下册)[M]. 北京: 人民出版社, 1983.

80. 康芒斯. 制度经济学[M]. 于树生, 译. 北京: 商务印书馆, 1962.

81. 李斯特. 政治经济学的国民体系[M]. 陈万欢, 译. 北京: 商务印书馆, 1961.

82. 佩罗受. 资本主义的诞生——对古典政治经济学的一种诠释[M]. 裴达鹰, 译. 桂宁: 广西师范大学出版社, 2001.

83. 哈耶克. 个人主义与经济秩序[M]. 贾湛, 文跃然, 译. 北京: 北京经济学院出版社, 1989.

84. 普雷斯曼. 思想者的足迹: 五十位重要的西方经济学家[M]. 陈海燕, 等, 译. 南京: 江苏人民出版社, 2000.

85. 惠特克. 经济思想流派[M]. 徐宗士, 译. 上海: 上海人民出版社, 1974.

86. 罗尔. 经济思想史[M]. 陆元诚, 译. 北京: 商务印书馆, 1981.

87. 科斯洛夫斯基. 资本主义的伦理学[M]. 北京: 中国社会科学出版社, 1996.

88. 凯恩斯. 政治经济学的范围与方法[M]. 党国英, 刘惠, 译. 北京: 华夏出版社, 2001.

89. 凯恩斯. 就业、利息和货币通论[M]. 高鸿业, 译. 北京: 商务印书馆, 1994.

90. 许崇正. 伦理经济学再论——经济选择与人的发展[M]. 北京: 中国财政经济出版社, 2001.

91. 茅于轼. 道德、经济、制度[M]. 郑州: 河南人民出版社, 2002.

92. 米塞斯. 自由与繁荣的国度[M]. 韩光明, 等, 译. 北京: 中国社会科学出版社, 1995.

93. 马歇尔. 经济学原理(上卷)[M]. 朱志泰, 译. 北京: 商务印书馆,1964.

94. 马歇尔. 经济学原理(下卷)[M]. 陈良璧,译. 北京:商务印书馆,1965.

95. 谈敏. 法国重农学派学说的中国渊源[M]. 上海:上海人民出版社,1992.

二、文章

1. 乔洪武. 经济伦理变革与公共行政伦理的构建[N]. 光明日报,2010-07-20.

2. 乔洪武. 西方经济学视野中的市场经济与德性[N]. 中国社会科学报,2010-03-02.

3. 乔洪武. 经济伦理的非经济功能[J]. 道德与文明,2009(4).

4. 乔洪武. 从改革开放的进程看我国经济伦理的历史性飞跃[J]. 当代经济管理,2008(11).

5. 乔洪武. 资本论中的经济正义思想研究[J]. 当代经济研究,2007(7).

6. 乔洪武. 经济全球化与世界经济伦理规则的建构[J]. 武汉大学学报(哲学社会科学版),2004(2).

7. 李非. 关于休谟的财产权理论[J]. 中山大学学报(社会科学版),2004(1).

8. 伍志燕. 论休谟的财产权理论[J]. 中南大学学报(社会科学版),2008(1).

9. 韩升,谢丽威. 休谟经济哲学的人性之维与制度之维[J]. 理论与现代化,2006(3).

10. 喻中. 说"为政以德"[J]. 读书,2009(7).

11. 吴欲波. 秩序与自由——休谟经济正义原理初探[J]. 电子科技大学学报(社科版),2004(4).

12. 赵玲. 休谟的消费道德思想论析[J]. 江海学刊,2004(5).

13. 何建华. 休谟的经济正义思想[J]. 伦理学研究,2003(2).

14. 赵修义. 试论休谟的经济伦理思想[J]. 华东师范大学学报(哲学社会科学版),1998(6).

15. 曾晓平. 休谟道德思想的发展[J]. 江汉论坛,2000(6).

16. 聂文军. 亚当·斯密经济伦理思想研究[D]. 长沙:湖南师范大学,2003.

17. 关巍. 休谟的情感主义伦理学思想探析[D]. 长春:吉林大学博士论文,2010.

18. 张钦. 休谟伦理思想[D]. 长沙:湖南师范大学,2005.

19. 李久华. 休谟的经济正义思想及其当代价值[D]. 桂林:广西师范大学,2009.

20. 郑美琴. 论市场经济的经济伦理[J]. 经济评论,2001(6).

21. 徐志国. 休谟的商业共和国思想探析[J]. 学海,2012(1).

22. 聂文军. 论曼德维尔的"私恶即公利"[J]. 伦理学研究,2004(1).

23. 李国山. 论休谟经济思想的哲学基础[J]. 改革与战略,2011(9).

24. 姚慧,杨忠君. 西方经济学的人性假设——从休谟人性哲学到鲍尔斯社会偏好假设[J]. 华中师范大学学报(人文社会科学版),2011(3).

25. 张清. 论休谟的正义观[J]. 道德与文明,2004(3).

26. 傅如良. 匮乏·自私·慷慨——解读休谟的正义起源说[J]. 湖南师范大学社会科学学报,2007(4).

27. 勒继东. 从经济正义到政治正义:休谟与洛克财产权理论之比较[J]. 石家庄学院学报,2008(4).

28. 龙静云. 经济伦理的三个维度[J]. 哲学研究,2006(12).

29. 廖小平. 论人力资本、社会资本和道德资本[J]. 道德与文明,2009(5).

30. 陈进华. 财富共享:责任政府的时代精神[J]. 道德与文明,2009(1).

三、外文类

1. Hume. An Enquiry Concerning Human Understanding[M]. Austin: University of Texas Press,1953.

2. David Hume. An Enquiry Concerning the Principles of Morals[M]. Selby – Bigge, Oxford, 1902.

3. David Hume. A Treatise of Human Nature, Selby – Bigge, M. [M]. A Oxford, 1946.

4. Rawls. A Theory of Justice[M]. Cambridge(Massachusetts): Harvard University Press,1971.

5. Habermas. Between Facts and Norms: Contributions to a Discourse Theory of Law and Democracy,Translated by William Rehg[M]. Cambridge (Massachusetts):The MIT Press,1996.

6. Brand, Walter. Hume's Theory of Moral Judgment Human Nature [M]. Boston: Kluwer Academic Publishers, 1992.

7. Fieser, James (ed). Early responses to Hume's Moral, Literary and Political Writings[M]. Bristol: Thoemmes Press, 1999.

8. Baier, Annette C. A progress of Sentiments : Reflections on Hume's Treatise [M]. Cambridge: Harvard University Press,1991.

9. Baillie, James. Hume on Morality[M]. London and New York: Routledge,2000.